Gianni Valente

STUDENT PROFESSOR PAPST

Joseph Ratzinger an der Universität

Gianni Valente

STUDENT PROFESSOR PAPST

Joseph Ratzinger an der Universität

Sankt Ulrich Verlag

Übersetzung: Elisabeth Steinweg-Fleckner
Aktualisierung: Sankt Ulrich Verlag

Bibliographische Information der Deutschen Bibliothek

Die Deutsche Bibliothek verzeichnet diese Publikation in der Deutschen Nationalbibliographie; detaillierte bibliographische Daten sind im Internet über http://dnb.ddb.de abrufbar.

Umschlagbilder: Gregorz Galazka, KNA, Alfred Läpple
Umschlaggestaltung: uv media werbeagentur
Mediengruppe Sankt Ulrich Verlag, Augsburg
Druck und Bindung: Ludwig Auer GmbH, Donauwörth
Printed in Germany
ISBN: 978-3-86744-091-2
www.sankt-ulrich-verlag.de

INHALT

Vorwort
AUF DEN SPUREN PROFESSOR RATZINGERS 7

Danksagung 13

Freising
EIN NEUANFANG ZWISCHEN DEN TRÜMMERN 16

Aus dem Abgrund heimgekehrt 17
Die Erinnerungen des Soldaten Ratzinger 20
„Orgel-Ratz" und „Bücher-Ratz" 23
Die echte Scholastik und
die schwerverdauliche Neuscholastik 26

München
AUF DEM WEG ZUM PROFESSOR 28

Namhafte Vorväter 29
Professorenoriginale 31
Die beiden Gegner 33
Augustinus „über alles" 36
Frischer Wind 41
Weichenstellung 45
Eine modernistische Habilitationsschrift 46
Störfeuer 51

Bonn
TRADITION UND FREIHEIT.
DIE VORLESUNGEN DES JUNGEN JOSEPH RATZINGER 53

Gott hat immer recht 55
Ein ganz besonderer Professor 57
Wahlverwandtschaften 62
Der erste Assistent 66
„Angeworben" von Kardinal Frings 68
Das Konzil im Petersdom 71
Das Konzil aus Bonner Sicht 76
Invidia clericorum 79
Ein Theologe auf der Flucht 82

Münster
MAN TRIFFT SICH IM GASTHAUS „ZUM HIMMELREICH“ 84
Mit den Gedanken in Rom 86
Berater von Frings 87
Konziliarer „Spielmacher“ 91
Der Professor berichtet über das Konzil 93
Keine Allgemeinplätze 97
Gaudium et spes 101
Zwischen Pharisäern und Sadduzäern 104
Rückenwind 106
Der Ruf 107

Tübingen
DIE SCHWIERIGEN JAHRE 109
Außergewöhnliche Vorlesungen 115
Ein Tonbandgerät für einen „Bestseller“ 116
Das Selbstbewußtsein der Theologieprofessoren 119
Flucht aus Tübingen 124
Reue nach dem Konzil? 129
Bischöfe auf Zeit? 132

Regensburg
SCHEINBAR AM ZIEL ANGELANGT 135
Melanchthon, der Katholik 138
Eine Schule freien Denkens 141
Eine besondere Gemeinde 146
Theologen der Mitte 154
Der Fall Küng 159
Endstation Regensburg? 162

München, Rom, Castel Gandolfo
FÜR IMMER PROFESSOR 164
Römische Ferien 165
„Wie Jesus unter seinen Jüngern“ 167

Anhang
Anmerkungen 173
Vorlesungen, Seminare, Kolloquien 194
Literaturverzeichnis 201
Personenregister 204

Vorwort

AUF DEN SPUREN PROFESSOR RATZINGERS

Es war Ende Januar 2006, als mein Freund Pierluca Azzaro und ich in Begleitung von Professor Peter Kuhn vor dem Eingang des barocken Lerchenfeldhofs auf dem Freisinger Domberg standen. Wir folgten dem Lärm der Bohrer und Meißel, der die Treppen herunter drang, und betraten eine Wohnung, in der Umbauarbeiten in vollem Gange waren: Da befanden sich Bauschutt, Stapel von neuen Backsteinen, halb von den Wänden abgekratzte Tapeten und auf dem Boden ein paar Lampen aus den fünfziger Jahren, zusammen mit den alten weißen Türen und den soeben herausgerissenen Rahmen.

Dorthin waren wir geraten, weil wir den Spuren von Professor Joseph Ratzinger nachgingen.

Für unsere Recherche war der Domberg eine unerläßliche Etappe: Auf der Anhöhe, auf der sich der Dom der beschaulichen bayerischen Stadt erhebt, befanden sich einst auch das Seminar und die Hochschule, die der zukünftige Papst nach dem Krieg besuchte. Hier hielt Ratzinger auch seine ersten Vorlesungen als Theologieprofessor. Unsere Spurensuche hatte uns mitten in eine Baustelle geführt: In eben diesem Haus, das gerade von Grund auf renoviert wurde, hatte Ratzinger seit 1955 zusammen mit seinen Eltern einige Jahre gelebt. In diesen Räumen hatte er unter viel Mühe seine Habilitationsschrift ausgearbeitet, die damals vom Zweitgutachter mit der Begründung abgelehnt worden war, sie stehe im Verdacht, modernistisch zu sein. Gewiß hatte eine der alten Lampen, die auf dem Boden lagen, an seinen ruhigen Abenden des Studierens und während der Stunden des fröhlichen Zusammenseins mit seiner Familie Licht gespendet. Und jetzt wurden, weil ein neuer Mieter in die

Professorenwohung einziehen sollte, die Wände neu gestrichen und im Fußboden neue Rohre verlegt. Niemandem war es in den Sinn gekommen, die Zeit anzuhalten, die ehemalige Wohnung des Papstes nicht dem in den Häusern der Diözese üblichen Mieterwechsel zu überlassen.

Joseph Ratzinger hat sich selbst niemals Denkmäler errichtet. Das, was in jenen weit zurückliegenden Jahren wirklich zählte, hat er mitgenommen.

Nun sagen es alle: Mit Benedikt XVI. ist ein Professor Papst geworden. Er selbst scheint es auf vielerlei Weise zu vermitteln.

In den seltenen und kurzen Bemerkungen über die eigene Person und die eigene Vergangenheit, die sich in seinen Predigten und Reden finden, ist fast niemals von den beinahe 25 Jahren die Rede, die er in Rom als Präfekt der Glaubenskongregation verbracht hat. Wenn er wirklich einmal über sich selbst spricht, geht Joseph Ratzinger so gut wie immer weiter zurück, mindestens bis zu der Zeit, als er von seinen Studenten umgeben war. Die Welt der Universität „war während einer langen Zeit meines Lebens meine geistige Heimat", sagte er im September 2006, nachdem seine Vorlesung an der Universität Regensburg gravierende Mißverständnisse und heftige Auseinandersetzungen ausgelöst hatte. Und nach der „Affäre" mit dem gescheiterten Besuch an der römischen Universität „La Sapienza", der nach Protesten von Studenten und Professoren abgesagt worden war, präsentierte er sich der Menge, die auf dem Petersplatz zusammengekommen war, um ihre Solidarität mit ihm zu bekunden, „sozusagen als emeritierter Professor, der in seinem Leben mit vielen Studenten zusammengekommen ist": Dann forderte er alle auf, und war dabei wirklich ganz der alte akademische Lehrer, die Meinungen anderer zu respektieren. In seinen ersten drei Jahren als Bischof von Rom besuchte er in der Ewigen Stadt sechs Pfarreien und drei Universitäten: Wäre der Besuch bei der Universität La Sapienza nicht im letzten Augenblick abgesagt worden, hätte es fast einen Gleichstand gegeben.

Auch in der Art, wie Papst Benedikt sein Amt ausübt, zeigt sich die lange Vertrautheit mit den Hörsälen, Kathedern, Vorlesungen und der studentischen Hörerschaft. Die einfache und klare Sprache, die leise Stimme, das Bewußtsein dafür, daß man über die eigenen Aussagen immer Rechenschaft ablegen muß: All dies hat sich Joseph Ratzinger im täglichen Kontakt mit der Welt der Universität und den Regeln und Abläufen der theologischen Lehrtätigkeit angeeignet. Die Themen, die besonders häufig in seinen Reden vorkommen – das Verhältnis von Glaube und Vernunft, das Bestehen auf einer korrekten Hermeneutik der konziliaren Reform, die zentrale Bedeutung der Liturgie und der Lehre der Kirchenväter, insbesondere Augustins – sind wie unterirdische Flüsse, die jetzt aus seiner Vergangenheit als Student und Professor wiederauftauchen.

Die theologischen Fakultäten im Nachkriegsdeutschland bilden den Rahmen seines Abenteuers als Mensch und Christ in den entscheidenden Jahren seines akademischen Werdens und Wirkens. In seinem Studium in Freising und München begeisterte sich Ratzinger für die neuen Impulse, die schon geraume Zeit vor dem Zweiten Vatikanischen Konzil in den Kirchen Nord- und Westeuropas wirkten: die ökumenische Bewegung, die Wiederentdeckung der Kirchenväter und eines lebendigen Zugangs zur Heiligen Schrift, die Abwendung von der neuscholastischen Theologie. Die ersten Jahre seiner Lehrtätigkeit, in Bonn und später in Münster, sind auch die Zeit, in der er, bereits in der Vorbereitungsphase, intensiv am Konzil beteiligt ist. In jenen Jahren sind die Hörsäle und Vorlesungen die „geschützte Zone", wo er in aller Ruhe das, was er auf dem Konzil gehört und erlebt hat, vorträgt, bis das Zweite Vatikanische Konzil selbst mit seinen Dokumenten und dem neuen Blick auf die Situation der Kirche zum Gegenstand der Vorlesungen wird. In Tübingen erlebte er während der 68er-Revolte, wie die theologischen Fakultäten zuweilen Gefahr liefen, Orte zu werden, an denen der „Kahlschlag" der christlichen Tradition maßgeblich betrieben wurde. In Regensburg, das nach seiner Planung der Endpunkt seines akademischen Wegs sein sollte, konnte Ratzinger ungestörter genießen, was die Freude seines Professorendaseins ausmachte: Theologie studieren und lehren, in der Hoffnung, den Studenten, die seine Vorlesungen und Seminare besuchten, die Liebe zu all dem zu vermitteln, was zum unvergänglichen Schatz der Tradition gehört.

Aber wie war Ratzinger als Student und später als Professor wirklich? Wie hat er Vorlesungen gehört und auf welche Weise hat er sie gehalten? Wie waren die Beziehungen zu seinen Kollegen? Wie hat er die vielen Begleiterscheinungen des Universitätsalltags erlebt – unvorhergesehene Ereignisse, Unannehmlichkeiten, berufliche Konflikte, Entdeckungen, Erfolge und Enttäuschungen? Vor allem: Wie sahen ihn die anderen, und was erzählen heute seine ehemaligen Schüler, denen seine Aufmerksamkeit und seine Arbeit zuallererst galten?

Die folgenden Kapitel erzählen von diesen, zuweilen überraschenden, konkreten Erfahrungen, und räumen dabei, ohne daß es beabsichtigt war, mit den üblichen Klischees auf. Nicht nur mit jenen längst überholten, die Ratzingers Weg nur in bestimmten Kategorien deuteten: rechts und links, Progressismus und Konservativismus, Begeisterung für das Konzil und Ablehnung seiner Folgen; sondern auch mit jenen neuen Klischees, die den Papst als großen Intellektuellen des Westen rühmen, gleichzeitig aber Gefahr laufen, ihn in das Ghetto der kulturellen und kirchlichen Auseinandersetzungen zu sperren. Sie tragen oft dazu bei, vielleicht sogar mit den besten Absichten, aus ihm einen zum Kampf entschlossenen geistlichen Führer zu machen, der allen eine Lektion erteilen will und mit seinen Ansichten die Gemüter spaltet. Eine Karikatur, die auch das ideologische Vorurteil der Gruppe von Studenten und Professoren unterstützt, die im Januar 2008 mit ihren Protesten den Besuch des Papstes in der Universität Sapienza als „nicht opportun" erscheinen ließen.

Gerade die für die Sapienza geplante Rede Benedikts XVI. ist eine organische Darlegung seiner Gedanken über das Wesen und den Auftrag der Universität, über das Verhältnis von Wahrheit und Freiheit, von Glaube und Vernunft, von Philosophie, Theologie und anderen Wissenschaften, von der Kirche und der Welt von heute. Zum besseren Verständnis seiner Vergangenheit als Student und Professor ist vielleicht aber auch ein Interview hilfreich, das am 23. Oktober 2003 in der *Tagespost* veröffentlicht wurde und in dem der damalige Kardinal Ratzinger sich gezielt zur Situation der deutschen Theologie äußert sowie zu den Vor- und den Nachteilen des Umstands, daß sie an staatlichen Universitäten beheimatet ist. Unter den Vorzügen stellt der zukünftige Papst heraus, daß die Theologie in dieser Situation „dem Kriterium der Wissenschaftlichkeit und der Rationalität sehr nachdrücklich unterworfen wird und insofern einer großen Herausforderung standhalten kann und muß". Zu den Nachteilen zählt die Gefahr einer

> „einseitigen Akademisierung der Theologie, indem sie schlichtweg aufgrund ihres Seins unter den anderen Fakultäten eine Wissenschaft wie die anderen sein will, sich vollkommen ins Akademische, ins rein Intellektuelle zurückzieht und ihre Gleichartigkeit, ihre Gleichwissenschaftlichkeit mit den anderen Wissenschaften zum obersten Maßstab erhebt. Wenn das geschieht," warnte damals der zukünftige Papst, „dann ist die Theologie in Gefahr, ihre inneren Wurzeln, das heißt also das Leben, den Dialog mit Gott, den Glauben, der sie trägt und der ihr überhaupt erst die Augen aufmacht, zu verlieren und als eine akademische Disziplin geistlich unfruchtbar zu werden."

Für Professor Ratzinger war die Lehrtätigkeit an den deutschen Universitäten in erster Linie die existentielle Situation, in der er den eigenen Glauben lebte und die Erfahrung machte, daß dieser mit der wissenschaftlichen Forschung eine fruchtbare Verbindung eingehen kann. Es war seine Weise, der Kirche zu dienen. Die Studenten waren seine persönliche Gemeinde, eine Gemeinde *sui generis*. Seine engsten Schüler, die bei ihm promoviert oder sich habilitiert haben, bilden eine sehr heterogene, gleichsam „zufällige" Gruppe. Keine „Sturmtruppe". Keinen *Thinktank*. Es gibt keine spezifische theologische Lehre als ideologische Basis dieses Schülerkreises. Nur eine vorbehaltlose Offenheit dafür, den Reichtum aller Gaben auszuschöpfen, die der Herr seiner Kirche gegeben hat und immer noch gibt. Diese Schüler sind es, die insbesondere von den vielen Gesten der selbstlosen Freundlichkeit und Hilfsbereitschaft erzählen, die sie in den mit dem Professor verbrachten Stunden immer wieder erlebt haben, von den Beweisen jener Geduld, die für Ratzinger „die Alltagsform der Liebe" ist. Und im Gewirr der Vorlesungen und Seminare konnte es zuweilen geschehen, daß eine Perle aufblitzte, daß man „eine Art theologischer Freude" empfand, wie Martin Trimpe, ein ehemaliger Schüler Ratzingers, es zu nennen pflegt. Oder wie sich aus der Bonner Zeit Alfred Läpple, Ratzingers Präfekt im Freisinger Priesterseminar, erinnert: „Joseph sagte immer: Wenn die Studenten den Stift weglegen und dich ansehen, während du sprichst, dann heißt das, daß du vielleicht ihr Herz berührt hast."[1] Daher ist das schönste und tröstlichste Bild des Papst-Professors vielleicht das Bild vom 15. Oktober 2005, von der Begegnung mit den Erstkommunionkindern: Der Petersplatz ist in völliges Schweigen gehüllt, während der große, weltberühmte Theologe einem Grundschullehrer kurz vor dem Ruhestand gleicht, der den Kindern von dem erzählt, was ohne eigenes Verdienst das Herz froh und das Leben gut macht.

DANKSAGUNG

Während meiner Arbeit an diesem Buch habe ich viele Personen um Hilfe gebeten. Ohne den entscheidenden Beitrag, den einige von ihnen geleistet haben, wäre die „Zeitreise“, von der auf diesen Seiten erzählt wird, niemals in Angriff genommen worden.

Mein Dank gilt Herrn Professor Alfred Läpple für die Freundlichkeit, mit der er uns in seinem Haus in Gilching empfangen hat, wie auch für die ansteckende Begeisterung, mit der er vor unseren Augen die Studienjahre seines Freundes Ratzinger im Nachkriegsdeutschland erstehen ließ. Ich danke Bischof Josef Clemens, dem langjährigen Sekretär aus den Kardinalsjahren, daß er mich an Alfred Läpple verwiesen und mir Ratschläge gegeben hat, welche Personen ich zunächst einmal kontaktieren könnte. So konnten meine Nachforschungen beginnen.

Alle ehemaligen Schüler Joseph Ratzingers, denen ich begegnet bin und mit denen ich Kontakt hatte, waren wertvolle Zeugen jener Zeit und der Ereignisse, die sie mit ihrem Professor gemeinsam erlebt hatten. Einige von ihnen haben sich mir einen ganzen Tag lang gewidmet: Sie haben mich mit dem Auto zu „Ortsbesichtigungen“ begleitet und mir seltenes und wertvolles Material geliefert. Oft hatte ich den Eindruck, daß auch sie sehr gern an die Zeiten und Umstände zurückgedacht haben, die ihnen so viel bedeuteten. Insbesondere danke ich den Professoren Stephan Otto Horn und Peter Kuhn. Und auch Vinzenz Pfnür, Martin Bialas und Vincent Twomey. Ich hoffe, daß ich das Vertrauen, das sie mir vorbehaltlos entgegengebracht haben, gewürdigt oder zumindest nicht enttäuscht habe.

Danken möchte ich auch Monsignore Martin Hülskamp für seinen Rat und die konkrete Hilfe, die ich während der Fahrt nach Münster von ihm erfahren habe. Und auch Professor Heino Sonnemanns für die Informationen über die Zeit, in der Ratzinger Professor in Bonn war.

Ich war gezwungen, viele Freunde und Bekannte um Hilfe zu bitten: bei der Sammlung der Daten und Fakten, bei den Übersetzungsarbeiten und bei der Überprüfung gesammelter Texte und Berichte. Ein besonderer Dank geht in dieser Hinsicht an Professor Antonio Russo, Pater Oliver Lahl, Silvia Kritzenberger, die Kollegen Guido Horst und Ludwig Ring-Eifel sowie Monsignore Erwin Gatz. Und auch an den Kollegen Jürgen Erbacher, zu dem eine Freundschaft entstanden ist, während ich wiederholt mit der Bitte an ihn herantrat, mir wertvolles Material bei den verschiedenen akademischen Einrichtungen in Deutschland zu beschaffen.

Mein Dank gilt auch Professor Roberto Morozzo della Rocca, der mir bei einigen Übersetzungen sehr freundlich geholfen und nach der Lektüre des Textes wertvolle Anregungen gegeben hat. Ich danke auch Professor Alberto Melloni für nützliche bibliographische Hinweise.

Unschätzbare Hilfe habe ich von dem immer liebenswürdigen Pater Jacques Servais SJ und den Freunden aus der „Casa Balthasar" erhalten, die mir freundlicherweise die „Ratzinger-Bibliothek" zur Verfügung gestellt haben, die sie in ihrem schönen Studienhaus in der Via Nomentana pflegen und ausbauen, ganz in der Nähe der Basilika und der Katakomben von Sankt Agnes vor den Mauern. Auch die Freunde Lucio Brunelli und Andrea Tornielli und meine Frau Stefania haben mich mit ihrer Ermutigung und ihren Anregungen unterstützt.

Ich danke auch Monsignore Georg Gänswein, dem Privatsekretär von Benedikt XVI., der so freundlich war, in einigen Fällen zu helfen, in denen die Rekonstruktion der Fakten noch einmal der Überprüfung bedurfte.

Dulcis in fundo nenne ich als Mitverantwortlichen dieser Arbeit Professor Pierluca Azzaro. Ihm habe ich mehrere der unveröffentlichten Interviews und Zeugnisse zu verdanken, die diesem Buch zugrundeliegen. Mit seiner Hilfe konnte ich Dutzende von Texten und wertvollen Dokumenten sichten und so Ratzingers Weg an den deutschen Universitäten rekonstruieren. Unvergeßlich bleiben mir unsere „Expeditionen" nach Deutschland, einschließlich der Pannen, der unvorhergesehen Zwischenfälle, der Momente, die uns zum Lachen brachten, und der langen Unterhaltungen, in denen wir die Treffen und Begegnungen auswerteten. Ich bin dem Herrn dankbar für das schöne Abenteuer, das wir erleben durften. Wenn man gemeinsam ein Schicksal betrachtet, das geprägt ist von Dankbarkeit für das freie Geschenk des christlichen Lebens, ist es leicht, dabei zu Freunden zu werden, ohne daß es dafür vieler Worte bedürfte. Dies ist das große Geschenk, das mir bereits während der Arbeit an diesem Buch zuteil geworden ist.

Freising

EIN NEUANFANG ZWISCHEN DEN TRÜMMERN

Der Domberg von Freising wirkt auch heute noch wie eine kleine, geschützte und in sich abgeschlossene Welt, ein ruhiger Fleck, an dem die Zeit stehengeblieben zu sein scheint. Aber in den ersten Tagen des Jahres 1946, als Joseph Ratzinger den Hügel in der bayrischen Stadt erklimmt, ist Deutschland, das vom nationalsozialistischen Wahn geknechtet und später vom *moral bombing* der Alliierten verwüstet wurde, auch für ihn wie für all jene, die sich für die Ausbildung zum Priester entschlossen haben, kein Ort wie andere. Auf der Anhöhe drängen sich neben dem Dom auch das Priesterseminar und die Philosophisch-Theologische Hochschule. Ein großer Teil der Räumlichkeiten des Seminars wird jedoch als Lazarett für Kriegsgefangene genutzt, die dort auf ihre Rückkehr nach Hause warten. Ratzinger ist erst 19 Jahre alt und gehört zu einer Gruppe von Neulingen, die noch kein Priesterseminar besucht haben. Aber unter den 120 Seminaristen sind auch 40jährige und solche, die ihre vom Krieg unterbrochene Ausbildung wiederaufnehmen, nachdem sie in ganz Europa verstreut an der Front Militärdienst geleistet haben. Menschen, deren Seele zerrissen ist von den Gräueln und den Prüfungen, die sie in der tödlichen Maschinerie des Krieges erlebt haben.

Der Leiter des Seminars, Michael Höck, hat fünf Jahre Internierung in Sachsenhausen und später in Dachau überlebt, wo rund tausend katholische Priester gestorben sind. Dort war er interniert, weil er in der Zeitung der Diözese Artikel veröffentlicht hatte, die den Nationalsozialismus kritisierten. Ende 1945 beruft Höck für das Seminar, das in Kürze wiedereröffnet werden soll, einen Präfekten für die Neulinge, einen „alten" Studenten, dessen Aufgabe die Betreuung der jüngsten Seminaristen ist. Sein Name ist Alfred Läpple; er ist 30 Jahre alt und auch sein *Curriculum* ist unauslöschlich vom Krieg gezeichnet.[1]

Aus dem Abgrund heimgekehrt

Sieben Jahre zuvor, im Jahr 1939, fehlten Alfred Läpple nur noch wenige Monate, bis er sein Studium abschließen und Priester werden würde. Er hatte bereits begonnen, an seiner Dissertation bei der Katholisch-Theologischen Fakultät der Universität München zu arbeiten. Sein Professor, der große Moraltheologe Theodor Steinbüchel, hatte ihm ein Thema gegeben, das für die damalige Zeit wegweisend scheint: das Gewissen des Einzelnen in der Kirche nach John Henry Newman, dem großen englischen Kardinal und Theologen des 19. Jahrhunderts, der vom Anglikanismus konvertiert war. Aber ausgerechnet 1939 schließen die Nationalsozialisten die Fakultät: eine Vergeltungsmaßnahme gegen den Münchener Kardinal Michael von Faulhaber, weil er die Einstellung von Professor Hans Barion, einem Hitleranhänger und seit 1933 Mitglied der nationalsozialistischen Partei, nicht genehmigt hat. Als dieser Konflikt ausbricht, ist Läpple gezwungen, alles aufzugeben und Soldat der Luftwaffe zu werden. Er ist bei der Besetzung des Baltikums dabei und an der russischen Front. Dann gerät er 1945 in Westfalen, in der Nähe von Hamm, in amerikanische Kriegsgefangenschaft. Er wird nach Frankreich deportiert, in ein großes Gefangenenlager bei Le Havre, wo sich unter den fast 500.000 Gefangenen 300 katholische Priester, Seminaristen und protestantische Pastoren befinden. Läpple macht sich seine Rolle als Dolmetscher bei der Lagerleitung zunutze und überzeugt diese, alle Geistlichen und Seminaristen in einem Block unterzubringen und theologische Vorlesungen einzurichten. Erst im November 1945 verläßt er das Lager und kehrt nach München zurück. Wenige Tage nach seiner Rückkehr hört er in der bayerischen Hauptstadt einen Vortrag des Schriftstellers Ernst Wiechert:

„Dies laßt uns bedenken, meine Freunde, und laßt es uns auch denen zurufen, die den Sieg gewonnen haben über das Volk ... Wir wissen, daß Tausende sich abgewendet haben von den Dämonen und daß es langsam Hunderttausende und Millionen wurden ..., von denen ich weiß, daß sie nicht wagten, ihre Lippen zu öffnen, weil das den Tod bedeutete ... Sie waren gehorsam und sie waren still, aber jeder Schritt ihres Lebens war ein Dornenweg, und in den Nächten, wenn niemand sie sah, rangen sie die Hände zu ihrem Gott und sie beteten um den Sieg der Feinde. Weiß die Welt, was solch ein Gebet bedeutet? Weiß sie, was ein Volk gelitten haben muß, um so zu beten?"

Läpple spürt in Wiecherts Worten dieselbe qualvolle innere Zerrissenheit, die er als Soldat empfunden hat:

„Ich war 1942 auf einem Offizierslehrgang in Baden bei Wien, aber ich verzichtete auf die Offizierslaufbahn. Ich dachte: Sollte Hitler gewinnen, würde ich nie Priester werden. Damit ich Priester werden kann, muß Deutschland verlieren. Das war das tragische Dilemma, vor dem wir standen."[2]

Was bedeutet die Wiedereröffnung eines Seminars zur Ausbildung neuer Priester inmitten eines Volkes, das vom nationalsozialistischen Wahnsinn innerlich gebrochen ist, in einem Land, das von den Bombenangriffen der Alliierten zerstört ist?[3] In den Tageszeitungen stehen die Berichte über den Nürnberger Prozeß im Vordergrund, die Fotos von den Leichenbergen, die man in den Konzentrationslagern gefunden hat. Aber der Schock zeigt sich als eine Art kollektiven Sprachverlusts angesichts des Grauens. Während des Vorlesungsbetriebs in Freising wird, wie im restlichen Deutschland, der Alptraum nicht „zum Thema gemacht". In diese Zurückhaltung mischen sich auch die Freude, aus dem Abgrund heimgekehrt zu sein, und das Bewußtsein, daß keinerlei gemeinsames Nachdenken dem, was geschehen ist, Rechnung tragen könnte.

„Es gab nichts zu diskutieren", sagt Läpple, „keine unserer Antworten hätte erklären können, wie es geschehen konnte, daß Christen Konzentrationslager gebaut haben. Schließlich ist Hitler nie aus der Kirche ausgetreten. Aber damals hatten wir das Gefühl, daß es keinen Sinn hatte, wenn wir immer wieder über diese Dinge sprachen."

Wenn man sich wieder auf den Weg machen will, ist es besser, sich nicht umzudrehen.

„Es war, als ob wir wieder am Nullpunkt anfangen müßten. Es war, als ob das Ende des Krieges uns das Leben ein zweites Mal geschenkt hätte. Darüber waren wir glücklich, das war das vorherrschende Gefühl. Es war vorbei, genug davon, es gab nichts, über das man reden mußte, keine Antwort hätte etwas erklären können. Es war Gott selbst, der uns aus der Hölle gerettet hatte, und nur er mit seiner Vergebung konnte die Herzen heilen. Wir wußten, daß später sowohl Opfer der Nazis als auch Täter zu uns zur Beichte kommen würden. Sie würden uns erzählen: Ich habe im Konzentrationslager gearbeitet. Oder: Im Krieg habe ich Partisanen erschossen ..."

Zwar wird die kollektive Tragödie vom Tagesablauf im Seminar in den Hintergrund gedrängt, aber das kann nicht verhindern, daß in Zeiten, in denen die privaten Gespräche und die geistliche Begleitung nicht im Vordergrund stehen, die individuellen Verletzungen und Traumata wieder auftauchen. Nach seiner Priesterweihe 1947 wird Läpple zum Vertrauten und Beichtvater vieler Seminaristen. Vor allem die älteren, die an der Front waren, gehen lieber zu ihm als zum Rektor, der im Konzentrationslager war, also den Krieg nicht mitgemacht hat und – wie sie meinen – deshalb bestimmte Dinge nicht verstehen kann.

„Ich erinnere mich an einen, der Major war und im Krieg 20 Personen erschossen hatte. Er hielt der inneren Qual der Erinnerungen nicht stand und verließ das Seminar. Er sagte mir: ‚Ich kann nicht Priester werden. Bei jeder Messe könnte jemand aufstehen, auf mich deuten und rufen: Du bist ein Mörder.' Ein anderer hatte auf dem Rückzug in Rußland einen beinamputierten Kameraden erschossen, der im Sterben lag und ihn anflehte, ihn zu töten, damit er nicht länger leiden müsse. Er fragte mich: ‚Vater, ich habe getötet. Aber war das, was ich getan habe, wirklich Mord?'."

Die Erinnerungen des Soldaten Ratzinger

In seiner Autobiographie hat Joseph Ratzinger mit ähnlichen Worten und Bildern wie Läpple die Stimmung des Neuanfangs im Freisinger Seminar beschrieben, wo die Weigerung, sich umzudrehen und zurückzuschauen, eine unausgesprochene Regel oder stillschweigende Übereinkunft zu sein scheint, die beachtet werden muß, wenn man das psychische und geistliche Gleichgewicht der neuen Priesterkandidaten schützen will.[4] Vor der Rede, die der Papst bei seinem Besuch in Auschwitz und Birkenau hält (28. Mai 2005), hat sich der Theologe, Professor, Bischof und Kardinal Ratzinger nie an eine Analyse und theoretische Verarbeitung des kollektiven Traumas gewagt, das der Nationalsozialismus für die deutschen Christen ist. In seinen zahlreichen Büchern, Artikeln und öffentlichen Vorträgen finden sich seltene und beiläufige – wenn auch vielsagende – Hinweise darauf, wie die Konfrontation mit dem nationalsozialistischen Schrecken und die Erfahrung des Zusammenbruchs des Hitlerregimes seine persönliche Entwicklung beeinflußt haben. 1990, ausgerechnet in einer Rede zum hundertsten Todestag von Kardinal Newman, in der er auch seine Freundschaft mit Läpple erwähnt, deutet der damalige Präfekt der Glaubenskongregation seine frühe Leidenschaft für den englischen Theologen auch als eine Reaktion darauf, daß der Nationalsozialismus es sich zum Ziel gesetzt hatte, das Gewissen des Einzelnen auszuschalten:

> „Newmans Lehre über das Gewissen", schreibt Ratzinger bei dieser Gelegenheit, „wurde damals für uns die Grundlage jenes theologischen Personalismus, der uns mit seiner

Faszination anzog (...). Wir hatten ein totalitäres Regime erlebt, das sich selbst als die Erfüllung der Geschichte verstand und das Gewissen des Einzelnen leugnete. Hermann Göring hatte über seinen Führer gesagt: ‚Ich habe kein Gewissen. Mein Gewissen ist Adolf Hitler'. Der entsetzliche Verfall der Menschheit, der daraus folgte, geschah vor unseren Augen."[5]

In einem berühmten Vortrag über das Verhältnis zwischen Christentum und pluralistischer Demokratie sprach Ratzinger im April 1984 vom „religiösen Pathos" und dem „Eifer des Schülers, der unbedingt verstehen will", mit dem das Nachkriegsdeutschland die „Botschaft der Demokratie" aufgenommen habe. Diese Bemerkung sollte jedoch die Demokratie nicht abwerten, sondern nur mit besonderem Nachdruck zum Ausdruck bringen, wie beunruhigend die ethischen Verirrungen und die Säkularisierung der demokratischen Systeme sind, „um so mehr, je übertriebener damals die Erwartung war, mit der man damals den demokratischen Versprechungen vertraute."[6]

Also kein zermürbender Rückzug in die Erinnerung. Aber es gibt kein Verschweigen und keine Verdrängung in dem „erschütterten Schweigen", das Benedikt XVI. in seiner Rede in Auschwitz als die stärkste Frage bezeichnet hat, die man im Angesicht des nationalsozialistischen Grauens an Gott richten kann. In seiner Autobiographie hat Ratzinger selbst mit einer großen Fülle von Daten rekonstruiert, wie er persönlich – und das ist von entscheidender Bedeutung – den Nationalsozialismus im katholischen Bayern erlebt hat. Das reicht von der Weigerung des Vaters, der Gendarm war, das Hakenkreuz zu tragen (weshalb 1932 die ganze Familie gezwungen war, das schöne Städtchen Tittmoning zu verlassen und in das Bauerndorf Aschau am Inn zu ziehen), über Ratzingers Militärdienst im 2. Weltkrieg bis hin zu seiner Internierung im amerikanischen Gefangenenlager vor seinem Eintritt ins Freisinger Seminar.

Joseph Ratzinger ist nicht älter als 16 Jahre, als er 1943 zusammen mit seinen Kameraden vom Traunsteiner Studienseminar als Flakhelfer in München eingezogen wird. Der Mangel an Soldaten veranlaßt das Regime, Schulen und Internate in die Nähe von Flakbatterien zu verlegen, um die Schüler als Hilfspersonal einsetzen zu können. Der junge Ratzinger und seine Kameraden werden zunächst zum Schutz einer BMW-Fabrik, in der Flugzeugmotoren hergestellt werden, in Ludwigsfeld im Norden Münchens eingesetzt. Nach einer kurzen Zeit in Unterföhring und später in Innsbruck wird die Gruppe nach Gilching bei München verlegt und erhält den Auftrag, die Dornier-Werke zu schützen, wo die ersten Düsenflugzeuge gebaut werden. „In dieser Zeit", so der Bruder Georg über Joseph Ratzinger, „war er mit Erfahrungen konfrontiert, die ihn lange beeinflußt und ihm ein düsteres Bild des Lebens vermittelt haben." Dazu zählte auch „die Beobachtung, daß die Gefangenen" in einem Außenlager des nahen Konzentrationslagers Dachau „von der SS schikaniert wurden".[7] 1944 hat Joseph das Alter für den Militärdienst erreicht und wird zum Reichsarbeitsdienst ins Burgenland einberufen, in den Landesteil, wo Österreich an Ungarn grenzt. Dort werden Panzersperren errichtet und Schützengräben ausgehoben, die einen etwaigen Vormarsch des feindlichen Heeres aufhalten sollen. Die Vorgesetzten dort kommen aus der Österreichischen Legion, einer Einheit von fanatischen Nationalsozialisten der ersten Stunde, die „uns kräftig tyrannisierten"[8]. Die Neuankömmlinge müssen sich dem verbissenen Kult des Spatens und der Arbeit unterwerfen, der als erlösende Macht verstanden wird. Als im Oktober die Russen Ungarn einnehmen, beobachtet Ratzinger, wie die martialischen Pseudoliturgien der Nationalsozialisten innerhalb von wenigen Tagen völlig bedeutungslos werden. Einer ebenso gefährlichen wie willkommenen Blutvergiftung am Finger verdankt er es, daß er nach Traunstein zurückgeschickt wird und ihm die Versetzung an eine andere Front und auch die Waffenausbildung erspart bleiben.[9] Er wird der Traunsteiner Infanteriekaserne zugeteilt. Dort müssen die Jungen „mit Kriegsliedern" durch die Stadt „marschieren, vielleicht um der Zivilbevölkerung zu zeigen, daß der ‚Führer' immer noch über junge und frisch ausgebildete Soldaten verfüge".[10] Nach Hitlers Tod Anfang Mai 1945 beschließt Ratzinger, die Kaserne zu verlassen und nach Hause zurückzukehren. Damit riskiert er die Bestrafung als Deserteur. Im Haus der Familie am Stadtrand von Traunstein werden in dieser unruhigen Zeit einige versprengte und umherziehende Soldaten einquartiert, darunter zwei SS-Mitglieder – eine gefährliche Situation. Dann treffen endlich die Amerikaner im Ort ein, die ausgerechnet im Hause Ratzinger ihr Hauptquartier aufschlagen. Der junge Rekrut Joseph wird als Soldat identifiziert und auf einem dreitägigen Fußmarsch in ein Gefangenenlager bei Ulm gebracht, wo rund 50.000 deutsche Soldaten interniert sind. Wie Läpple nimmt auch er im Lager an „einem ausgiebigen Veranstaltungsprogramm teil, das Struktur in die leeren Tage brachte".[11] Am 19. Juni 1945 wird er entlassen. Einen Monat später kehrt auch Bruder Georg, von dem man seit einigen Monaten nichts mehr gehört hat, aus Italien zurück. Während der folgenden Weihnachtsfeiertage nimmt Ratzinger an einem Treffen mit seinen ehemaligen Klassenkameraden teil: „... viele waren gefallen, um so mehr waren wir, die Heimgekehrten, dankbar für die Gabe des Lebens und die Hoffnung, die über allen Zerstörungen wieder aufgerichtet war".[12]

„Orgel-Ratz" und „Bücher-Ratz"

Zwischen dem 19jährigen Studienanfänger Ratzinger und dem 30jährigen Präfekten Läpple, die beide mit der Last schwerer Erfahrungen nach Freising gekommen sind, entsteht sofort eine besondere gegenseitige Nähe.

> „Ich war wenige Tage zuvor angekommen", erzählt Läpple. „Er kam zu mir und sagte: ‚Ich heiße Joseph Ratzinger. Ich habe einige Fragen'. Er fragte auch, wie ich während des Krieges meinen Glauben hatte bewahren können. Ich antwortete ihm, daß es die Gebete meiner Mutter gewesen waren. Und weil ich wußte, daß Christus mich liebt, und daß ich, wenn er mich retten würde, Christus mein Leben weihen würde."[13]

In den wenigen Räumen, die zur Verfügung stehen, versucht man irgendwie an den Abläufen eines „normalen" Seminars festzuhalten. Die Seminaristen schlafen in Gruppen zu 40 Mann in großen Schlafsälen, um jedes Bett ist ein weißer Vorhang gespannt, so daß eine Art Kabine entsteht. Wecken um halb sechs, Messe, Frühstück, Vorlesungen. Mittagessen, etwas Freizeit, Studium. Nach dem Abendessen Betrachtungen oder ein Vortrag. Und dann Nachtruhe für alle, ehe die ungeheizten Zimmer sich in Eiskeller verwandeln. Das Studiensystem hält sich immer noch an die Regeln, die in der Zeit nach der Säkularisation (1806) eingeführt wurden: Die Seelsorgekurse hält man im Seminar ab. Die wissenschaftlichen Vorlesungen dagegen werden an der staatlichen Philosophisch-Theologischen Hochschule gehalten, die im Gebäude nebenan untergebracht ist. In den Vorlesungen sitzen die Brüder Ratzinger immer auf den vordersten Plätzen. Um sie zu unterscheiden, nennen die Mitschüler sie den „Orgel-Ratz" und den „Bücher-Ratz". Georg ist schon damals Musiker und steht am Anfang des langen Weges, an dessen Ende er Domkapellmeister der Regensburger Domspatzen wird, des berühmten Knabenchores des Regensburger Doms. Was Joseph betrifft, so ist der Spitzname, den die Kameraden für ihn gefunden haben, ein Hinweis auf die ungeheure Bücherleidenschaft, die den jüngeren Ratzinger unter den Seminaristen kennzeichnet. Ein unstillbarer Lesehunger, gewachsen „in den Jahren der Dürftigkeit, der Ausgesetztheit an den geistfernen Moloch der Macht".[14] Läpple erinnert sich:

> „Er war wie ein trockener Schwamm, der sich geradezu gierig mit Wasser vollsaugt. Wenn er im Studium auf etwas Neues stieß, das sein bisheriges Wissen korrigierte oder neue Wege eröffnete, nahm er das voller Enthusiasmus auf und konnte es gar nicht erwarten, es den anderen mitzuteilen."

Gerade auf den langen Spaziergängen mit Läpple werden diese Entdeckungen Anlaß zu leidenschaftlichen Diskussionen. „Ich erinnere mich daran, daß wir einmal lange über einen Satz von

Friedrich Nietzsche sprachen, der sagt, die Christen müßten erlöster aussehen, damit er an den Erlöser glauben könne."

Der Lesehunger des Seminaristen Ratzinger ist grenzenlos. Er sucht und findet in allen Richtungen Anregungen, die seinen Wissensdurst befriedigen und ihn zu neuen Forschungen führen, und beschränkt sich dabei nicht auf den theologischen Bereich im engeren Sinn. In einem zerstörten und vom Rest der Welt isolierten Deutschland, wo Bücher eine Seltenheit sind, ist im Freisinger Seminar zum Glück eine recht gute, natürlich „zensierte" Bibliothek erhalten geblieben. „Die Romane von Gertrud von Le Fort, Elisabeth Langgässer, Ernst Wiechert wurden verschlungen; Dostojewski gehört zu den Autoren, die jeder las, und dazu die großen Franzosen Claudel, Bernanos, Mauriac."[15] Aber auch Einstein, Heisenberg und der Philosoph Aloys Wenzel, die alle einen Wissenschaftsansatz eingeführt haben, der sich nicht von vornherein der Gottesidee verschließt. Und unter den Theologen und Philosophen Peter Wust, Josef Pieper und Romano Guardini, den großen Wegbereiter der Liturgiereform.

Mit dieser unbezähmbaren Wißbegierde, die sich auf alle Bereiche erstreckt, beginnt bei Joseph bereits im Seminar die Ausprägung seiner theologischen Vorlieben und Abneigungen. Auf diese Zeit geht auch die erste Entdeckung seiner existentiellen Verbundenheit mit Augustinus zurück, der mehr als jeder andere Autor seine Einstellung zum Christentum prägen wird. Aber Läpple steckt ihn auch gleich zu Beginn mit seiner Leidenschaft für John Henry Newman an.

> „Zwischen uns herrschte eine große Freiheit", erzählt der damalige Präfekt, „die Dinge zu betrachten und zu beurteilen. Daher waren wir auch so von Newman fasziniert. Wie war jemand, der als freier Mensch im Anglikanismus gelebt hatte, mit der katholischen Lehre vom Primat in der Kirche zurechtgekommen? Für ihn war die Vorstellung, daß der Primat des Papstes seine Freiheit als Getaufter einschränkt, bestimmt nicht annehmbar."

Bei ihren Gesprächen über den englischen Theologen macht Läpple den jungen Ratzinger mit dem heute geläufigen Satz von Newman aus seinem Brief an den Herzog von Norfolk bekannt, den der zukünftige Präfekt der Glaubenskongregation häufig benutzen sollte, gleichsam um hervorzuheben, wie fremd ihm von Natur aus jede falsche Unterwürfigkeit gegenüber dem Papst ist: „Wenn ich genötigt wäre, bei den Trinksprüchen nach dem Essen ein Hoch auf die Religion auszubringen (was freilich nicht ganz das Richtige zu sein scheint), dann würde ich trinken – freilich auf den Papst, jedoch zuerst auf das Gewissen und dann erst auf den Papst."

Die echte Scholastik und die schwerverdauliche Neuscholastik

Die erste schriftliche Arbeit Joseph Ratzingers ist eine Übersetzung, die deutsche Fassung der *Quaestio disputata* des heiligen Thomas über die Liebe. Läpple erzählt:

> „Wir haben es gemeinsam übersetzt, Zeile für Zeile. Das war 1946. Ich kann mich daran erinnern, wie wir alle Zitate im Original gesucht haben: Platon, Aristoteles, Augustinus ... Dann, viele Jahre später – das handgeschriebene Original wurde immer unleserlicher –, tippte meine Sekretärin es mit der Schreibmaschine ab und ließ zwei Kopien binden. Eine davon habe ich Joseph 1979 geschenkt, als er nach Salzburg kam, um in der Großen Aula der Universität, an der ich damals lehrte, einen Vortrag über die Konsequenzen des Schöpfungsglaubens zu halten."

Aber in Freising zeigt sich auch früh die Ratzingersche Abneigung gegen den neuscholastischen Ansatz, der dort im besonderen von dem Philosophieprofessor Arnold Wilmsen vertreten wird. Läpple zufolge perlten Wilmsens Vorlesungen an Ratzinger ab wie Wasser an einem Stein. „Er sagte zu mir: ‚Mir tut es um die Zeit leid, die ich verliere. Es wäre für mich viel fruchtbarer, statt dessen einen Spaziergang mit dir zu machen ...'" Der Professor, der mit dem Enthusiasmus eines Neubekehrten die

Neuscholastik vertrat, die damals in den katholisch-theologischen Hochschulen weltweit gelehrt wurde, scheint dem jungen Studenten kein Fragender mehr zu sein, sondern einer, der sich darauf beschränkt, „das Gefundene gegen alle Fragen zu verteidigen".[16] Daß Ratzinger Wilmsens Vorlesungen als mühsam erlebt, ist kein Zeichen persönlicher Abneigung, sondern vielmehr das erste Indiz dafür, wie fern der junge Ratzinger dem rigiden neuscholastischen Thomismus steht, der sich nach der Enzyklika *Aeterni Patris* von Leo XIII. als offizielle Theologie der Kirche durchgesetzt hat – ein sicherer Damm gegen alles modernistische Denken.

„Der Impuls, die Wahrheit wie einen Besitz zu betrachten, der verteidigt werden muß, hat ihn immer beunruhigt", erklärt Läpple. „Er fühlte sich nicht wohl mit der neuscholastischen Tendenz, die Wahrheit in abstrakte, unpersönliche, fertige Definitionen einzuschließen. Das war nach Ratzinger eine Theologie, die sich anmaßte, das Geheimnis zu sezieren. Keine kniende Theologie. Ein Abstraktum, hat er einmal gesagt, braucht keine Mutter."

München

AUF DEM WEG ZUM PROFESSOR

Im September 1947, nach dem zweijährigen Philosophiestudium in Freising, beantragt – und erhält – Joseph Ratzinger von seinem Erzbischof Michael von Faulhaber die Genehmigung, die Vorlesungen der theologischen Fakultät der Universität von München besuchen zu dürfen. Die Universitätsgebäude und das Herzogliche Georgianum – wo die bayerischen Seminaristen, die zum Theologiestudium nach München kommen, untergebracht sind – waren durch Bombenangriffe zerstört oder beschädigt. Für die Wiederaufnahme des Lehrbetriebs hatte die theologische Fakultät vorübergehend Aufnahme in Schloß Fürstenried gefunden, einem ehemaligen Jagdschloß der bayerischen Könige, südlich von München. Der zukünftige Pontifex verbringt die ersten beiden akademischen Jahre seiner Universitätsausbildung an diesem provisorischen Ort, wo Schüler und Professoren gemeinsam in beengten Verhältnissen leben und arbeiten. Die Studenten schlafen in Stockbetten. „Als ich am ersten Morgen, noch schlaftrunken, meine Augen auftat, glaubte ich einen Augenblick, es sei wieder Krieg und ich sei wieder in unsere Flakbatterie zurückversetzt", erinnert sich Ratzinger in seiner Autobiographie.[1] Auch die Verpflegung ist dürftig. Viele Vorlesungen finden im Gewächshaus statt, wo es im Winter kalt und in den Sommermonaten heiß ist. Der Atmosphäre im Seminar fehlt die kameradschaftliche Vertrautheit, die in Freising herrschte. Es dominiert das intellektuelle Interesse, das zu einem gewissen Individualismus führt und die Studenten in Wettstreit miteinander treten läßt. Vielleicht ist dies auch der Grund, daß Ratzinger sich beim Rückblick auf die beiden in Fürstenried verbrachten Studienjahre vor allem an den Schloßpark erinnert, der für ihn zum Ort ungestörten Nachdenkens wird:

> „Durch diesen Park bin ich immer wieder mit vielerlei Gedanken gewandert; in ihm sind die Entscheidungen jener Jahre gereift, und ihm habe ich die Erkenntnisse zu durchdenken und in eigene Einsicht umzuwandeln versucht, die uns in den Vorlesungen zugekommen waren."[2]

Namhafte Vorväter

Die Ludwig-Maximilians-Universität stammt aus dem Mittelalter und wurde 1472 in Ingolstadt mit der damals obligatorischen Genehmigung des Papstes (Pius II.) gegründet. Ihre theologische Fakultät spielte während der Gegenreformation eine wichtige Rolle als ein Zentrum, das die katholische Gegenreaktion auf die Ideen Luthers und seines Schülers Melanchthon wesentlich beeinflußte. Die im Jahre 1800 nach Landshut verlegte Universität war ab 1826, ab 1840 dauerhaft in einem neoklassizistischen Gebäude in München zu Hause. Seit dieser Zeit prägen namhafte Professoren das Profil der akademischen Einrichtung. Bereits am Anfang des 19. Jahrhunderts bahnte Johann Michael Sailer einer Theologie den Weg, in deren Zentrum die Wiederentdeckung der Kirchenväter und die theologische Auseinandersetzung mit den Aufklärern standen. In der zweiten Hälfte des 19. Jahrhunderts wandte sich die Münchner Theologie der wissenschaftlichen Forschung und historischen Theologie zu. Die Schlüsselfigur dieser bahnbrechenden Wende war Ignaz von Döllinger, dessen Theologie in erster Linie an der organischen Entwicklung der Tradition der Kirche interessiert war. Dementsprechend prangerte er zunächst den Protestantismus, den Rationalismus und die Aufklärung als *vulnera* dieser organischen Kontinuität an. Später lehnte er mit derselben Begründung die Dogmatisierung der päpstlichen Unfehlbarkeit ab, die das Erste Vatikanische Konzil beschloß. Der Preis seiner neuen antirömischen Linie war 1871 die Exkommunikation und der Verlust seiner

Lehrtätigkeit. Unter seinen Studenten und Mitarbeitern zeichnete sich in den Jahren 1863 bis 1867 auch Georg Ratzinger aus, ein Großonkel des künftigen Papstes, dessen Lebensgeschichte sehr ungewöhnlich, ja problematisch war: Priester – er ließ sich jedoch 1888 in den Laienstand zurückversetzen –, Propagator eines neuen katholischen Sozialgedankens, gewählter Abgeordneter mit verschiedenen Mandaten, sowohl in der bayerischen Abgeordnetenkammer als auch im Reichstag, politischer Aktivist gegen den bismarckschen Kulturkampf und Anwalt des Bauernstands.[3] In München nahm der Kirchenhistoriker Otto Bardenhewer, Verfasser des grundlegenden Werkes *Geschichte der altkirchlichen Literatur*[4], Döllingers besonderes Interesse für das Studium der Kirchenväter und der Kirchengeschichte wieder auf, während der Scholastikforscher Martin Grabmann, von 1918 bis 1939 und dann von 1945 bis 1948 Professor für Dogmatik in München, Forschungen zur mittelalterlichen Theologie und Philosophie als neuen Schwerpunkt einführte.

In Joseph Ratzingers Theologie finden sich viele der Elemente wieder, die die ungewöhnliche Geschichte der Münchner Fakultät auszeichnen. Aber es gibt keine direkte genealogische Verbindung zwischen der großen Tradition der Münchener Ansätze des 19. Jahrhunderts und dem akademischen Umfeld des jungen Theologen. Denn auch in der theologischen Fakultät fängt man nach der von den Nationalsozialisten verfügten Schließung 1939 und dem Krieg wieder ganz von vorne an. Von den alten Professoren sind nur wenige geblieben, alle anderen kommen von anderen theologischen Fakultäten und haben unterschiedliche lebensgeschichtliche und akademische Hintergründe.

In München trifft Ratzinger auch ein vertrautes Gesicht wieder. In einigen der von ihm besuchten Vorlesungen ist auch Alfred Läpple, der ihn im Freisinger Seminar als Präfekt empfangen hat. Die geistige Verwandtschaft, die zwischen den beiden vom ersten Moment an bestand, vertieft und festigt sich in dieser Zeit und verwandelt sich in eine freundschaftliche Verbundenheit, in der sie einander auf dem gemeinsamen priesterlichen Weg bestärken und ermutigen.

Als Läpple im Juni 1947 zum Priester geweiht wurde, nahm Ratzinger an der Liturgie teil. Dieser Tag wurde für die beiden Freunde Anlaß zu einem langen Austausch über die Natur des katholischen Priesteramts, der für den zukünftigen Papst zu einem unvergeßlichen Moment seiner geistlichen Entwicklung werden sollte.[5] Am Tag darauf bat Alfred Läpple seinen Seminaristenfreund, ihn nach Partenkirchen, in seinen Heimatort, zu begleiten und sein Zeremoniar bei der Feier seiner ersten Messe zu sein. Nach einem Jahr als Kaplan wird Läpple 1948 als Dozent für praktische Sakramententheologie ans Seminar nach Freising zurückberufen. Er muß jedoch noch sein Theologiestudium beenden – das er 1939 unterbrochen hatte, als die Nationalsozialisten die theologische Fakultät geschlossen hatten – und seine Doktorarbeit über Newman abschließen. Daher besucht auch er, der zwölf Jahre älter als Ratzinger ist, an der Seite seines jungen Freundes nun wieder die theologische Fakultät von München.

Professorenoriginale

„Wenn ich auf die spannenden Jahre meines Theologiestudiums zurückschaue, kann ich mich nur wundern über all das, was heute über die ‚vorkonziliare' Kirche behauptet wird", bemerkt Ratzinger in seiner Autobiographie.[6] Tatsächlich wirkt die theologische Fakultät von München Ende der vierziger Jahre wie eine lebendige und offene Forschungsanstalt, wo unterschiedliche theologische Richtungen und Einstellungen nebeneinander existieren, sich vermischen und manchmal zusammenstoßen. Wenn es einen gemeinsamen Faktor gibt, der das Klima an der Fakultät kennzeichnet, so ist es die negative Haltung gegenüber dem neuscholastischen System, das von Rom als die einzig „sichere" und mit der gesunden katholischen Lehre vereinbare Theologie gefördert wird. Ansonsten sind die theologischen Ansätze der einzelnen Professoren sehr unterschiedlich geprägt, durch ihr unterschiedliches Lebensalter und ihre ungewöhnlichen Lebenswege und akademischen Biographien bedingt.

Am aufsehenerregendsten ist der Fall des Professors für neutestamentliche Exegese, Friedrich Wilhelm Maier. Als junger Mann, noch vor dem Ersten Weltkrieg, bezahlte er teuer für seine Unterstützung der exegetischen Theorie, der zufolge das Markusevangelium als erstes verfaßt worden ist und dann für die Abfassung der beiden anderen synoptischen Evangelien, Lukas und Matthäus, als Quelle diente. Zu jener Zeit wurde diese exegetische Theorie, die bald allgemein in den Katholisch-Theologischen Fakultäten ernst genommen und vertreten wurde, noch als modernistisch abgestempelt. Dem jungen Dozenten wurde die Lehrertätigkeit untersagt. Die Seiten seiner „verdächtigen" exegetischen Studie wurden aus den im Umlauf befindlichen Exemplaren des Bibelkommentars herausgetrennt, in dem sie veröffentlicht worden war. Erst nach dem Krieg wurde Maier teilweise rehabilitiert, und es wurde ihm erlaubt, in die akademische Welt zurückzukehren.

Obwohl er wegen der früheren Einschränkungen Rom gegenüber eine gewisse Verbitterung behalten hat, ist Maier in den Augen des jungen Ratzinger „ein tiefgläubiger Mann und ein Priester, der sich um die Gesinnung der jungen Menschen sorgte, die ihm anvertraut waren." Seine Vorlesung „war die einzige, in der das Gewächshaus zu klein wurde, man mußte frühzeitig kommen, um noch einen Platz zu ergattern."[7] Jedoch erkennen sehr aufmerksame Schüler schnell, daß die liberale Exegese, die die Basis seiner Lehre bildet, einer schon versunkenen Welt angehört. Die Krise des Wissenschaftsoptimismus, den die Tragödien der beiden Weltkriege zunichte gemacht haben, wirft ihren Schatten auch auf die Theologie. Läßt man die vermeintlichen positiven Gewißheiten der kritisch-liberalen Methoden beiseite, kommt es auch im theologischen Bereich „zu einer neuen Zuwendung zu dem, was vorher schon als überwunden gegolten hatte: zur Kirche, zur Liturgie, zum Sakrament, und dies nicht nur im katholischen Raum, sondern auch gerade in der protestantischen Welt."[8]

Aus der Reihe der 60jährigen Professoren, die Ende der vierziger Jahre die wieder aufblühende bayerische Fakultät prägen, ragen der Ordinarius für Dogmatik, Michael Schmaus, und der Professor für Fundamentaltheologie, Gottlieb Söhngen, hervor. Wie ein näherer Vergleich zeigt, gehören sie zwar der gleichen Generation an und lehnen beide die Paradigmen der liberalen Theologie des 19. Jahrhunderts ab, liegen theologisch aber dennoch nicht auf der gleichen Linie.

Schmaus ist Priester der Diözese München und hat bereits an der theologischen Fakultät der Universität Münster gelehrt. Er ist ein introvertierter, zurückhaltender Mann von gebeugter Gestalt. Auch Alfred Läpple erinnert sich an ihn als „den klassischen distanzierten Professor, der sich ganz auf diese Rolle zurückzog". Er ist Schüler des berühmten Scholastikforschers Grabmann. Was ihn über die Grenzen Deutschlands hinaus bekannt macht, sind seine umfangreichen und innovativen Arbeiten zur Dogmatik, in denen er die einzelnen Lehrsätze mit einem sehr ausführlichen Apparat an Belegen verbindet, mit Zitaten aus der Heiligen Schrift, den Kirchenvätern und der Liturgie, welche die Tradition der Kirche insgesamt als Fundament der einzelnen Lehraussagen erweisen. Als Lehrer demonstriert Schmaus die Gabe außergewöhnlicher Klarheit der Darlegung. In seinen Vorlesungen faßt er die komplexesten Vorstellungen in einfache Sätze, die auch jene Zuhörer verstehen können, denen die theologische Sprache ungewohnt ist. Und er trägt sie so langsam und klar vor wie einen geschriebenen Text, der schon zur Veröffentlichung bereit ist.

Söhngen ist aus ganz anderem Holz geschnitzt: lebhaft, fröhlich, extrovertiert, faszinierend. Er stammt aus Köln und ist stolz auf seine Herkunft aus der alten Stadt am Rhein.[9] Daß er der Sohn eines Elternpaares ist, das verschiedenen Konfessionen angehört, sensibilisiert ihn für die Anliegen der beginnenden ökumenischen Bewegung. In den Vorlesungen äußert sich sein rheinischer Überschwang in einem dynamischen und lebhaften Stil.

> „Er kam nur mit einem kleinen Zettel", erinnert sich Läpple, „auf dem drei oder vier Worte und ein paar Fragezeichen notiert waren. Er sprach gänzlich frei, und wenn ihm im Verlauf der Vorlesung ein besonderer Gedanke kam, verließ er einfach sein Katheder und ging mitten unter seine Studenten, um unmittelbar zu ihnen zu sprechen."

Die Unterschiede zu Schmaus gehen jedoch weit über die Verschiedenheit der Temperamente hinaus. Söhngen kam von der Philosophie her, und sein Studium hatte ihn mit den großen deutschen Philosophen seiner Zeit in Berührung gebracht, von Husserl bis zu Heidegger, von Scheler bis zu Hartmann. Wie Läpple berichtet, war Söhngen der Meinung, daß Schmaus' umfangreiche Arbeiten bei aller Gelehrsamkeit keine Sicht darstellten, die die Entwicklungen der modernen Philosophie und die daraus resultierenden Fragen in Betracht zog. Es war, als ob Schmaus Zitat um Zitat anhäufte, ohne zu erfassen, welchen Reichtum die alten christlichen Autoren im Verhältnis zu den Theorien und Paradigmen des modernen Denkens boten. Die tiefgreifendsten Unterschiede zwischen den beiden zeigen sich jedoch in ihrem grundsätzlichen Verständnis von der Natur des christlichen Glaubens und seinem Verhältnis zur Theologie.
Schmaus, auch wenn er die Kirchenväter und die liturgische Tradition berücksichtigt, bleibt seiner scholastischen Prägung treu.

> „Er war der Meinung", erklärt Läpple, „daß sich der Glaube der Kirche in feste, statische Begriffe fassen ließ, die die ewigen Wahrheiten definieren. Für Söhngen dagegen war der Glaube Mysterium und teilte sich in einer Geschichte mit. Damals sprach man viel von der Heilsgeschichte."

Dieses unterschiedliche Grundverständnis zeigt sich in gegensätzlichen methodischen Ansätzen.

Söhngen begrüßt die neuen Strömungen, die in Frankreich und Deutschland Zeichen der Rückkehr zu den patristischen und liturgischen Quellen sind. Für ihn sind sie eine Möglichkeit, die stagnierende neuscholastische Schematik zu überwinden, die sich nach der Krise des Modernismus durchgesetzt hat. Für den methodisch aufgeschlossenen Söhngen von Interesse sind vor allem die Untersuchungen zu den Kirchenvätern, die in Frankreich von Henri de Lubac und den Jesuiten von Lyon durchgeführt werden, und er ist auch empfänglich für die „Mysterientheologie", die in Deutschland von dem Benediktiner Odo Casel begründet wird. Bei der Auseinandersetzung mit den Kirchenvätern und den Quellen geht es ihm darum, die Aktualität aller Inhalte der Tradition für die Gegenwart wiederzuentdecken.

> „Söhngen", erklärt Alfred Läpple, „verdammte für gewöhnlich keinen Autor. Er lehnte keinen von vornherein ab, ganz gleich, zu welcher Richtung er gehören mochte. Seine Methode bestand darin, aus jedem Autor, aus jeder theologischen Perspektive das Beste auszuwählen, die neuen Dinge in die Tradition zu integrieren und dann weiterzugehen und auf das zu achten, was sich daraus entwickeln konnte. Sein Motto war: Mit Thomas über Thomas hinaus. Mit Augustinus über Augustinus hinaus."

Eine fragende und zugleich aufgeschlossene Haltung, die Ratzinger selbst in seiner Predigt bei der Beerdigung seines früheren Professors gut beschrieben hat:

> „Söhngen war ein radikal und kritisch Fragender. Auch heute kann man nicht radikaler fragen, als er es getan hat. Aber zugleich war er ein radikal Glaubender. Was uns, seine Schüler, an ihm immer wieder von neuem faszinierte, war eben diese Einheit von beidem: Die Furchtlosigkeit, mit der er jede Frage stellte, und die Selbstverständlichkeit, mit der er dabei wußte, daß der Glaube von einem redlichen Suchen nach Erkenntnis nichts zu fürchten hat."[10]

Von Schmaus übernimmt Ratzinger die erstaunliche Klarheit, die seiner Fähigkeit der Darlegung allgemein zugeschrieben wird. Aber die Affinitäten zwischen ihm und Söhngen sind ungleich stärker. Von Anfang an teilt er die undogmatische Art dieses geistreichen Professors der Fundamentaltheologie, seine unersättliche Wißbegierde, seine große Bereitschaft, die Tradition als Quelle des Neuen zu erschließen. Läpple erzählt:

„Auch für Ratzinger, wie für Söhngen, ist Gott kein *summum bonum,* das sich mit exakten Formeln erkennen und beweisen läßt. Seiner Überzeugung nach kommt das Mysterium uns nicht als abstrakte Definition entgegen, sondern als ein ‚Du', das dich zuerst liebt, und du darfst ihm Dank sagen. Aus diesem Grund begeisterte uns schon damals der Personalismus von Martin Buber, dem jüdischen Philosophen, der sagte, die beste Rede über Gott sei sein Lobpreis. Und aus demselben Grund faszinierte uns auch Newman, der als Kardinalsspruch gewählt hatte: *Cor ad cor loquitur,* das Herz spricht zum Herzen."

Augustinus „über alles"

„Nach dem Schlußexamen der Theologie im Sommer 1950", schreibt Ratzinger in seiner Autobiographie, „ergab sich ein unerwarteter Auftrag, der wieder eine entscheidende Weichenstellung für mein ganzes Leben mit sich brachte."[11] In der Fakultät ist es üblich, jedes Jahr eine theologische Preisaufgabe auszuschreiben: Die Studenten werden aufgefordert, eine Arbeit zu einem Thema vorzulegen, das jedes Jahr von einem anderen Professor gewählt wird. Die Arbeit, die den Preis gewinnt, garantiert dem Verfasser nicht nur eine kleine Geldsumme, sondern wird darüber hinaus automatisch als Dissertation mit der Bewertung *summa cum laude* für die Promotion angenommen.

„Gottlieb Söhngen", erklärt Ratzinger, „eröffnete mir im Lauf des Juli, daß er dieses Jahr das Thema bestimmen werde und daß er damit rechne, daß ich mich an die Bearbeitung wagen würde. (...) Das vom Meister gewählte Thema lautete: Volk und Haus Gottes in Augustins Lehre von der Kirche."[12]

Das ausgewählte Thema trifft den Kern der Debatte über die Natur der Kirche, die in jenen Jahren an den deutschen theologischen Fakultäten an der Tagesordnung ist. Wie Ratzinger selbst in seinem Vorwort zur 1978 veröffentlichten italienischen Ausgabe seiner Dissertation über Augustinus schreibt, war in der Theologie in der Zeit zwischen den beiden Weltkriegen „der Begriff der Kirche als ‚Leib Christi' neu entdeckt worden."[13] Mit der von Papst Pius XII. 1943 veröffentlichten Enzyklika *Mystici corporis Christi* hatte das kirchliche Lehramt genau diese Entwicklung aufgegriffen. Aber in deutschen Kreisen hatte bereits Ende der dreißiger Jahre die Reduzierung der Ekklesiologie auf den Leib Christi erste Kritik hervorgerufen. Beispielsweise war der Dominikaner Mannes D. Koster der Auffassung, „das Wort vom Leibe Christ, der wir sind, gehöre eigentlich nicht der Ekklesiologie, sondern der Gnadenlehre zu. Er bezeichne die innere Zugehörigkeit der Seelen zu Christus, aber nicht die konkrete gemeinschaftliche und verfaßte Wirklichkeit der Kirche."[14] Solchen kritischen Stimmen zufolge war es eine Irreführung, die Kategorie des Leibes Christi auf die Kirche anzuwenden, denn sie führe gerade dazu, die Dynamik des Gnadenlebens mit der bloßen äußeren Zugehörigkeit zur kirchlichen Gemeinschaft gleichzusetzen. Nach dieser Sicht läuft die Kirche, die sich mit dem Leib Christi selbst identifiziert, Gefahr, sich selbst als eine diese Gnade spendende Quelle zu verstehen und in einen ekklesiozentrischen Hochmut zu verfallen, der ihre wesentliche Abhängigkeit vom Werk ihres himmlischen Herrn nicht mehr erkennen läßt. Alfred Läpple faßt diese komplexe theologische Debatte vereinfacht und verständlich zusammen: „Eine der Fragen, die man sich stellte, lautete, wie der Mensch, wenn er bereits bei seinem Eintritt in die Kirche Teil des mystischen Leibes Christi wird, weiterhin sündigen kann? Und wo bleibt seine Freiheit?"

Die von Söhngen für den Wettbewerb des akademischen Jahres 1950/51 gewählte Preisaufgabe stellte den Versuch dar, gemeinsam mit Augustinus neue Wege zu erforschen, die die ungelösten Fragen der damaligen ekklesiologischen Debatte klären konnten. Als Ausgangspunkt diente ein Satz von Augustinus, der vom Katechismus des Trienter Konzils (I, X, 2) wieder aufgenommen worden war und der die Kirche als „das über die Erde zerstreute Volk Gottes“ definierte. Die Studenten sollten nun untersuchen, ob diese augustinische Definition zu einem neuen Verständnis von der Natur der Kirche verhelfen und als Korrektiv gegen die möglichen einseitigen Interpretationen der Definition der Kirche als mystischer Leib Christi dienen könnte.

Die Ausführung der Untersuchung durch den „Anfänger“ Ratzinger und die Ergebnisse, zu denen er kommt, sind ein wertvoller Beleg für den methodischen Ansatz und Arbeitsstil des zukünftigen Professors und Papstes. Um das augustinische Kirchenverständnis zu beschreiben, geht Ratzinger von der Erfahrung mit der Kirche aus, die der heilige Bischof von Hippo auf seinem Bekehrungsweg zum christlichen Glauben gemacht hat, zu dem Augustinus nach der intellektuellen Begeisterung seiner Jugendzeit für den Neuplatonismus und den Manichäismus zurückgekehrt war. Ratzinger fragt sich, ob die Hinwendung zum christlichen Glauben seiner Mutter Monika für Augustinus mit einer wirklichen Annahme der konkreten Gemeinschaft der Kirche verbunden war, „mit all ihrer oft so schmerzlich kleinen Menschlichkeit, mit ihrem Magdgewand, das allzu tief uns oft die köstlichen Schätze der Gottesherrlichkeit zu verhüllen scheint.“[15] Oder handelte es sich um eine rein innerlich-intellektuelle Bekehrung, einen bloßen Wechsel der philosophischen Perspektive? Die Arbeit Ratzingers bestätigt, daß Augustinus – ganz im Einklang mit den afrikanischen Meistern, allen voran Tertullian und Optatus von Mileve – bei seiner Bekehrung wirklich der Hoffnung war

> „Nicht als Idee teilt sich die Gnade des Herrn mit, nicht als *gnosis,* nicht als Erfolg eines kultischen Geschehens im individualistischen *thiasos,* dem das Privatleben seiner Kultbrüder gleichgültig ist, sondern in der konkreten Einordnung in eine Heilsgemeinde (...), deren innerer Gehalt die ‚Sakramente‘ sind und ihre durch den heiligen Geist lebengestaltende Kraft. Antwortet die griechische Theologie auf

die häretische Gnosis, indem sie ihr eine christliche Gnosis entgegenstellt, so ist die Antwort die Abendlandes zutiefst die geschichtliche Gestalt der Kirche."[16]

Wie Aidan Nichols in seiner Einführung in die Theologie Ratzingers bemerkt, schilderte die von dem jungen Studenten 1950/51 durchgeführte Untersuchung, wie Augustinus

> „tief beeindruckt von dem christlichen Anspruch war, zugleich *via regia,* der mit Abstand beste Weg, und *salus populi,* das Heil des Volkes zu sein, das allgemein zugänglich ist. Die Kirche wollte der großen Masse das vermitteln, was nach den Philosophen als vollständiges Heil nur von wenigen erreicht werden konnte."[17]

Bereits in jenem ersten Werk zeigen sich bei Ratzinger zwei typische Merkmale seiner Art und Weise, Theologie zu treiben: seine Kritik an einer künstlichen Dialektik scheinbarer Gegensätze und die methodische Fähigkeit, alles miteinander in Einklang zu bringen, was sich integrieren läßt, und sich dabei an das typisch katholische Kriterium des *et et* zu halten. Nach ihm ist es methodisch falsch und unzulässig, die augustinische Definition der Kirche als Volk Gottes der Definition der Kirche als mystischer Leib entgegenzusetzen. Im Gegenteil, die beiden Definitionen lassen sich erfolgreich miteinander verbinden, weil beide auf die eigentliche Natur der Kirche anspielen und verweisen, nämlich auf ihren sakramentalen Charakter. Die Kirche lebt nicht aus sich selbst: Sie lebt allein kraft der Gnade des Heiligen Geistes, der durch die Sakramente und insbesondere durch das eucharistische Sakrament geschenkt wird. Es ist dieses ununterbrochene Gnadenhandeln ihres Herrn, das auf der ganzen Erde ein Volk versammelt und ihm als mystischem Leib Leben gibt. Aber gerade diese sakramentale Natur des mystischen Leibes der Kirche wehrt der Versuchung zu selbstzufriedenem Stolz in der konkreten kirchlichen Gemeinschaft. Das den Gläubigen der Kirche versprochene Heil ist kein erhabener Besitz ewiger und unzugänglicher Wahrheiten, sondern es bedeutet demütige

Teilhabe an der Geschichte der vom Herrn vollbrachten Gnadentaten mitten in der Geschichte der Welt.

Diese ununterbrochene Abhängigkeit vom souveränen Wirken des Heiligen Geistes ist das wahre Wesen der Kirche, auf das beide Definitionen, die des Volkes Gottes und die des Leibes Christi, verweisen. Daraus folgt, wie vor allem aus dem augustinischen Werk *De Civitate Dei* hervorgeht:

> „Die Kirche ist die Braut Christi nur als das universale Volk Gottes: Wie Hoseas Ehefrau kann diese Braut untreu sein, aber dennoch ist sie seine einzige Partnerin. Jeder, der zu ihr gehört, hat äußerlich und sichtbar an der *caritas* teil. Aber das reicht nicht zum Heil."[18]

Die heilige Kirche, *Ecclesia sancta,* und die katholische Kirche sind nicht identisch. Letzere ist ein *Corpus permixtum,* wo Weizen und Unkraut gemeinsam wachsen, „und manchmal ist sie so sehr die ‚Kirche der Sünder', daß man sich fragen könnte, wie Augustinus düster bemerkt, ob es in ihr überhaupt noch einen einzigen Gerechten gibt."[19] Aber auch diese durchwachsene Struktur der Kirche gehört zum Heilsmysterium. Und es ist notwendig, sich vor der Versuchung zu hüten – insbesondere jener der donatistischen Häresie –, auf dieser Erde eine Kirche zu gründen, die sich selbst als exklusive Gemeinschaft der Reinen versteht. Die Tore der Stadt Gottes stehen immer offen, durch sie kann man immer ein- und ausgehen. Wer heute die Kirche verfolgt, kann morgen durch die Gnade Gottes sein geliebtes Kind werden.[20] Wie Ratzinger schreibt:

> „Von hier aus kann Augustin sagen: Die katholische Kirche ist die wahre Kirche der Heiligen, die Sünder sind nicht wirklich in ihr, denn ihre Gliedschaft ist jener Schein, der dem *mundus sensibilis* eigentümlich ist; andererseits kann er betonen, daß es nicht Sache der Kirche ist, diese Sünder auszustoßen, weil es nicht ihre Sache ist, den Fleischesleib abzulegen, sondern die Sache des Herrn, der sie auferwecken und zu ihrer wahren Heilsgestalt formen wird."[21]

Diese grundlegende „Lösung", zu der seine erste Arbeit über Augustin kommt, nämlich daß „in Anbetracht der unabdingbaren, engen Beziehung zwischen dem Begriff des Gottesvolkes und dem des Leibes Christi" von der vollen Übereinstimmung beider Definitionen auszugehen ist, gewann nach den Worten Kardinal Ratzingers in der theologischen Debatte, die dem Zweiten Vatikanischen Konzil folgte, eine „unerwartete Aktualität".[22]

Gerade die 1951 in der Dissertation ausgearbeiteten Argumente lieferten ihm Material für polemische Entgegnungen auf Auslegungen, die das Konzept des Volkes Gottes, das von den Konzilsdokumenten in großem Umfang wieder aufgegriffen worden war, unter soziologischem Aspekt reduzierten. Eine theologische Verschiebung, bei der Ratzinger zufolge die endgültige Aufgabe der Definition des mystischen Leibes zum „nahezu vollständigen Verschwinden des christologischen Aspektes im Verständnis der Kirche" führte.[23]

Frischer Wind

Die Arbeit des jungen Ratzinger über Augustinus kann auch als brauchbarer Test der Beziehung zwischen dem jungen Studenten und seinem Professor betrachtet werden. Söhngen gehört nicht zu denen, die ihre Schüler formen und dabei zu Kopien von sich selbst machen wollen. Vielmehr zeigt er Bewunderung für jeden, der, wie Ratzinger, auf originelle und nicht vorgegebene Weise das von ihm vorgeschlagene Thema entfaltet.

> „Nach der Arbeit über Augustinus", erzählt Läpple, „sagte Söhngen immer wieder: ‚Jetzt weiß mein Schüler mehr darüber als ich, der Meister!' In Bezug auf Ratzinger fühlte er sich wie Albertus Magnus, der im Mittelalter gesagt hatte, sein Schüler werde später ‚lauter brüllen' als er. Und der Schüler, den der damit meinte, war Thomas von Aquin."

Die Freiheit und Aufgeschlossenheit, die Ratzinger während seines Studiums in München erlebt, sind geprägt von jenen dynamischen Strömungen – der patristischen, der liturgischen, der biblischen und der ökumenischen Bewegung –, die in den vorangegangenen Jahrzehnten in alle theologischen Disziplinen neue Impulse gebracht und sich bei den Hütern der römischen Orthodoxie verdächtig gemacht haben. Im Jahr 1949 war es ausgerechnet Läpple, der ihm das Buch *Catholicisme. Les aspects sociaux du dogme* von Henri de Lubac schenkte, das für den jungen Ratzinger schnell zu einer „Schlüssellektüre" wird. Die fortlaufende Begegnung mit den Werken des französischen Jesuiten öffnet ihm nicht nur einen neuen Zugang zum Denken der Väter, sondern bewirkt, wie er selbst bekennt, in jenen Jahren auch eine radikale Vertiefung seines Verständnisses von Theologie und sogar vom Glauben. Aber gerade 1950 wird durch die Enzyklika *Humani generis* von Papst Pius XII. die *Nouvelle théologie* verdammt: In der Folge erhalten de Lubac und die anderen jesuitischen „Neuerer" aus Lyon-Fourvière – Émile Delaye, Henri Bouillard, Alexandre Durand, Pierre Ganne – Lehrverbot, denn man wirft ihnen vor, sie hätten „schädliche Irrtümer über wesentliche Punkte des Dogmas" verbreitet. De Lubacs Bücher – *Surnaturel, Corpus mysticum* und *De la connaissance de Dieu* – werden verboten und aus dem Verkehr gezogen. Als die Nachricht von der aufsehenerregenden Säuberung die Münchener Fakultät erreicht, ist Söhngens Reaktion mehr als vielsagend. Läpple erzählt:

> „Söhngen wollte niemanden aufhetzen und verlor im Hörsaal, vor den Studenten, kein Wort darüber. Aber nach der Vorlesung gingen Ratzinger und ich mit ihm in sein Zimmer, in dem ein großer Flügel stand. Söhngen war nämlich auch Musiker und konnte konzertreif Klavier spielen. An jenem Tag warf er in unserem Beisein wütend die Bücher auf den Schreibtisch, setzte sich kommentarlos an den Flügel und spielte sich seinen ganzen Zorn von der Seele."

Die liturgische Bewegung hat an der Fakultät ihren leidenschaftlichsten Verfechter in Josef Pascher, Professor für Pastoraltheologie und Direktor des Georgianums. Von ihm werden die jungen Theologen zu einer geistlichen Praxis erzogen, bei der die Liturgie für das christliche Leben an zentraler Stelle steht und „alles auf die täglich gefeierte heilige Messe aufgebaut" ist[26]. Dazu gehören auch die Wiederentdeckung der wesentlichen Elemente der liturgischen Handlung und ihre Befreiung von den im Lauf der Jahrhunderte vorgenommenen Ergänzungen. In der damaligen theologischen Diskussion zwischen denen, die den Opfercharakter der Messe betonten, und denen, die den Mahlcharakter der Eucharistie hervorhoben, vertritt Pascher die zweite Position. Gegen die Reduzierung der Messe auf eine rituelle Wiederholung des Letzten Abendmahls hatte sich jedoch bereits Romano Guardini ausgesprochen. Auch der junge Ratzinger ist schon damals der Meinung, daß der Opfercharakter der liturgischen Handlung nicht an den Rand gedrängt und verdunkelt werden darf. Aber seiner Meinung nach – und dies bestätigt wieder, daß ihm die Integration mehr am Herzen liegt als künstliche dialektische Widersprüche – schließt das nicht aus, daß die Messe *auch* als rituelle Wiederholung des Mahls verstanden wird, das die Jünger zusammen mit Jesus am jüdischen Passahfest gefeiert haben. Schon zu der Zeit lehnt er eher die bewußte Einseitigkeit jener ab, die mit dem Ruf nach ursprünglichen Liturgien versuchen, die eigene liturgische Nachlässigkeit oder die kalte systematische Zerschlagung jeglicher Andachtspraxis zu rechtfertigen. Läpple erinnert sich:

> „Er war enttäuscht, wenn er bemerkte, daß manche Professoren, die in ihren Vorlesungen alles so genau definieren konnten, nicht wußten, wie man die Messe liest, und sich um den Altar herum mit einem Gefühl der Fremdheit bewegten. Als wieder einmal einer von ihnen die Messe zelebrierte, sagte er zu mir: ‚Schau ihn dir an, er weiß nicht einmal, was da passiert.'"

Diese Bereitschaft, den Reichtum der neuen Strömungen aufzunehmen, anstatt sich auf einseitige Schemata zurückzuziehen, zeigt sich bereits in der Grundhaltung des Studenten Ratzinger zur exegetischen Forschung. Für den jungen Theologen ist die Bibelexegese sein zentrales Interesse, der Ausgangspunkt der eigentlichen theologischen Arbeit. Aber die gute Auslegung eines Bibeltextes ist seiner Meinung nach niemals das einzelne Werk eines einzigen Gelehrten. Sie geht immer von der Auslegung der Heiligen Schrift aus, die die Kirche durch die Väter überliefert hat.

„Schon damals", erinnert sich Läpple, „war uns ein exegetischer Ansatz fern, der auf dem Kriterium *sola scriptura* basierte. Unser Motto war vielmehr der Leitsatz von Augustinus: *Christus praedicat Christum*. Der beste Exeget Christi ist Christus selbst, in der Kirche, in der er wirkt."

Dagegen zeigt sich die Aufgeschlossenheit der Münchener Professoren für die Anliegen der entstehenden ökumenischen Bewegung während der Debatte, die der dogmatischen Definition der leiblichen Aufnahme Mariens in den Himmel vorausgeht. Bei der Befragung, die Rom initiiert hat, um zu erfahren, wie die katholischen theologischen Hochschulen weltweit darüber denken, antwortet die Münchner theologische Fakultät mit einem negativen Urteil. Sowohl Söhngen als auch Schmaus bringen unmißverständlich ihre Mißbilligung zum Ausdruck: Ersterer nimmt die Argumente jener auf, die – wie der Patrologe Berthold Altaner aus Würzburg – nachgewiesen haben, daß in den christlichen Quellen der ersten Jahrhunderte nichts von einer Lehre über die leibliche Aufnahme der Mutter Jesu zu erkennen sei. Schmaus schreibt einen kritischen Artikel über die bevorstehende dogmatische Definition, der in der Zeitung der Diözese, der *Kirchenzeitung*, veröffentlicht wird und ihm offizielle Ermahnungen seitens des Erzbischofs und des Heiligen Stuhls einbringt. Läpple berichtet:

„Die Einwände, die es auch unter uns Studenten gab, betrafen nicht so sehr den Inhalt des Dogmas, sondern vielmehr die Möglichkeit der Dogmatisierung. In unserer Gebetspraxis, wie beispielsweise im Rosenkranz, glaubten und feierten wir die leibliche Aufnahme Mariens in den Himmel ohnehin schon. *Lex orandi, lex credendi*. Aber wir meinten, daß die Definition eines neues Dogmas zu jenem Zeitpunkt den ökumenischen Dialog erschwert hätte, der gerade damals in Deutschland noch in den Kinderschuhen steckte und vom Paderborner Erzbischof Lorenz Jäger und dem lutherischen Bischof Wilhelm Stählin vorangetrieben wurde."

Weichenstellung

Im Frühjahr 1951, nach dem erfolgreichen Abschluß der Dissertation über Augustinus, bereitet sich Joseph Ratzinger auf den, wie er selbst sagt, „wichtigsten Augenblick meines Lebens" vor, die Priesterweihe, die er am 29. Juni, dem Fest der Heiligen Peter und Paul, im Freisinger Dom durch Kardinal Faulhaber empfängt. In der selben Zeremonie werden über 40 Diakone zum Priester geweiht, darunter auch der Bruder Georg. Einen Monat später, am 1. August, tritt Joseph Ratzinger seinen Pastoraldienst als Kaplan in der Münchner Pfarrei Heilig Blut an, wo er ein Jahr bleibt. In eben dieser Kirche, die in der Nähe der Innenstadt im großbürgerlichen Viertel Bogenhausen liegt, hatten in den vorhergehenden Jahrzehnten zwei Priester gelebt und gewirkt, die als Märtyrer aus der Zeit des Nationalsozialismus bekannt wurden, der Kaplan Hermann Joseph Wehrle, der am 14. September 1944, und der Jesuit Alfred Delp, der am 2. Februar 1945 hingerichtet wurde. Der junge Priester hat sofort eine gewaltige Menge an pastoralen Aufgaben zu bewältigen. Eine Stunde im Beichtstuhl täglich (daraus werden vier Stunden am Samstagnachmittag), sechzehn Stunden Religionsunterricht an den Schulen, die Arbeit mit Jugendgruppen, Taufen, Hochzeiten, Beerdigungen. Unter den Jugendlichen der großbürgerlichen Schichten, mit denen er zu tun hat, erkennt Ratzinger schon damals eine Distanz zum Christentum und zum Glauben, die ihn später veranlaßt, einen vieldiskutierten Aufsatz über „die neuen Heiden in der Kirche" zu schreiben.[27] Gerade diese Erfahrung bringt den jungen Priester ins Nachdenken darüber, welchen Weg er einschlagen soll. Ist es richtig, den Weg zu verfolgen, den er für seine Berufung hält: die Fortsetzung seiner theologischen Studien und der Versuch, eine akademische Karriere einzuschlagen? Oder wäre es vielleicht nicht interessanter und auch nützlicher für die Kirche, in einer Pfarrei das eigentliche Priesteramt auszuüben und so der geistlichen Verödung entgegenzutreten, die seinem Eindruck nach auch im Herzen des katholischen Bayern immer weiter fortschreitet? Ein unerwarteter Ruf löst 1952 das Dilemma. Alfred Läpple ist als Lehrer an die neue Pädagogische Hochschule in Pasing am Rand von München berufen worden und muß nun seine Tätigkeit als Dozent für praktische Sakramententheologie in Freising aufgeben. Vorher aber beschließt er, zu Kardinal Faulhaber zu gehen und ihm vorzuschlagen, diese Dozentur dem jungen Ratzinger anzuvertrauen, dem nur noch die mündliche Prüfung zum Doktor der Theologie fehlt. „Auf diese Weise", unterstreicht Läpple, „nahm seine akademische Laufbahn ihren Anfang. Ich habe ihm aber nie gesagt, daß ich zum Bischof gegangen bin und seinen Namen vorgeschlagen habe."

Im Oktober 1952 kehrt Ratzinger also als Lehrer an sein Seminar auf dem Freisinger Domberg zurück. Für die Studenten des letzten Jahres hält er eine Vorlesung über die Pastoral der Sakramente. Im Juli 1953 unterzieht er sich der öffentlichen *Disputatio,* dem für die Erlangung des Doktortitels in Theologie letzten erforderlichen Schritt. Im Wintersemester 1954 übernimmt er als Lehrstuhlvertreter auch die Dogmatikvorlesung in der mit dem Seminar verbundenen Philosophisch-Theologischen-Hochschule. Unterdessen hat er bereits im Jahr zuvor gemeinsam mit Gottlieb Söhngen das Thema seiner Habilitationsschrift festgelegt und mit der Materialsammlung für diese Arbeit begonnen, die man üblicherweise vorlegen und verteidigen muß, wenn man die Befähigung zur Privatdozentur an einer Universität erhalten will. Ratzinger stand etwas bevor, das ihm für immer als eine echte Tortur in Erinnerung bleiben sollte.

Eine „modernistische" Habilitationsschrift

Auch für die Habilitationsschrift schlägt Söhngen Ratzinger ein Thema vor, das im unmittelbaren Zusammenhang mit der theologischen Diskussion jener Zeit steht. In den fünfziger Jahren beschäftigte sich die deutschsprachige katholische Theologie intensiv mit dem Begriff der Heilsgeschichte. Aidan Nichols erklärt, daß zu jener Zeit,

> „die Idee der Heilsgeschichte, die Deutung der Natur Gottes unter Bezug auf sein Handeln in einer besonderen, als übernatürlich angesehenen Geschichte, die mit der Geschichte in ihrer Gesamtheit verflochten ist, immer mehr als der fundamentale theologische Schlüssel zum Verständnis der christlichen Offenbarung betrachtet wurde."[28]

Auf Vorschlag seines Professors sollte Ratzinger Bonaventuras Sicht der Offenbarung untersuchen, um mögliche Entsprechungen zum Begriff der Heilsgeschichte zu finden, die im Zentrum des Interesses der zeitgenössischen theologischen Forschung stand.

Diese Untersuchung erweist sich für den angehenden Professor als sehr fruchtbar. In der Arbeit, die im Herbst 1955 abgeschlossen und eingereicht wurde, legte Ratzinger dar, daß gerade für Bonaventura und die christlichen Autoren seiner Zeit die Offenbarung in erster Linie ein Akt war. Nach ihrer Auffassung schlug sich das historische Handeln Gottes in der Heiligen Schrift nieder, ging dieser aber voraus und war nicht mit ihr identisch, genauso wie ein Ereignis einer Geschichte, die daraus gemacht wird, vorausgeht und nicht identisch mit ihr ist. So gesehen schien Bonaventuras Einstellung dem modernen Verständnis der Offenbarung als Heilsgeschichte näher zu stehen als dem neuscholastischen Ansatz. Denn dieser verstand Offenbarung als die objektivierte Gesamtheit der Inhalte der Wahrheit, die durch die Heilige Schrift dem Menschen mitgeteilt werden. Ratzinger ging darüber hinaus so weit zu sagen, daß diese Auffassung von Offenbarung – als Akt, in dem sich das Mysterium zeigen will – notwendigerweise die Gegenwart eines empfangenden Subjekts impliziert, ohne das keine Übermittlung offenbarter Wahrheiten geschehen kann.

> „Ratzingers Arbeit", erklärt Läpple, „verwies darauf, daß man von Offenbarung nur sprechen kann, weil das Ereig-

nis, mit dem sich das Geheimnis offenbart hat, von jemanden wahrgenommen worden ist. Wenn Gott nur in einer göttlichen Sprache gesprochen hätte, die für den Menschen nicht verständlich ist, hätte es keine Offenbarung gegeben."

Der letzte Teil der Arbeit zeigte, wie Bonaventura seine – in den *Collationes in Hexaemëron* dargelegte – Geschichtstheologie ausgearbeitet und sich intensiv mit den eschatologischen Spekulationen des „rebellischen" Abtes Joachim von Fiore auseinandergesetzt hatte.

Inzwischen hat Ratzinger bereits im Vertrauen auf den guten Ausgang der Habilitation und auf die bevorstehende feste akademische Anstellung auch seine Eltern, die zu alt sind, um weiter in dem Haus am Waldrand bei Traunstein zu leben, in der ihm zugewiesenen Wohnung neben dem Freisinger Dom aufgenommen. Söhngen zeigt sich sofort begeistert von der Arbeit über Bonaventura und zitiert sie häufig in der Vorlesung. Aber der Korreferent der Habilitationsschrift ist *ex officio* Michael Schmaus, der von der Scholastik herkommende Dogmatiker der theologischen Fakultät. Nachdem er die Arbeit gelesen hat, äußert Söhngens alter Rivale seine unumstößliche Mißbilligung ihrer Grundlinien. Läpple erzählt: „Schmaus sagte zu Söhngen: ‚Schauen Sie, das ist eine modernistische Arbeit, die kann ich nicht durchgehen lassen'. In bestimmten Passagen sah Schmaus einen gefährlichen Subjektivismus, der die Objektivität der Offenbarung in Schwierigkeiten brachte." Aber abgesehen vom Inhaltlichen spielten bei der Kritik durch Schmaus auch dessen alter Groll auf Söhngen und die Verärgerung darüber eine Rolle, daß er von einem Studenten nicht zu Rate gezogen worden war, der sich mit einem mittelalterlichen Thema beschäftigte – dem Gebiet, das der Professor für dogmatische Theologie als seine Zuständigkeit betrachtete.

Nur dem Widerstand Söhngens ist es zu verdanken, daß der Fakultätsrat nicht so weit geht, die Habilitationsschrift formell abzulehnen. Die Arbeit wird dem Kandidaten zurückgegeben, mit der Auflage, sie radikal zu überarbeiten und sich dabei an den Korrekturen und kritischen Randbemerkungen zu orientieren, die der Korreferent Schmaus in seinem Exemplar der Arbeit eingetragen hatte.

> „Damit", schreibt Ratzinger in seiner Autobiographie, „war mir wieder Hoffnung gegeben, auch wenn Schmaus nach diesem Beschluß, wie mir Meister Söhngen berichtete, geäußert hatte, das Maß der erforderlichen Umarbeitung sei so groß, daß dafür Jahre nötig sein würden. Dann wäre die Rückgabe einer Ablehnung gleichwertig gewesen, und ich hätte zweifellos meine Arbeit an der Hochschule beenden müssen."[29]

Um aus dieser Klemme herauszukommen und das Hindernis zu umgehen, greift Ratzinger zu einem Trick. Er bemerkt, daß der letzte Teil der Arbeit, der sich mit der Geschichtstheologie Bonaventuras befaßt, gleichsam unbeschädigt die strenge Zensur durch Schmaus passiert hat. Der Abschnitt war zwar mit der übrigen Arbeit verwoben, bildete aber doch eine eigenständige thematische Einheit und konnte auch als in sich abgeschlossener Text gelesen werden. Auch er enthält zahlreiche ungewöhnliche Gedanken und Auslegungen. Ratzinger wies in diesem letzten Teil seiner Habilitationsschrift nach, daß Bonaventura beim Aufbau seiner eigenen Geschichtstheologie die visionären Spekulationen des kalabrischen Abtes Joachim von Fiore nicht in Bausch und Bogen verworfen hatte. Dieser war aufgrund seiner Auslegung der Heiligen Schrift zu dem Schluß gekommen, die Geschichte der Menschheit habe sich in drei Phasen entwikkelt. Dem Reich des Vaters (Altes Testament) und dem Reich des Sohnes (die Zeit der Kirche, die mit dem Kommen Jesu Christi begonnen habe) sei das Reich des Geistes gefolgt: ein neues Zeitalter, das sich mit der Ankunft des *alter Christus* Franziskus von Assisi angekündigt habe und davon gekennzeichnet sei, daß die Kirche als von Christus eingesetztes Instrument der Sakramente und des Amtes überwunden und nun in einen charismatischen Zustand des unmittelbaren Gnadenzugangs eingetreten sei. Bonaventura – das war die zentrale Erkenntnis der Habilitationsschrift Ratzingers – hatte als Generalminister der Franziskaner auf disziplinarischer Ebene die ketzerischen Tendenzen der spiritualistisch-joachimitischen Bewegung in seinem Orden bekämpft. Auf der theoretischen Ebene jedoch war seine Antwort auf die Lehren Joachims keine kategorische Verurteilung. Seine Form der Auslegung war vielmehr korrigierend, ein Versuch, den Joachimismus in die Tradition zu integrieren. Auch Bonaventura hatte, wie Joachim, darauf gehofft, daß schon vor dem Jüngsten Tag eine neue Heilsepoche anbrechen werde, deren Zeichen „eine innergeschichtliche Verwandlung der Kirche" sei. Eine letzte Zeit vor dem Ende der Welt, in der die Kirche, ohne als Kirche des Amtes und der Sakramente überholt zu sein, eine kontemplative Kirche, *Ecclesia contemplativa,* ist und eine einzigartige Fülle der Offenbarung genießt, weil sie in ein „Zeitalter" eintritt, „in dem die Fähigkeit zu eigentlicher mystischer Erhebung allen geschenkt sein wird."[31]

Die thematische Abgeschlossenheit dieses Abschnitts, der von Schmaus' verheerender Kritik verschont geblieben ist, macht sich Ratzinger zunutze und wagt es mit Söhngens Einverständnis, nur diesen Teil als Habilitationsschrift vorzulegen, nachdem er während der Sommerpause 1956 die nötigen Überarbeitungen vorgenommen hat. Im Februar 1957 erfährt er, daß der Fakultätsrat die Arbeit angenommen hat. Und am 21. Februar erscheint bei der öffentlichen Disputation der Habilitationsschrift im großen Hörsaal der Fakultät ein hochkarätiges akademisches Publikum. Läpple erzählt:

> „Ratzinger hielt seine Vorlesung. Dann begann Schmaus, indem er den Prüfungskandidaten fragte, ob die Wahrheit der Offenbarung seiner Meinung nach etwas Unveränderliches oder etwas Geschichtlich-Dynamisches sei. Aber nicht Ratzinger antwortete, sondern Söhngen ergriff das Wort, und zwischen den beiden Professoren entbrannte eine Auseinandersetzung, die einer großen mittelalterlichen *Disputatio* in nichts nachstand. Das Publikum raunte, ergriff Partei, applaudierte, war offensichtlich zufrieden, daß Schmaus eine ordentliche Abreibung bekam. Am Ende kam der Rektor und sagte, daß die Zeit um sei."

Die Sitzung des Fakultätsrates, der die Entscheidung treffen muß, dauert lange. Aber schließlich kommt der Dekan heraus und gibt bekannt, daß die Prüfung bestanden ist. „Im Augenblick vermochte ich kaum Freude zu empfinden“, erinnert sich Ratzinger, „so schwer lag der Alptraum des Vergangenen noch auf mir.“[32]

Störfeuer

Am 1. Januar 1958 wird Ratzinger zum Privatdozenten der Universität München ernannt. Von nun an kann er von allen staatlichen theologischen Fakultäten in Deutschland einen Ruf bekommen und diesen annehmen oder ablehnen. Er übernimmt zunächst einen Lehrauftrag als ordentlicher Professor für Dogmatik an der Philosophisch-Theologischen Hochschule von Freising, wo er selbst studiert hat. Unterdessen setzt Schmaus das Gerücht in Umlauf, Ratzinger werde an die vor kurzem eröffnete pädagogische Hochschule in Pasing, am Stadtrand von München, gehen. Er hofft, auf diese Weise den Beginn einer möglicherweise brillanten akademischen Karriere des von ihm abfällig als „Teenager-Theologen“ Bezeichneten zu sabotieren.[33] Aber auch der Erzbischof von München zeigt sich nicht begeistert von der Idee, daß Ratzinger auf seiner akademischen Berufung beharrt.

> „Während des Krieges“, erzählt Läpple, „hatte es keine Priesterweihen gegeben. In den Diözesen und Pfarreien gab es viel zu tun. Man hörte: ‚Zuerst denken wir an die Seelsorge, danach können wir auch an die Theologie und die Wissenschaft denken.‘ Die Bischöfe waren bestimmt nicht glücklich, wenn sie hörten, daß einer ihrer begabtesten Priester sich der wissenschaftlichen Theologie widmen wollte.“

In Deutschland ist eine Privatdozentur jedoch mit starken rechtlichen Garantien verbunden, die auch für die theologischen Lehrer gelten.[34] Wenn ein Priester auf den Lehrstuhl einer staatlichen theologischen Fakultät berufen wird, darf sein Bischof gegen die Annahme dieser Berufung kein Veto einlegen.

Von diesen juristischen Schutzbestimmungen macht auch sehr bald Ratzinger Gebrauch. Bereits im Sommer 1958 beruft ihn nämlich die Katholisch-Theologische Fakultät der Bonner Universität und bietet ihm den Lehrstuhl für Fundamentaltheologie an. Wenig später läßt ihn Joseph Kardinal Wendel zu sich kommen. Dem Erzbischof ist das von Schmaus in Umlauf gebrachte Gerücht zu Ohren gekommen, der frischgebackene Professor habe beschlossen, an der pädagogischen Hochschule in Pasing zu lehren, wo er an der seelsorgerlichen Ausbildung der Priester der Diözese mitwirken könne, und er möchte ihm gratulieren. Ratzinger dankt dem Bischof. Dann aber erklärt er ihm in aller Höflichkeit, daß die Pasinger Hochschule nicht seinen Plänen entspreche. Und er zeigt ihm das Schreiben mit der Berufung, die ihn aus Bonn erreicht hat.

Bonn

TRADITION UND FREIHEIT: DIE VORLESUNGEN DES JUNGEN JOSEPH RATZINGER

„Es war zu Beginn des Wintersemesters 1959/1960. Im vollbesetzten Hörsaal 11 der Universität öffnete sich die Tür und ein junger Geistlicher trat ein. Auf den ersten Blick sah er aus wie der zweite oder dritte Vikar einer großen Stadtpfarrei. Es war unser Ordinarius für Fundamentaltheologie, er war 32 Jahre alt."

Mit diesen Worten schildert der damalige Student Horst Ferdinand – er war später im Bundesrat und im diplomatischen Dienst tätig und verstarb 2004 – in seinen bislang unveröffentlichten Erinnerungen den Beginn der Universitätslaufbahn von Joseph Ratzinger.[1] Bonn ist damals die Hauptstadt im Deutschland Adenauers. In dem vom Krieg zerstörten Land, das die fünf östlichen Länder jenseits des Eisernen Vorhangs zurücklassen mußte, geht der wirtschaftliche und strukturelle Aufbau in schwindelerregendem Tempo voran. Im Jahr 1957 wird in der Bundesrepublik Deutschland das Ziel der Vollbeschäftigung erreicht: Der deutsche Markt ist für die internationalen Investoren wieder attraktiv geworden. Bei den Wahlen in diesem Jahr erreicht die CDU als christliche Partei zum ersten und letzten Mal die absolute Mehrheit der Wählerstimmen. Nach dem Alptraum der nationalsozialistischen Zeit leistet und fordert auch die deutsche Kirche mit berechtigtem Stolz ihren Beitrag zum Neuanfang der Nation. Dieses Klima könnte zum Triumphalismus verleiten, aber der junge Geistliche und Professor aus Bayern scheint dagegen immun. In dem schon genannten, 1958 in der Zeitschrift *Hochland*[2] veröffentlichten Vortrag über „Die neuen Heiden und die Kirche" legt er einige Gedanken über den gegenwärtigen Zustand der Kirche dar, die in ihm nach der kurzen, aber intensiven pastoralen Erfahrung herangereift sind, die er einige Jahre zuvor als Kaplan in der Pfarrei Heilig Blut im großbürgerlichen Münchner Stadtteil Bogenhausen gemacht hatte. In diesem Vortrag bezeichnet der 30jährige Ratzinger das Klischee, daß Europa „ein fast vollständig christlicher Erdteil" sei, als statistische „Täuschung". „Dieses dem Namen nach christliche Europa", schreibt er gleich zu Beginn, „ist schon seit rund vierhundert Jahren die Geburtsstätte eines neuen Heidentums geworden, das im Herzen der Kirche selbst unaufhaltsam wächst und sie von innen auszuhöhlen droht." Die Kirche der Nachkriegszeit scheint ihm „immer mehr, auf ganz neue Weise eine Kirche der Heiden. Nicht mehr wie einst Kirche aus den Heiden, die zu Christen geworden sind, sondern Kirche von Heiden, die sich noch Christen nennen, aber in Wahrheit zu Heiden wurden." Ratzinger stellt klar, daß er sich damit nicht auf den „östlichen Atheismus" bezieht, den die kommunistischen Regierungen verordnet haben. Das Phänomen, das er meint, ist gerade das „Heidentum in der Kirche", das die westlichen Völker der einstmaligen christlichen Welt der Antike kennzeichnet, wo seit dem Mittelalter „Kirche und Welt identisch" sind und die Zugehörigkeit zur Kirche „eine politisch-kulturelle Vorgegebenheit" ist. Für diese Völker „ist die Kirche wie die Welt Vorgegebenheit unseres spezifisch abendländischen Daseins". Aber: „Fast niemand glaubt so recht, daß an dieser sehr zufälligen kulturpolitischen Vorgegebenheit ‚Kirche' etwa das ewige Heil hängen kann." Angesichts dieser Tatsache ist „der Versuch, das Mittelalter zu konservieren, sinnlos und wäre nicht nur taktisch, sondern auch sachlich verkehrt". Vielmehr ist Ratzingers Überzeugung nach in Zukunft ein „Vorgang der Entweltlichung der Kirche" notwendig, der die Wirklichkeit des *pusillus grex* wieder offenbart, der kleinen Schar der erwählten Zeugen, die ein Instrument des Heilsplans Gottes ist, der allen Menschen gilt.[3]

Ende der fünfziger Jahre ist Bonn eine weltläufige, jedoch überschaubare Stadt, in der die Wunden des Krieges noch nicht verheilt sind. Aber der junge bayerische Professor kommt aus der behüteten und vertrauten Welt des Freisinger Dombergs, jener Freisinger Anhöhe, wo sich die Kathedrale gleich neben dem Seminar, in dem er ausgebildet wurde, und der Philosophisch-Theologischen Hochschule befindet, in der er 1958 als Professor seine ersten Vorlesungen in Dogmatik und Fundamentaltheologie hielt. Im Vergleich dazu wirkt die Hauptstadt am Rhein, wohin er berufen wurde, wie eine pulsierende und offene Metropole.[4] Für ihn ist die Berufung auf den Bonner Lehrstuhl, die auch sein Meister Gottlieb Söhngen – allerdings vergeblich – angestrebt hatte, sozusagen ein Traum. Der Empfang ist, und das ist noch zurückhaltend ausgedrückt, erfreulich: Die Fakultät stellt dem Lehrstuhl auch – in Anbetracht der Zeiten – großzügige finanzielle Mittel zur Verfügung. Und die offizielle Antrittsvorlesung vor den Kollegen und Studenten gleicht einer Art von Ouvertüre, ist gleichsam der Auftakt zu einem Thema, das wie ein roter Faden Ratzingers ganzen intellektuellen Weg begleiten sollte.

Am 24. Juni 1958, zum Ende des Sommersemesters, hält Joseph Ratzinger in der großen Eingangshalle der Fakultät seine Antrittsvorlesung. Der Tradition an den deutschen theologischen Fakultäten entsprechend strömen Studenten und Dozenten zusammen, um bei der ersten akademischen Handlung des neuen Professors zugegen zu sein und ihm ihren Respekt zu zollen. *Der Gott des Glaubens und der Gott der Philosophen* lautet der anspruchsvolle Titel des Vortrags. 45 Jahre später, in einem Vorwort zu einer Neuausgabe des Textes, unterstreicht Kardinal Ratzinger, wie „die damals gestellten Fragen sozusagen bis heute der Leitfaden meines Denkens geblieben sind".[5]

Die „drängende Frage", an die sich der junge Professor schon damals wagt, ist die moderne Trennung von Glaube und Vernunft, von Religion, die einem Bereich jenseits der Vernunft, einem Bereich des Gefühls und der Innerlichkeit angehört, und von rationaler Forschung, der man seit Kant *a priori* jede Möglichkeit des Zugangs zu Gott abspricht. Diese Dichotomie habe bildliche Gestalt in der polemischen Gegenüberstellung angenommen, die Blaise Pascal vorgenommen habe zwischen dem lebendigen Gott Abrahams, Isaaks und Jakobs – dem Gott, der in Jesus ein Liebender wird – und dem Gott Descartes', einem postulierten puren Begriff des Absoluten als notwendigem Garanten der wissenschaftlichen Objektivität. In den modernen theologischen Strömungen habe eine antirationalistische Richtung die Synthese aufs Korn genommen, die die Kirchenväter zwischen dem christlichen Glauben und den metaphysischen Kategorien der hellenistischen Philosophie hergestellt hatten. Als einen typischen Ausdruck dieser Position führt Ratzinger die Theologie des Protestanten Emil Brunner an, für den die Vermischung der christlichen Botschaft mit den Konzepten der griechischen Metaphysik einen schlimmen Verrat an der biblischen Botschaft darstellte.

Angesichts eines solchen sich auf Augustin berufenden Szenarios sucht Ratzinger dieses Mal Unterstützung bei Thomas von Aquin. Für den *Doctor angelicus* „fallen Gott der Religion und Gott der Philosophen völlig ineinander, dagegen sind Gott des Glaubens und Gott der Philosophie teilweise unterschieden; der Gott des Glaubens übersteigt den Gott der Philosophen, fügt ihm etwas hinzu".[6] Aufgrund dieser Unterscheidungen ist es laut Ratzinger möglich, jeglichen künstlichen und schädlichen Gegensatz zwischen der Sprache des Glaubens und der Sprache der Vernunft, zwischen der philosophischen Forschung und der Offenbarung zu überwinden. „Der Gott des Aristoteles und der Gott Jesu Christi ist ein und derselbe. Aristoteles hat den wahren Gott erkannt, den wir im Glauben reiner und tiefer erfassen dürfen."[7] Der Gott, der durch die Heilsgeschichte wirkt, und jener, der von der philosophischen Forschung des Menschen erkannt wird, stehen nicht im Gegensatz zueinander und stimmen zumindest teilweise überein. Selbst die heiligen Bücher des Alten Testamentes berichten, „daß Israel keinen der üblichen Volksgötter und keine der innerweltlichen Fruchtbarkeitsmächte verehrte, sondern den absoluten Weltgrund selbst".[8] Andererseits kommt jede rationale philosophische Forschung, die das Absolute zu erforschen sucht, dahin, ein metaphysisches Wesen anzunehmen, das sich leicht mit dem biblischen Gott vergleichen läßt, der vom jüdischen und christlichen Monotheismus verehrt wird. Daher, so Ratzinger,

> „... bedeutet dies, daß die von den Kirchenvätern vollzogene Synthese des biblischen Glaubens mit dem hellenistischen Geist als dem damaligen Repräsentanten des philosophischen Geistes überhaupt nicht nur legitim, sondern notwendig war, um den vollen Anspruch und den ganzen Ernst des biblischen Glaubens zum Ausdruck zu bringen."[9]

Diese Kooperation von Glaube und Vernunft wird von Ratzinger bereits 1959 als eine Ressource dargestellt, auf die die Kirche niemals verzichten kann, wenn sie den Auftrag, den der Herr ihr gegeben hat, ausführen will:

> „Wenn es der christlichen Botschaft wesentlich ist, nicht esoterische Geheimlehre für einen eng beschränkten Zirkel von Eingeweihten, sondern Botschaft Gottes an alle zu sein, dann ist ihm damit auch die Dolmetschung nach außen wesentlich, in die allgemeine Sprache der menschlichen Vernunft hinein."[10]

Die Vorlesung beeindruckt die Zuhörerschaft und bewirkt, daß die Achtung der Fakultät gegenüber ihrem neuen Mitglied wächst. Nach dieser Meisterleistung wird Ratzinger sofort für das folgende Semester zum Prediger der Universitätskirche, der Namen-Jesu-Kirche, ernannt, und er wird Mitglied einiger Kommissionen, die für die verschiedenen akademischen Programme zuständig sind.

Ein ganz besonderer Professor

Zunächst kommt Ratzinger provisorisch im Albertinum unter, dem Konvikt direkt neben dem Rhein, wo die zukünftigen Priester Kölns wohnen, die traditionell in Bonn studieren. Er benutzt die öffentlichen Verkehrsmittel, geht aber fast immer zu Fuß, und oft durchquert er den Hofgarten, den Garten der Residenz, durch den ihn der Weg zur nahen Fakultät führt. Im Winter erkennt man ihn schon von weitem an seiner unvermeidlichen Baskenmütze, die er selbst ironisch „meinen Schutzhelm" nennt.

In jenen Jahren unterrichten an der katholisch-theologischen Fakultät der Bundeshauptstadt viele bedeutende Professoren. Da ist der große Historiker Hubert Jedin, der die Forschungen über die Geschichte des Konzils von Trient wiederbelebt hat und der, wie einige der damaligen Studenten meinen, wohl Ratzingers Ruf nach Bonn unterstützt hat.[11] Dann ist da der vielseitige Althistoriker (Liturgie, Kultur, Religion, Archäologie) Theodor Klauser, „Star" der Fakultät, Gründer und Herausgeber des *Reallexikons für Antike und Christentum,* immer elegant gekleidet und in der Stadt unterwegs mit einem roten Mercedes. Außerdem ist da der bayerische Dogmatiker Johann Auer, dem Ratzinger später in den Jahren seiner Lehrtätigkeit in Regensburg als Kollegen wieder begegnen sollte. Die Studenten aber sind die ersten, die erahnen, daß der Neuankömmling etwas ganz Besonderes ist. In den Hörsälen und Gängen beginnt man, davon zu sprechen.

Peter Kuhn, der später in Tübingen Ratzingers Assistent wird, ist zu der Zeit 20 Jahre alt und besucht die Evangelisch-Theologische Fakultät in Bonn, nachdem er in Basel die Vorlesungen des großen reformierten Theologen Karl Barth gehört und das Seminar von Karl Jaspers besucht hat. Er lernt Vinzenz Pfnür kennen, einen bayerischen Studenten, der die Vorlesungen Ratzingers schon an der Hochschule in Freising besucht und sich entschieden hat, ihm nach Bonn zu folgen. Von Pfnür erfährt Kuhn, der evangelische Theologiestudent: An der katholischen Fakultät ist ein neuer, interessanter Professor. Ihn zu hören lohnt sich. „Schon während des ersten Seminars bei Joseph Ratzinger", erinnert sich Kuhn, „dachte ich bei mir: Dieser Mann ist wirklich anders als die übrigen katholischen Professoren, die ich kenne."[12]

Er fällt nicht dadurch auf, daß er sein Wissen zur Schau stellt oder in seiner Ausdrucksweise auf Wirkung bedacht ist. Er trägt seine Vorlesungen in leisem Ton vor, konzentriert, ohne theatralische Gestik. Aber seine Sprache ist einfach und klar und kommt damit direkt zum Kern der behandelten Fragen, und seien sie noch so komplex. Roman Angulanza, einer der ersten Studenten Ratzingers in Bonn, berichtet:

> „Er hat die Art, Vorlesungen zu halten, revolutioniert. Er las sie seiner Schwester Maria in der Küche vor. Sie war intelligent, hatte aber nicht Theologie studiert. Und wenn seiner Schwester die Vorlesung gefiel, war das für ihn das Zeichen, daß sie in Ordnung war."[13]

Auch Horst Ferdinand schreibt in seinem Manuskript:

> „Die Vorlesungen waren allerdings genauestens vorbereitet, und er las, indem er den vorbereiteten Text paraphrasierte, in einleuchtenden, oft wie gemeißelten Formulierungen und einem Bilderreichtum der Sprache, der mich oft an Romano Guardini erinnerte. In vielen Vorlesungen hätte man, wie im Konzertsaal, die berühmte Nadel zu Boden fallen hören können."

Der Redemptorist Viktor Hahn, der erste Student, der bei Ratzinger promovierte, erzählt: „Der Hörsaal war immer überfüllt. Die Studenten verehrten ihn. Er hatte eine schöne und einfache Sprache. Die Sprache eines Gläubigen." Und Professor Läpple, Ratzingers Präfekt im Freisinger Seminar, fügt hinzu:

> „Joseph sagte immer: Wenn du eine Vorlesung hältst, müssen die Studenten den Stift liegen lassen, dir einfach nur zuhören. Solange sie noch mitschreiben, heißt das, daß du deine Sache gut machst, sie aber nicht überrascht hast. Wenn sie aber den Stift weglegen und dich ansehen, während du sprichst, dann heißt das, daß du vielleicht ihr Herz berührt hast."[14]

Es ist nicht das demonstrative Bemühen um theologische Originalität, das die Vorlesungen des jungen Dozenten aus Bayern zu etwas Besonderem macht.

> „Ich habe nie versucht ein eigenes System, eine Sondertheologie, zu schaffen. Spezifisch ist, wenn man es so nennen will, daß ich einfach mit dem Glauben der Kirche mitdenken will, und das heißt vor allem mitdenken mit den großen Denkern des Glaubens."[15]

Die Studenten spüren, daß der Besuch der Vorlesungen Ratzingers bedeutet, mit etwas Großem in Kontakt zu kommen, das den Kern des christlichen Lebens berührt, im Unterschied zu den Vorlesungen, die sie von vielen anderen Professoren „erleiden".

Die Wege, die Ratzinger seinen Studenten weist, auf denen sie den ganzen Reichtum der Tradition entdecken und schätzen lernen sollen, sind die selben, die ihn in seiner eigenen Studienzeit begeistert haben: die Historizität der Offenbarung, Augustinus, die sakramentale Natur der Kirche. Die Titel seiner Vorlesungen und Seminare in Bonn sind ein beredtes Zeugnis dafür, welche Themen dem Professor seit den ersten Jahren seiner Lehrtätigkeit am Herzen liegen. Im Wintersemester 1959/1960 handelt die Vorlesung von „Wesen und Wirklichkeit der (...) Offenbarung". Im darauffolgenden Semester lautet das Thema „Die Lehre von der Kirche". Im Sommersemester 1961 befaßt sich das Seminar mit „Religionsphilosophischen Problemen in den Confessiones Augustins", während die Vorlesung im Wintersemester 1961/1962 eingehend das Verhältnis zwischen Religion und Offenbarung untersucht.

Eine weitere Besonderheit macht den unverwechselbaren Akzent der Vorlesungen Ratzingers aus: Gerade weil er aus der Tradition schöpft und auf Augustinus und die Kirchenväter zurückgreift, zeigt der junge Professor eine uneingeschränkte und undogmatische Offenheit den Fragen und Problemen gegenüber, die besondere Bewegung in die theologische Forschung jener Jahre bringen. In Bonn sind noch alte Professoren, vom Antimodernismus geprägt, die keinerlei Abweichung von den Schemata der „erlaubten" Theologie wagen, um nur jeden Ärger mit Rom zu vermeiden. Er dagegen scheint sich von Einschüchterungen und akademischen Konformismen nicht beeinflussen zu lassen. Hahn berichtet:

„Ich war beeindruckt, als er einmal in einer Vorlesung einen Abschnitt aus dem Alten Testament zum Anlaß nahm, um das in jenen Jahren verbreitete Bild der Kirche mit den Reichen der Meder und Perser zu vergleichen, die sich ewig wähnten dank der statischen Unveränderlichkeit ihrer Gesetze. Mit Nachdruck fügte er hinzu, daß man sich vor einem solchen Kirchenbild hüten müsse."

Auch Peter Kuhn bestätigt:

„Im Vergleich zu ihm wirkten viele andere Professoren unbeweglich und steif, vor allem den Protestanten gegenüber, eingefahren in ihren Schemata. Er dagegen ging alle Fragen furchtlos an. Er hatte keine Scheu, sich in Neuland vorzuwagen, während andere Professoren die Bahnen ihrer Pedanterie und Selbstgenügsamkeit nie verließen."

Diese Freiheit und Offenheit zeigen sich insbesondere in Ratzingers Beziehung zur protestantischen Welt. Eine beträchtliche Anzahl von Studenten der Evangelisch-Theologischen Fakultät besucht – was zu der Zeit ganz und gar nicht üblich ist – die Vorlesungen des jungen katholischen Professors, der bereits im Sommersemester 1960 ein Seminar über „Kirche, Sakrament und Glaube nach der Augsburgischen Konfession" hält. Dieses ist ganz darauf ausgerichtet zu prüfen, wie weit sich diese erste systematische Darlegung des lutherischen Glaubens mit der katholischen Lehre vereinbaren läßt. Im Wintersemester 1962/1963 hält er sogar ein Seminar über den *Tractatus de potestate papae* von Philipp Melanchthon. Vinzenz Pfnür erinnert sich:

„1961 schrieb Ratzinger für das protestantische Lexikon *Religion in Geschichte und Gegenwart* einen Artikel über den Protestantismus aus katholischer Sicht. Damals war es ungewöhnlich, daß ein Katholik gebeten wurde, für dieses Nachschlagewerk zu schreiben. Ratzinger nannte darin die katholischen Argumente gegen die dialektische Theologie und die Existenztheologie, die damals im protestantischen Bereich dominierten. Aber er betonte auch, daß trotz des Unterschieds zwischen den beiden ‚Systemen' eine Affinität bestand, in dem nämlich, was den Gläubigen als Erbe der Kirche vermittelt wurde, sowohl auf katholischer als auch protestantischer Seite, beispielsweise durch die Praxis des Gebets. In jenen Jahren versuchte er immer wieder eine neue Basis für die Beziehungen mit den Protestanten zu finden."[16]

Wahlverwandtschaften

Die Offenheit des jungen Professors Ratzinger zeigt sich auch darin, daß er menschliche Begegnungen und Beziehungen nicht vorab auswählt, eine Haltung, die ihn oft in spontanen engen Kontakt mit Persönlichkeiten bringt, die vom damaligen theologischen Establishment als „Grenzfälle" eingestuft werden. In Bonn begegnet Ratzinger Heinrich Schlier, dem großen evangelischen Exegeten, der 1953 zum Katholizismus konvertierte.

Schlier war Schüler des bedeutenden protestantischen Neutestamentlers Rudolf Bultmann. Sein Leben lang blieb er seinem Meister dankbar für alles, was er von ihm gelernt hatte. Für Bultmann diente die historische Exegese dazu, die biblische Botschaft zu „entmythologisieren" und dabei die existentiell wahrnehmbare Wahrheit des Glaubens von der mythologisch-historischen Hülle der biblischen Erzählungen, in denen sie eingeschlossen war, zu befreien. Auch für Schlier – der in diesem „negativen" Aspekt seinem Meister bis zu einem gewissen Punkt folgte – ist der Zugang zur Person Jesu über bloßes theologisches Wissen und die Instrumente der historischen Forschung nicht möglich. Er lehnte jedoch den theologischen Existentialismus Bultmanns ab, der darauf hinauslief, die Auferstehung auf ein innerliches Phänomen zu reduzieren, ein geistiges und psychologisches Geschehen, das den Jüngern rein durch ihren Glauben widerfuhr. Für Schlier beschrieben die Evangelien, so wie sie von der Kirche verstanden und ausgelegt wurden, reale

Ereignisse und nicht innere Bilder, die bloß ein Produkt des religiösen Gefühls der Apostel waren.

> „Er war der Meinung, man dürfe nicht versuchen, den historischen Jesus an den Evangelien vorbei zu rekonstruieren", erklärt Vinzenz Pfnür. „Es seien die biblischen Berichte, so wie sie von der Kirche ausgelegt werden, die es uns ermöglichten, auch wichtige Züge des historischen Lebens Jesu zu rekonstruieren. Diese Ansicht teilten Ratzinger und Schlier, und auf diesem Hintergrund wurden sie Freunde."

Unter diesen Voraussetzungen war es möglich, mit kritischem Unterscheidungsvermögen auch wichtige Züge der bultmannschen Lehre über den Zugang zur Heiligen Schrift zu übernehmen und in ihrem Wert zu erschließen – statt sich dem *a priori* zu verschließen.[17] Bis zum Tod Heinrich Schliers im Dezember 1978 dauern die Freundschaft, der Kontakt und die wissenschaftlich-akademische Zusammenarbeit zwischen Ratzinger und ihm an. Ende der sechziger und Anfang der siebziger Jahre erhalten die Studienwochen für junge Theologen in der Gustav-Siewerth-Akademie in Bierbronnen im Schwarzwald durch Ratzingers und Schliers gleichzeitige Präsenz neuen Aufschwung. Schlier nimmt später auch einmal an den regelmäßigen Zusammenkünften des Ratzinger-Schülerkreises (des Kreises seiner Doktoranden) teil, die seit der Zeit der Lehrtätigkeit in Tübingen eine feste Einrichtung sind. In den Bonner Jahren scheint jedoch der Rest der katholischen Theologen Ratzingers Sympathie für den bedeutenden Exegeten nicht geteilt zu haben. Nach seiner Konversion zum Katholizismus, die ihm die Möglichkeit nahm, an der Evangelisch-theologischen Fakultät zu lehren, kommt der Außenseiter auch an der katholischen Fakultät nicht unter und wird schließlich an die philosophische Fakultät „abgeschoben", wo er „altchristliche Literatur" lehrt. Wegen seiner Herkunft aus dem Protestantismus begegnet man ihm im katholischen akademischen Umfeld weiterhin teilweise mit verstecktem Mißtrauen. Aber da ist auch noch etwas anderes. Um ihn zu hören, kommen Studenten aus ganz Deutschland, aus Holland, aus Belgien. „Einige Professoren begegneten ihm mit versteckter Feindseligkeit", erinnert sich Peter Kuhn. „Sie neideten ihm offenbar seinen weiten menschlichen und intellektuellen Horizont."

Eine andere „grenzwertige" Freundschaft der Bonner Jahre ist die mit dem Indologen Paul Hacker, dessen große Begabung Ratzinger in seiner Autobiographie eindrücklich schildert. Der vom Protestantismus kommende Hacker wird Katholik, nachdem er „mit einer oder auch mehreren Flaschen Rotwein ganze Nächte mit den Vätern oder mit Luther im Gespräch war".[18] Ratzinger greift auf Hackers profunde Kenntnisse des Hinduismus zurück, als seine fundamentaltheologischen Vorlesungen die Religionsgeschichte behandeln. In jenen Jahren scheint sich Ratzingers Interesse an Religionsgeschichte gerade auf den Hinduismus zu konzentrieren. „Manche Studenten beklagten sich", erinnert sich Kuhn, „und machten ihre Scherze darüber. Sie sagten, Ratzinger habe sich völlig in den Hinduismus vertieft, er spreche von nichts anderem mehr als von Bhakti und Krischna." In jenen Jahren hat Ratzinger auch eine bedeutende Begegnung mit einer bemerkenswerten Persönlichkeit der jüdischen Welt: dem aus einer alten Rabbinerfamilie stammenden Gelehrten Charles Horowitz, der an der Evangelisch-Theologischen Fakultät Seminare hält und bei dem Kuhn die jüdische Welt in einzigartiger Weise kennenlernt.

Inzwischen hat sich um den Professor auch ein erster kleiner Kreis von Studenten gesammelt. Einige wenden sich nun an ihn und fragen ihn nach einem Thema für ihre Doktorarbeit. Bei ihnen macht Ratzinger es sich zur Gewohnheit, Themen als Arbeitsaufgaben zu stellen, mit denen er selber nicht allzu vertraut ist: Der Professor hat keine Scheu, von seinen Studenten Neues zu lernen. Sein disziplinübergreifender Ansatz ist offen für die Verbindung von Wissensbereichen und damit ein ausgezeichnetes Mittel gegen die Versuchungen der Einseitgkeit und der übergroßen Spezialisierung, die bei vielen seiner Kollegen zu einer gewissen Schwerfälligkeit der Vorlesungen führen. Und schaut man sich den späteren Werdegang einiger der ersten Doktoranden Ratzingers an, zeigt sich auch bei ihnen eine außergewöhnliche Vielfalt an individuellen kulturellen und biographischen Profilen, die sich nicht auf bestimmte Gruppierungen und Modelle festlegen lassen.

Vinzenz Pfnür, der aus Untersalzberg bei Berchtesgaden stammt, hat Ratzingers erste Veranstaltungen in Freising besucht: ein Seminar über die *Confessio Augustana* und eine Vorlesung über Ekklesiologie, in der Ratzinger auch auf die sakramentale Natur der Kirche als mystischen Leib Christi einging und dabei teilweise auf seine Doktorarbeit über Augustinus zurückgriff. In Bonn, wohin er seinem Professor gefolgt ist, bearbeitet Pfnür als Dissertationsthema die Rechtfertigungslehre der *Confessio Augustana*. Die auffällige ökumenische Aufgeschlossenheit im Dialog mit der protestantischen Welt wird ein dauerhaftes Merkmal seiner Arbeit als Professor für Kirchengeschichte in Münster. In dieser Eigenschaft leistet er später auch seinen Beitrag zur gemeinsamen katholisch-lutherischen Erklärung zur Rechtfertigungslehre, die am 31. Oktober 1999 unterzeichnet wurde.

Seit den Bonner Jahren gehört auch Hansjürgen Verweyen zum Kreis um Ratzinger. In ständiger Auseinandersetzung mit seinem Professor arbeitet er lange an seinem Text über die „ontologischen Voraussetzungen des Glaubensaktes". In den siebziger Jahren verbringt Verweyen, auch dank Fürsprache Ratzingers, mehr als fünf Jahre in den Vereinigten Staaten, an der University of Notre Dame. Nach seiner Rückkehr nach Deutschland engagiert sich Verweyen, nun Professor für Fundamentaltheologie in Freiburg, u. a. kritisch in einer akademisch-theologischen Kontroverse um den *Katechismus der katholischen Kirche,* die 1992 veröffentlichte universale Darlegung der kirchlichen Lehre, die das wichtigste und arbeitsintensivste Dokument darstellt, das von Ratzinger als Präfekt der Glaubenskongregation herausgegeben wurde.[19] Was ihn selbst betrifft, äußert sich in jener Zeit auch Kardinal Ratzinger kritisch zur theologischen Position Verweyens.[20] Aber das offensichtliche Auseinandergehen der Positionen unterbricht doch nicht völlig die Verbundenheit zwischen Verweyen und seinem ehemaligen Professor.[21]

In Bonn gehört zu den ersten Doktoranden Ratzingers auch Johannes Dörmann, ein Priester, der fünf Jahre älter als der Professor aus Bayern ist. Seine Dissertation ist Anlaß zu einer Differenz zwischen Ratzinger und einigen Kollegen: eine Episode, die bei seiner Entscheidung, die theologische Fakultät der Bundeshauptstadt zu verlassen und nach Münster zu gehen, ins Gewicht fallen wird. Nach seiner Dissertation wurde Dörmann Professor für Missionswissenschaften an der Katholisch-Theologischen Fakultät der Universität Münster. In den neunziger Jahren legte er in verschiedenen Publikationen – die international vor allem von traditionalistischen Kreisen geschätzt und verwendet wurden – eine ungewöhnlich radikale, systematische Kritik der philosophisch-theologischen Linie des Pontifikats von Johannes Paul II. dar.[22] Im Jahr 2000 äußerte er sich wiederum kritisch zur Erklärung *Dominus Iesus* über die Einzigartigkeit und Heilsuniversalität Jesu Christi und der Kirche. Dieses von Ratzinger als Präfekt der Glaubenskongregation unterzeichnete Dokument[23] hat umgekehrt in kirchlichen Kreisen, die am ökumenischen Dialog beteiligt sind, heftige Reaktionen hervorgerufen.[24]

In den Bonner Jahren lädt Ratzinger oft die aus Bayern und Österreich stammenden Theologiestudenten, darunter Pfnür und Angulanza, am Sonntag in seine Wohnung in der Wurzerstraße in Bad Godesberg – damals noch nicht zu Bonn gehörig – ein. Dorthin war er inzwischen aus dem Provisorium des Konvikts Albertinum gezogen. Seine Schwester Maria, die nun bei ihm wohnt, serviert ein Mittagessen, bei dem man sich im vertrauten Dialekt unterhält .

Der erste Assistent

In Bonn bekommt Ratzinger 1960 auch seinen ersten Assistenten. An den aus Münster stammenden Werner Böckenförde, der Kirchenrecht studierte und 1957 zum Priester geweiht wurde, erinnern sich die Schüler Ratzingers als an eine dominierende Persönlichkeit mit der ausgeprägten Tendenz, seinen Professor „dirigieren“ zu wollen. Schon damals sind die Anliegen und Interessen der beiden im Blick auf die Entwicklung der Kirche verschieden:

„Böckenförde schätzte Ratzinger als Theologen", erzählt Angulanza, „mehr interessiert war er aber an Vorgängen und Fragen kirchenpolitischer Art, die er sehr kritisch beurteilte. Das Verhältnis zwischen den beiden war korrekt und förmlich, aber es gab keine Vertrautheit."

Böckenförde sieht die Kirche wie ein Jurist oder Politiker. Ihn interessieren die Regeln und die juristischen Formen, die die Beziehungen zwischen Personen und Institutionen innerhalb des kirchlichen Gefüges bestimmen und bedingen: die kanonische Rechtsordnung, Rechte und Pflichten, Kräfteverhältnisse, Instrumente zur Übermittlung hierarchischer Entscheidungen, juristische Gegengewichte zu repressiven und willkürlichen Entartungen in der Ausübung kirchlicher Autorität.[25] Dieser Ansatz und diese Interessen unterscheiden sich von denen Ratzingers und sind von seiner theologischen Perspektive in vielerlei Hinsicht weit entfernt. Die Unterschiede verstärken sich mit den Jahren. Auch während Ratzingers Lehrtätigkeit in Münster von 1963–1966 ist Böckenförde Ratzingers Assistent, folgt ihm aber beim nächsten Wechsel nach Tübingen nicht. Im Jahr 1969 wird er Domkapitular der Diözese Limburg, deren Gebiet auch Frankfurt umfaßt. Bis 1981 ist es ihm, dank seines Einflusses als persönlicher Referent von Bischof Wilhelm Kempf, möglich, das Experiment einer „synodalen Leitung" in der Diözese voranzutreiben, ein Modell kollegialer Kirchenleitung, das der vatikanische Nuntius Corrado Bafile heftig bekämpft. Im September 1986, während einer Zusammenkunft des Kreises der ehemaligen Schüler, die in jenem Jahr im bayerischen Wallfahrtsort Altötting stattfindet, versucht Böckenförde, seinem ehemaligen Professor ein Projekt darzulegen, mit dem er die Verfahrensordnung in den Lehrprozessen der Glaubenskongregation reformieren will. „Dieses Mal", erinnert sich Viktor Hahn, „nahm Ratzinger die Herausforderung nicht an, er kreuzte die Klingen nicht. Das hat mir fast leid getan. Der Professor dankte Böckenförde für seinen Vortrag und sagte, daß er darüber nachdenken werde." Als Böckenförde bei einer späteren Zusammenkunft 2002 – so erinnert sich

Peter Kuhn – dem Kardinal vorschlägt, bei Johannes Paul II. doch darauf zu dringen, daß statt des neu eingeführten Prinzips der einfachen Mehrheit bei der Papstwahl wieder das ältere Prinzip einer qualifizierten Mehrheit in Kraft tritt, verspricht ihm Ratzinger, dieses Anliegen beim Papst vorzubringen; beide ahnen nicht, daß es für einen Beteiligten bald sehr wichtig werden kann.

Werner Böckenförde sollte das nicht mehr erleben; er stirbt im November 2003. Mit seinem Bruder Ernst-Wolfgang, Rechtsphilosoph und Bundesverfassungsrichter a. D., unterhält Ratzinger nach Werner Böckenfördes Tod einen anregenden Briefwechsel über Bekenntnisfreiheit und die religiösen Grundlagen der bürgerlichen Gesellschaft in einem freiheitlichen, säkularisierten Staat.[26]

„Angeworben" von Frings

Am 25. Januar 1959 kündigte Johannes XXIII. das Zweite Vatikanische Konzil an. Schon in der Vorbereitungsphase greift das Konzil in das Netz von Aufgaben, Vorlesungen, Besuchen und Freundschaften ein, das sich um Ratzinger entwickelt. Auch diesmal sind es zufällige Umstände, die den jungen bayerischen Professor in die Ereignisse jener großen Konzilsepoche einbeziehen. Es beginnt mit der freundschaftlichen Verbundenheit zwischen Joseph Ratzinger und Hubert Luthe, damals Priester der Erzdiözese Köln, später dort Weihbischof und schließlich Bischof von Essen. Die beiden sind im gleichen Alter und haben in München zusammen studiert und bei Gottlieb Söhngen promoviert. Anschließend ging Luthe zurück nach Köln, wo er nach einigen Jahren in der Seelsorge Sekretär von Joseph Kardinal Frings, dem Erzbischof von Köln, wurde. Luthe ist es, der dem Kardinal seinen Theologenfreund vorstellt. Frings hat die siebzig Jahre bereits überschritten; eine fortschreitende Krankheit führt zu seiner allmählichen Erblindung. Auf der Rückreise vom Konklave, das Johannes XXIII. gewählt hatte, erzählt er seinem Sekretär im Vertrauen, daß es möglicherweise sehr bald zu einem Konzil komme.[27] Das zeigt, daß er entweder eine gute Intuition besaß oder ein besonderes Ohr für die Gerüchte, die schon nach Roncallis Wahl in Rom kursierten. Frings scheint dafür bestimmt zu sein, eine Hauptrolle bei dem Konzil zu übernehmen, schon in seiner Vorbereitungsphase: Er ist seit längerer Zeit Vorsitzender der Deutschen Bischofskonferenz und durch seine Rolle als Mitbegründer von Misereor und Adveniat, den großen karitativen Organen der katholischen Kirche in Deutschland, vielen Bischöfen der armen Länder, der Entwicklungsländer bekannt. In seinen Beiträgen in der zentralen Vorbereitungskommission, der er angehört, beharrt der Kölner Kardinal darauf, daß die nächste Kirchenversammlung pastoralen Charakter haben müsse, und teilt die Kritik, die einige seiner Kollegen sofort an den von der römischen Kurie bereits vorbereiteten Dokumentenentwürfen äußern. Seine kritische Einstellung teilen unter anderen die Kardinäle Franz König (Wien), Julius Döpfner (München und Freising), Bernard Alfrink (Utrecht), Paul Émile Léger (Montreal), Giovanni Battista Montini (Mailand) und der melkitische Patriarch Maximos IV. In Exegese promoviert, ist Frings empfänglich für neue Richtungen – liturgische Bewegung, Wiederentdeckung der Kirchenväter, Rückkehr zu den Quellen –, die, wie er hofft, die gewünschte Reform der Kirche inspirieren und fördern können. Auf dieser Grundlage ergibt sich sofort eine innere Übereinstimmung mit dem jungen bayerischen Professor. Und der erste Eindruck wird zur Gewißheit, als er Gelegenheit hat, einen Vortrag über die Theologie des Konzils zu hören, den Ratzinger in der Katholischen Akademie Bensberg hält.

Bei dieser Gelegenheit umreißt Ratzinger aus theologischer Sicht, welche Funktion dem Konzil im Leben der Kirche zukommt, und stellt ihr jene Auffassungen gegenüber, die seine Bedeutung verfehlen: Nach der einen würde das Konzil auf eine „streng papale Konstruktion" reduziert und wäre nur ein Instrument zur Untermauerung der päpstlichen „monarchischen" Unfehlbarkeit; die andere, gegenteilige Ansicht würde die ganze Kirche mit dem Konzil gleichsetzen und schließlich die Kirche selbst auf „eine ‚Ratsversammlung', eine organisatorische und politische Größe“ reduzieren, ein „machbares Instrument der Gesellschaftsveränderung“. Das Konzil aber, erklärt Ratzinger anhand beeindruckender terminologischer Unterscheidungen, die er dem griechischen Text des Neuen Testaments entnimmt, „heißt nicht *Ekklaesia,* es heißt *Synedrion,* es stellt nicht die Kirche dar, es ist nicht die Kirche, wie jede Eucharistiefeier sie hingegen ist, sondern es ist nur ein bestimmter Dienst in ihr“. Das Konzil ist „seinem Wesen nach eine beratende und beschließende Versammlung, es übt eine Aufgabe der Leitung aus, hat Ordnungs- und Gestaltungsfunktion“. Es „ist kein Parlament, und die Bischöfe sind keine Abgeordneten, die Vollmacht und Auftrag einzig und allein von dem Volk beziehen, das sie gewählt hat. Sie vertreten nicht das Volk, sondern Christus, von dem sie Sendung und Weihe empfangen“.[28]

1961 bittet Frings den jungen Bonner Professor, ihm als theologischer Berater bei der Konzilsversammlung zu assistieren. Es ist Ratzinger, der ganz weitgehend den Inhalt des berühmten Vortrags vorgibt, den Frings am 19. November 1961 in Genua zum Thema „Das Konzil und die moderne Gedankenwelt“ hält. Dabei beschreibt der Kardinal die Reformerwartungen, die von der bevorstehenden Kirchenversammlung vor allem bei europäischen Bischöfen geweckt wurden.

> „Die negative Erfahrung der beiden Weltkriege“, erläutert Frings in seinem Genueser Vortrag unter anderem, „hat bei den nichtchristlichen Völkern ein Mißtrauen gegen die christliche und westliche Kultur geweckt. Während dies zu einer größeren Achtung vor dem geistigen Erbe eines jeden Volkes führt, bietet es der Kirche eine zusätzliche Möglichkeit für ihren Universalismus: Da sie an kein Volk gebunden ist, kann sie besonders wirksam ihre Mission des Friedens erfüllen, der alle Völker in einer höheren Einheit vereinigt.“[29]

Im Sommer 1962 erhält Ratzinger von Frings – über Luthe – sieben *Schemata* der Dokumente, die die Vorbereitungskommissionen des Konzils bereits erstellt haben. Es handelt sich um

Textentwürfe zu den Quellen der Offenbarung, zur Bewahrung des *Depositum fidei,* zur Moral, zu Ehe und Jungfräulichkeit, zur Liturgie, zu den Kommunikationsmitteln und zur Einheit der Kirche. Die ersten vier wurden von der theologischen Kommission unter Führung von Kardinal Alfredo Ottaviani, dem Sekretär des Heiligen Offiziums, ausgearbeitet. Auf Ratzinger wirken sie, wie er in seiner Autobiographie berichtet, „etwas steif und eng, zu sehr an die Theologie der Schule gebunden, zu sehr das Denken von Gelehrten und zu wenig das von Hirten".[30]

Das Konzil im Petersdom

Als das Konzil beginnt, bringt Frings seinen Berater mit nach Rom und erwirkt für ihn auch bald die Ernennung zum offiziellen Konzilstheologen, zum *Peritus.*[31] Ratzinger wohnt im Priesterkolleg Santa Maria dell' Anima, hinter der Piazza Navona, im barocken Herzen der Ewigen Stadt, wo unter anderen auch der Jesuit Karl Rahner (theologischer Berater des Wiener Kardinals Franz König) und der Mainzer Bischof und Theologe Hermann Volk untergebracht sind. Für den jungen Professor aus Bonn, der seine Prägung in Deutschland erhalten hat, wo „der mehr aus der neuscholastischen Tradition rührende Stil der römischen Verlautbarungen fremd wirkte" („wir glaubten es besser zu wissen als die ‚da unten'", bekennt Ratzinger in seiner Autobiographie[32]), handelt es sich um den ersten wirklichen Kontakt mit dem Rom der Päpste, der vatikanischen Kurie und den „linientreuen" päpstlichen Theologen.[33] Nicht weit vom deutschen Kolleg entfernt und zu Fuß zu erreichen, haben zahlreiche bedeutende kirchliche Institutionen Roms ihren historischen Sitz – eine Karte strategischer Punkte, die ihm bald vertraut werden: die Jesuitenuniversität Gregoriana, das Päpstliche Bibelinstitut, der Palazzo della Cancelleria (die päpstliche Kanzlei), das ehrwürdige Kolleg Capranica. Auf der anderen Seite des Tibers befinden sich neben dem Petersdom die Gebäude der Kongregationen und die Päpstliche Universität Urbaniana. Und schließlich viele andere Punkte, über die Ewige Stadt verteilt, die zu Orten intensiver und lebhafter Zusammenkünfte von Konzilsvätern,

Theologen und Journalisten werden: das Angelicum (die Hochschule der Dominikaner), das Krankenhaus Salvator Mundi, wo die melkitischen orientalischen Bischöfe untergebracht sind, das päpstliche belgische Kolleg, die Domus Mariae auf der Via Aurelia, der Saal des Niederländischen Dokumentationszentrums – direkt an der Piazza Navona gelegen – und das Haus der Redemptoristen in der Via Merulana.

Am 11. Oktober ist die feierliche Konzilseröffnung. *„Gaudet mater Ecclesia“* („Die Mutter Kirche freut sich“), beginnt Johannes XXIII. seine Eröffnungsansprache, in der er darlegt, welche Gründe ihn dazu bewogen haben, die Bischöfe der ganzen Welt in Rom zusammenzurufen. Es handelt sich darum, erklärt der Papst, daß die „sichere und beständige“ christliche Lehre „so erforscht und ausgelegt werden“ muß, „wie unsere Zeit es verlangt. Denn etwas anderes ist das De*positum Fidei* oder die Wahrheiten, die in der zu verehrenden Lehre enthalten sind, und etwas anderes ist die Art und Weise, wie sie verkündet werden, freilich im gleichen Sinn und in der selben Bedeutung.“ Bei diesem Ziel ist es notwendig zu berücksichtigen, daß die Kirche angesichts der Irrtümer der Zeit „lieber das Heilmittel der Barmherzigkeit anwenden als die Waffe der Strenge erheben“ möchte. „Sie glaubt, es sei den heutigen Notwendigkeiten angemessener, die Kraft ihrer Lehre ausgiebig zu erklären, als zu verurteilen.“ Der Papst äußert auch seine Mißbilligung über die „Unglückspropheten, die immer das Unheil voraussagen, als ob die Welt vor dem Untergange stünde“: jene, die in den modernen Zeiten „nur Untergang und Unheil“ erkennen, als ob dagegen in den vergangenen Zeiten „die christliche Idee und das christliche Leben in allen Bereichen siegreich gewesen seien“.[34]

Den Eröffnungsfeierlichkeiten folgen unmittelbar die Sitzungen, die darüber entscheiden werden, welche Richtung das Konzil nehmen und wieweit es dem von den Worten des Papstes vorgegebenen Programm folgen wird. Das Duo Frings-Ratzinger ist hier von Anfang an führend beteiligt. Am 13. Oktober, nur zwei Tage nach der feierlichen Eröffnung, sieht die Tagesordnung die Wahl der Mitglieder der 10 Konzilskommissionen vor. Sie sollen die Texte der verschiedenen Konzilsdokumente vorbereiten, die dann der Generalversammlung vorgelegt werden müssen. Es ist ausgerechnet Frings, der zusammen mit dem alten französischen Kardinal Achille Liénart fordert, diese Wahl zu verschieben, um den Konzilsvätern Zeit zu geben, sich kennenzulernen und das eigene Votum besser abzuwägen. Dies ist die erste ausdrückliche Absage an das vorher festgelegte „Drehbuch", das die römische Kurie, wie einige Bischöfe aus den Ländern jenseits der Alpen meinen, den Konzilsarbeiten aufzwingen wollte: Jeder Konzilsvater mußte die Namen von 160 Kollegen angeben, sechzehn für jede Liste, und in den ersten Tagen, an denen man sich noch orientieren und kennenlernen mußte und es noch wenig Kontakte gab, wäre die Wahl vieler unvermeidlich auf die Mitglieder der römischen Kommissionen gefallen, die in der Phase der Konzilsvorbereitung bereits die *Schemata* formuliert hatten, unter strenger Kontrolle der Kurie und des Heiligen Offiziums. Nicht zufällig waren die Listen der Vorbereitungskommissionen an die Konzilsväter verteilt worden. Vielmehr sollte so die schwierige Arbeit der Auswahl gesteuert werden. Auf diese Weise „wäre eine Kontinuität hergestellt gewesen, zwischen der vorkonziliaren Arbeit und dem Konzil, das so die bereits vorbereiteten Textentwürfe angenommen hätte".[35] Aber der Applaus für die Interventionen von Liénart und Frings – beide Mitglieder des Präsidiums – macht sofort deutlich, welches Klima im Petersdom herrscht. Nach einer kurzen Beratung am Tisch des Präsidiums wird der Vorschlag der beiden Kardinäle angenommen und die Wahl verschoben. Nach den Tagebuchaufzeichnungen des melkitischen Bischofs Neophytos Edelby empfindet die Versammlung diesen Aufschub „als eine erste Niederlage des Konzilssekretariats, welches das Konzil mit der Rute lenken wollte".[36]

In seiner Eigenschaft als Konzilstheologe kann Ratzinger nicht an den Konzilssitzungen selbst teilnehmen. Aber er ist es, der auf den Vorschlag von Frings hin noch vor Konzilsbeginn den ersten der Vorträge hält, die für die deutschen Bischöfe zur theologischen Orientierung gedacht sind und im Folgenden dann auch von anderen deutschen Theologen wie Karl Rahner, Bernhard Häring und Hubert Jedin gehalten werden.[37] Sein

Beitrag scheint vor allem bei dem anderen „Coup“ der ersten Konzilssitzung von Bedeutung zu sein: der Zurückweisung des Schemas über die Quellen der Offenbarung, das von der theologischen Kommission unter der Leitung von Kardinal Ottaviani ausgearbeitet worden war.

Von den ersten Konzilstagen an ist die Zurückweisung der vor Konzilsbeginn formulierten Textentwürfe vor allem das Bestreben der Bischöfe und Theologen aus dem französischen und deutschen Raum. Am 15. Oktober versammelt sich in der „Anima“, im deutschen Priesterkolleg, eine Gruppe von Theologen mit dem Plan, ein umfassendes Dokument zu entwerfen, das als Ersatz für alle in der Vorbereitungsphase ausgearbeiteten Lehrdokumente vorgeschlagen werden soll. Ratzinger erscheint bei dieser Sitzung mit dem ersten Kapitel eines neuen Schemas, von ihm bereits auf Latein verfaßt, das Zustimmung findet und anschließend mit einem von Rahner entworfen Schema „verschmolzen“ wird. Der Dominikaner und Theologe Yves Congar schreibt später in seinem Tagebuch, daß in den ersten Wochen des Konzils die Vorlage des „Rahner-Ratzinger-Schemas“ „3000mal vervielfältigt“ und „reichlich“ unter den Konzilsvätern „verteilt wurde“.[38] Der Entwurf der Theologen wird am 25. Oktober offiziell bekanntgemacht. Bei einer Versammlung im Angelicum treffen sich einige west- und mitteleuropäische Bischöfe (Suenens, Alfrink, Liénart, König), aber es nehmen auch zwei sehr angesehene italienische Kardinäle teil, der Erzbischof von Genua, Giuseppe Siri, und der von Mailand, Giovanni Battista Montini. Bei dieser Gelegenheit ist es ausgerechnet Ratzinger, der den Bischöfen und Kardinälen die Grundzüge des alternativen Lehrschemas darlegt, das allgemeine Zustimmung findet, bei Siri und bei Montini jedoch nicht auf Begeisterung stößt: „Der Entwurf enthielt keine Irrtümer oder Häresien“, erinnert sich viele Jahre später Kardinal Siri, „aber er war zu allgemein. Es lohnte sich nicht, ein Konzil durchzuführen, um dann eine so allgemein gehaltene Sache vorzulegen.“[39]

Tatsächlich wird die Möglichkeit eines umfassenden Lehrdokuments, das alle in der Vorbereitungsphase formulierten Schemata ersetzen sollte, keine Zustimmung finden und nur auf den heimlichen Treffen der Theologen aus dem deutschen Raum weiterverfolgt werden.[40] Dennoch wird der Großteil der von den Vorbereitungskommissionen entworfenen *Schemata* zurückgewiesen werden.

Nach der Diskussion über das Liturgie-Schema – das Frings am 22. Oktober in seinem Beitrag in der Konzilsaula lobt, vor allem den Teil, der den Bischofskonferenzen die Entscheidung über den Gebrauch der Vulgärsprachen in der Liturgie überträgt – beginnt die eigentliche „Rückstellung" der bereits erstellten Dokumente mit der Zurückweisung des Schemas über die Quellen der Offenbarung. Dazu trägt am 14. November 1962 eine durch Ratzinger vorbereitete Rede von Frings entscheidend bei. Der Kölner Kardinal, dem das Lesen nicht mehr möglich ist, zitiert aus dem Gedächtnis die von Ratzinger für ihn verfaßten Erläuterungen.[41] Er beklagt zunächst die Unangemessenheit der Sprache: Wenn ein Bischof eine Pflicht habe, so sei es die, fesselnd zu predigen; im Schema und seinem wissenschaftlichen Ansatz erkenne man nicht die „Stimme der Mutter und Lehrerin *(vox Matris et Magistrae)*, die Stimme des Guten Hirten *(vox boni pastoris)*". Der Titel des Schemas, der absichtlich den Akzent auf die Dualität der Offenbarungsquellen – Heilige Schrift und Überlieferung – legt, um sich dialektisch vom protestantischen *sola Scriptura* zu distanzieren, ist für Frings keine überlieferte Formel, sondern erst in der modernen Zeit als Reaktion auf den theologischen Historizismus entstanden. Eine Formel, die unter strengem Erkenntnisaspekt zu begrüßen ist (denn durch die Heilige Schrift und die Tradition erhalten wir Zugang zur Offenbarung), die aber irreführend ist, wenn man die tatsächliche Ordnung der Dinge betrachtet, wo die Reihenfolge umgekehrt ist: Auf ontologischer Ebene resultiert die Offenbarung nicht aus Schrift und Tradition, sondern jene fließen beide aus der Tatsache der Offenbarung, wie zwei Bäche aus derselben Quelle. Diese von Frings vorgebrachten Argumente nehmen die Unterscheidungen und neuen Perspektiven auf, die Ratzinger bereits während der Arbeit für seine damals von Schmaus abgelehnte Habilitationsschrift über Bonaventura gewonnen und die der junge Professor in Bonn erneut vertieft hat – im Seminar über „Wesen und Wirklichkeit der göttlichen Offenbarung" im Wintersemester 1959/1960.

Das Konzil aus Bonner Sicht

Als er am Ende der ersten Sitzungsperiode nach Bonn zurückkehrt, ist es für Joseph Ratzinger selbstverständlich, die eigene akademische Aktivität im Licht dessen, was er auf dem Konzil gesehen und gehört hat, neu zu konzipieren. Es liegt ihm auch am Herzen, daß Kollegen und Studenten von den Ereignissen und Diskussionen erfahren, die er in dieser intensiven Zeit in Rom miterleben konnte. Am 18. Januar 1963 berichtet der junge Professor der Fundamentaltheologie im vollbesetzten Auditorium Maximum der Bonner Universität neugierigen Studenten und Professoren von seinen Erfahrungen während der ersten Sitzungsperiode des Konzils. Organisiert wurde dieser Vortrag von dem Una-Sancta-Kreis der Pax-Christi-Bewegung und der katholischen Studentengemeinde. Alles, was Rang und Namen hat, ist gekommen: Was in Rom passiert, begeistert viele und beunruhigt einige, und der aus Rom zurückgekehrte Professor ist ein außergewöhnlicher Zeuge des großen Kirchenereignisses.

Die „Berichtsvorträge" werden für Ratzinger ein fester Termin am Ende jeder konziliaren Sitzungsperiode. Im ersten Bonner Vortrag legt Kardinal Frings' Theologe entschieden und deutlich dar, wie er die Ereignisse und besonders strittigen Entwicklungen des Konzils beurteilt; dabei verschweigt er nichts. „Zweifellos, die Kommissionen hatten tüchtig gearbeitet", erklärt Ratzinger. „Aber ihr Fleiß hatte eigentlich etwas Bedrückendes an sich. 70 Schemata waren aus der Vorbereitungsarbeit herausgewachsen, die, wenn man sie zusammen gedruckt hätte, einen Folianten von über 2000 Seiten gefüllt und so mehr als das Doppelte dessen dargestellt hätten, was alle bisherigen Konzilien der Kirchengeschichte zusammen hervorgebracht haben." Mit dieser Menge an bereits vorbereiteten statischen Lehraussagen bestand die Gefahr, das Konzil in „eine Art Super-Dogmatik" zu verwandeln. Auf den richtigen Weg gebracht wurden die Dinge nach Ansicht Ratzingers einmal durch den Respekt vor der „heiligen Freiheit des Konzils", den der Roncalli-Papst erkennen ließ („der sich darin merklich von dem Konzilspapst des Ersten Vaticanums unterschied", so Ratzinger), und durch die Reaktion der Mehrheit der Konzilsväter. Der Applaus der Konzilsversammlung für Frings, der forderte, die Wahl der Konzilskommissionen möge aufgeschoben werden, war ein vielsagendes Zeichen: Von diesem Moment an „war das Konzil entschlossen, selbständig zu handeln und sich nicht zum Vollstreckungsorgan der vorbereitenden Kommissionen zu degradieren." Dadurch kam es zur Wiederherstellung einer „fruchtbaren Spannung zwischen Peripherie und Zentrum, zwischen der lebendigen Vielheit des Katholischen, die der Episkopat vertritt, und der Einheit, die zu hüten Sache des Primats ist". In den Augen Ratzingers ist diese Spannung durchaus nicht „ein peinlicher Zwischenfall", sondern sie gehört „zum lebendigen Selbstvollzug der Kirche, wie denn alles Lebendige der Spannung bedarf". Nur auf diesem Weg gelangt man zur Überwindung „der Neurose des Antimodernismus", der das Leben der Kirche seit Anfang des Jahrhunderts bestimmt hat.

Um seinen Bonner Zuhörern ein konkretes Beispiel dafür zu geben, was man vom Konzil zu erwarten hat, nennt Ratzinger in seinen Ausführungen als „besonders wichtigen Vorgang" die Dezentralisierung der Entscheidung in liturgischen Dingen, die nach der Debatte in der Aula in das Dokument über die Liturgie aufgenommen wird. „Den Bischofskonferenzen wird innerhalb gewisser Schranken liturgische Gesetzgebung für ihr Land zugewiesen", unterstreicht Ratzinger, „und zwar nicht im Sinne einer Delegation von an sich päpstlichem Recht, sondern als eine ihnen selbst eignende Vollmacht." Ratzinger hält diesen Schritt für eine „gesetzte Tatsache" von großer Bedeutung „für die Theologie des Episkopats und für die allseits gewünschte Stärkung der bischöflichen Gewalt (...) und das Gewicht des Tatsächlichen wiegt in diesem Fall, wie die Geschichte lehrt, schwerer als bloße Doktrinen".

Zum kontroversen Thema der Einführung der Muttersprache an Stelle des Lateins als verbindliche Liturgiesprache der Westkirche zitiert der Referent Worte des melkitischen Patriarchen Maximos IV., die ihn besonders beeindruckt haben.

Der ostkirchliche Bischof hatte den absoluten Wert, den man der lateinischen Sprache in der lateinischen Kirche beimaß, als etwas Anormales angeprangert. „Schließlich hat Jesus selbst die Sprache seiner Zeitgenossen gesprochen", hatte Maximos erklärt. „Er hat auch in der Sprache, die allen seinen Zuhörern verständlich war, nämlich der aramäischen, das erste eucharistische Opfer dargebracht." Ratzinger führt diesen Gedanken weiter, in dem er über die „Sterilität, zu der die katholische Theologie und Philosophie seit dem Ende vielfach verurteilt war", spricht, weil sie weiterhin eine Sprache benutzt hatten, „in der sich die lebendigen Entscheidungen des menschlichen Geistes nicht mehr zutrugen". Er unterstreicht in diesem Zusammenhang auch, welch positive Auswirkungen die Beiträge des Patriarchen Maximos und der anderen ostkirchlichen Bischöfe auf die Arbeiten des Konzils hatten: Dem Osten gelang es, „immer wieder die Grenzen eines verengten lateinischen Horizonts" zu sprengen und das Konzil zu zwingen, „nicht lateinisch, sondern katholisch zu denken, die verhängnisvolle Verwechslung von lateinisch und katholisch zu vermeiden".

Bezüglich des Schemas über die Quellen der Offenbarung, auf das sich ein großer Teil seiner Arbeit als Konzilsperitus konzentrierte, sagt Ratzinger klar und deutlich seine Meinung: Der Entwurf war „ganz und gar bestimmt von der antimodernistischen Geistesart", von „einem ‚Anti', von einer Negation". Sein Ton wirkte „frostig, ja geradezu schockierend" auf viele Konzilsväter, und außerdem war das, was gesagt wurde, für niemanden etwas Neues, da es dem entsprach, was man „in Dutzenden von Lehrbüchern" fand, „aus denen ein nicht unbedeutender Teil der Bischöfe gelernt hatte". Die Absetzung dieses Schemas, die am 21. und 22. November in der Aula erfolgte, wird von Ratzinger als der wirkliche Wendepunkt des Konzils gesehen. Die Kirche mußte eine Wahl treffen: Soll „die antimodernistische Geisteshaltung" fortgesetzt werden oder

> „will die Kirche, nachdem die nötige Abgrenzung besorgt ist, ein neues Blatt aufschlagen und in eine neue positive Be-

gegnung mit ihren Ursprüngen, mit ihren Brüdern, mit der Welt von heute treten? Dadurch, daß sich so eine deutliche Mehrheit des Konzils für die zweite Alternative entschied, ist dieses Konzil zu einem neuen Anfang geworden", schlußfolgert Ratzinger.

Der epochale Charakter der ersten Konzilsperiode liegt gerade „in seiner scheinbar negativen Bilanz", das heißt, in der Zurückweisung der Vorbereitungsarbeit. Das war möglich, weil „verglichen mit der Situation von Trient und von 1869/70 (...) der Papst sich gegen die vorherrschende Tendenz der kurialen Behörden und auf die Seite des Konzils gestellt hatte".[42]

Invidia clericorum

In Bonn aber wird die Glanzleistung des 35jährigen theologischen Talents auf der internationalen Ebene nicht von allen gerngesehen. Und auch die vielen Studenten, die in die Vorlesungen des bayerischen Professors strömen, wecken den Neid altgedienter Professoren wie Johannes Botterweck (Altes Testament) und Theodor Schäfer (Neues Testament). Angulanza erinnert sich:

> „Über Schäfer kann ich kein Urteil abgeben, weil ich seine trockenen Vorlesungen nie besucht habe, in denen er sich darauf beschränkte, seinen ‚Grundriß der Einleitung ins Neue Testament' Wort für Wort vorzulesen. Botterweck wirkte auf uns Studenten sehr von sich eingenommen, überheblich und polemisch."

Ratzingers Teilnahme am Konzil und seine Aufnahme in den inneren Kreis von Theologen, der die konziliare Dynamik bestimmt, können die Dinge nur verschlimmern.

Signale einer gewissen Feindseligkeit zeigen sich, auf rein akademischer Ebene, schon vor Beginn des Konzils. Zu den Doktoranden Ratzingers gehörten auch zwei orthodoxe Studenten, Damaskinos Papandreou und Stylianos Harkianakis, die später beide Metropoliten des Ökumenischen Patriarchats Konstantinopel werden sollten.[43] Die anderen Professoren widersetzen sich der Bitte Ratzingers, den beiden zu gestatten, ihre Dissertation einfach einzureichen: Zu dieser Zeit lassen die Vorschriften es nicht zu, daß Christen anderer Konfessionen an den katholischen Fakultäten ohne entsprechende Dispens durch die Kirchenbehörde einen Abschluß erwerben. Zunächst verfügt der Fakultätsrat in seiner Sitzung vom 9. Mai 1962, daß diesbezüglich um die Erlaubnis von Kardinal Frings nachgesucht wird. Frings ist Erzbischof der Diözese Köln, zu deren Territorium auch Bonn gehört. Ratzinger selbst bekommt den Auftrag, sich an den Kardinal zu wenden, mit dem er anläßlich des bevorstehenden Konzils ja bereits intensiv zusammengearbeitet hat. Kurz darauf jedoch, in der Sitzung vom 30. Mai, kommt das Thema wieder auf den Tisch, und dieses Mal ist die Mißbilligung des Fakultätsrats noch eindeutiger. Am deutlichsten spricht sich Schäfer gegen den Antrag aus.

Anlaß für eine weitere, noch bedeutsamere Auseinandersetzung zwischen Ratzinger und der Fakultät ist das Thema, das Johannes Dörmann für seine Dissertation gewählt hat. Ratzingers Student wollte die neuen, durch die Studien Johann Jacob Bachofens (des ersten, der die Theorie der Existenz eines Urmatriarchats aufstellte) erschlossenen Kenntnisse über die Evolutionstheorie gründlich untersuchen. Ende August 1962 legen Ratzinger und der Professor der Religionspsychologie, Alfons Bolley, Zweitkorrektor der Arbeit, im Fakultätsrat ihre Gutachten über Dörmanns Dissertation vor. Beide sind der Meinung, daß die Arbeit gewisser Korrekturen bedarf, beantragen aber trotzdem, daß die Fakultät sie für die Promotion annimmt. Dies wird jedoch von den anderen Professoren mit der Begründung abgelehnt, es handle sich um keine theologische Arbeit. Das negative Urteil wird Ratzinger per Brief mitgeteilt, während er in Rom das Konzil verfolgt. „Bezüglich des theologischen Charakters der Arbeit", erwidert Ratzinger in seinem Antwortschreiben, das auch ins Protokoll der nächsten Fakultätsratssitzung aufgenommen wird, „ist zu sagen, daß sie in dem Maß theologisch ist, in dem Fundamentaltheologie Theologie ist." Auch die Bitte, man möge Dörmanns Arbeit in seiner Abwesenheit eine gute Note geben, wird ignoriert. Am 19. Dezember 1962 wird die Sache Dörmann in einer hitzigen Fakultätssitzung, bei der auch Jedin die Fassung verliert und sich über die Behandlung der Doktoranden und ihrer Arbeiten beschwert, endgültig beiseite gelegt.[44]

Hinter den kleinlichen Streitereien, die das Leben an der Fakultät prägen, läßt sich der tiefere Grund für die wachsende Entfremdung zwischen Ratzinger und einigen Kollegen erahnen. Probleme bereiten offenbar gerade die Offenheit und die Weite der Interessen, die kennzeichnend für die theologische Methode des jungen Professors aus Bayern sind, der gerne Wissensgebiete und Disziplinen zueinander in Beziehung setzt, die bei der übermäßigen akademischen Spezialisierung für gewöhnlich scharf voneinander abgegrenzt werden. Die theologische Forschung läßt sich nicht von den großen philosophischen und kulturellen Fragen trennen, die sich im Lauf der Geschichte gestellt haben. Und vor allem ist er davon überzeugt, daß die Fundamentaltheologie mit der Philosophie und den Naturwissenschaften eng verflochten ist. Gerade im Sommersemester 1962 hat sich sein Seminar mit *quaestiones disputatae* im Verhältnis zwischen Glauben und Naturwissenschaften beschäftigt.

Die Hindernisse, die man Dörmann bei seiner Dissertation in den Weg stellt, sind in Wirklichkeit ein Votum gegen Ratzinger, gegen seine Auffassung von Theologie. Er ahnt, woher der Wind weht, er spürt, daß einige einflußreiche Kollegen (Botterweck ist seit Juni 1960 Dekan der Fakultät) die Richtung seiner Interessen und seiner Forschung ins Visier genommen haben. In einer derartigen Situation wird es wohl darauf hinauslaufen, daß sein Streben nach einer freien, ungehinderten theologischen Arbeit durchkreuzt wird und vor allem seine Studenten die Folgen zu tragen haben. Ratzinger hat den Eindruck, daß sich hier das Gleiche abspielt wie damals mit seiner Habilitationsschrift, die Professor Schmaus nicht durchgehen lassen wollte, weil sie modernistisch sei. Damals war sein Doktorvater, der streitbare Gottlieb Söhngen, der seinen Schüler verteidigen wollte, zur Auseinandersetzung mit Schmaus angetreten. Ratzinger dagegen geht lieber weg.

1962 wird der Lehrstuhl für Dogmatik an der renommierten Universität Münster frei: Der große Dogmatiker Hermann Volk, inzwischen zum Bischof von Mainz ernannt, mußte seine Lehrtätigkeit aufgeben und hat Joseph Ratzinger als seinen Nachfolger vorgeschlagen. Viktor Hahn erinnert sich: „Unser Professor wollte den Ruf zunächst ablehnen: Er wollte Bonn nicht verlassen, auch, um in der Nähe von Köln zu bleiben, wo die Zusammenarbeit mit Frings begonnen hatte." Tatsächlich bestätigt Ratzinger im August auf den üblichen bürokratischen Wegen, daß er an der Bonner Fakultät bleiben wird. Dann reist er zum Konzil ab und erlebt das römische Zwischenspiel im engen Kontakt mit Volk, der wie er im deutsch-österreichischen Priesterkolleg in der Via dell'Anima wohnt. Im Januar 1963, nachdem der Fakultätsrat Dörmanns Dissertation abgelehnt hat, überlegt er es sich noch einmal und nimmt das Angebot aus Münster an.

> „Die Feindseligkeit ihm gegenüber war nach seiner Ernennung zum Konzilstheologen sicher größer geworden", erklärt Hahn diese radikale Sinnesänderung. „Ich fragte Professor Jedin, ob ihn die anderen Professoren loswerden wollten. Und er antwortete mir: ‚Damit könnten Sie vielleicht recht haben.'"

Botterweck rühmte sich bei seinen Kollegen nämlich damit, ihn aus Bonn „verjagt" zu haben. Keiner der Professoren äußert sich bedauernd über Ratzingers Entscheidung. In den Protokollen des Fakultätsrats wird die Mitteilung seines bevorstehenden Weggangs nach Münster formell festgehalten, ohne die üblichen Formeln, mit denen die Kollegen bei ähnlichen Anlässen Bedauern über den „Verlust" ausdrücken und dem scheidenden Professor alles Gute für die weitere Arbeit wünschen. Bei einer letzten Zusammenkunft, bei der Ratzinger sich am 23. April 1963 vom Professorenkollegium verabschiedet, fallen einige Kollegen – wie der berühmte Theodor Klauser – durch Abwesenheit auf.

Für die Nachfolge Ratzingers in Bonn sind verschiedene junge vielversprechende Theologen vorgeschlagen, wie Johann Baptist Metz, Max Seckler und Norbert Schiffers. Am Ende geht der Lehrstuhl für Fundamentaltheologie an einen Außenseiter, den Physiker Heimo Dolch. Ratzinger unterstützt die Wahl: Sie entspricht vollkommen seiner Überzeugung, daß der Bonner Lehrstuhl den von ihm geförderten Dialog zwischen der Theologie und den Naturwissenschaften aufrechterhalten und vertiefen sollte.

Nur die Studenten sind es, die den Weggang des bayerischen Professors bedauern. Eine kleine Gruppe von ihnen, zu der auch einige gehören, die unter der Leitung Ratzingers mit ihrer Doktorarbeit begonnen haben, beschließt, ihm nach Münster zu folgen. Unter ihnen sind Vinzenz Pfnür, Roman Angulanza und Hansjürgen Verweyen.

Münster

MAN TRIFFT SICH IM GASTHAUS „ZUM HIMMELREICH"

Dem päpstlichen Nuntius Fabio Chigi, der später unter dem Namen Alexander VII. Papst werden sollte, verursachte das Münsteraner Klima Depressionen. Regen und nordischer Nebel, Heringe und Kohl, das Zusammenleben von Menschen und Tieren unter einem Dach, Geschichten von rohen Fürstbischöfen, wilden Ketzern und Äbtissinnen, die zu herrschen gewohnt waren: Alles schien ihm so anders, so weit entfernt von Rom. Der zukünftige Pontifex war Mitte des 17. Jahrhunderts dorthin gesandt worden, um den Apostolischen Stuhl bei den Verhandlungen zum Westfälischen Frieden zu vertreten, der den Dreißigjährigen Krieg beendete. Damit man in Rom verstand, daß dieser Ort eine ganz andere Welt war als das Wohlleben am päpstlichen Hof, steckte der niedergeschlagene Nuntius in eine seiner Depeschen ein Stück trockenes Schwarzbrot: „Dies hier", schrieb er ironisch in Anspielung auf den *panis angelorum*, „ist der *panis Westfalorum*", das Brot, das die Westfalen essen.

Dem aus Bonn kommenden Joseph Ratzinger dagegen stellt sich das alte *Monasterium* von Anfang an als vornehme und gemütliche Stadt dar. Die Westfälische Wilhelms-Universität, in die er eintritt, hat in der Domschule ihre mittelalterlichen Wurzeln. Die theologische Fakultät, die ihn berufen hat, ist heute unter den katholischen Fakultäten in Deutschland die wohl bedeutendste mit den meisten Studenten. Ratzingers Vorgänger auf dem Lehrstuhl für Dogmatik waren oft Professoren, die sich durch freies und nichtkonformistisches Denken auszeichneten. Vor ihm lehrte dort lange Jahre Hermann Volk, der als

Bischof von Mainz in Rom einer der Hauptvertreter des reformorientierten Flügels des Konzils wird. Ein berühmter Vorgänger von beiden ist Georg Hermes (1775–1831): Seine rationalistische Theologie – nach ihm Hermesianismus genannt – wurde von Rom 1835, nach seinem Tod, verdammt.

In Münster läßt sich Ratzinger mit seiner Schwester Maria in einem Haus in der Annette-von-Droste-Hülshoff-Allee nieder, in der Nähe des Aasees. Im ersten Stock quartieren sich die beiden Studenten ein, die ihm an der Universität als wissenschaftliche Hilfskräfte zur Seite stehen, Pfnür und Angulanza. Früh am Morgen feiert er in der Nähe seiner Wohnung die Messe in der Kapelle eines Pflegeheims, anschließend begibt er sich zur Fakultät. Münster ist eine Stadt im Flachland, wo sich alle mit dem Fahrrad fortbewegen.

Auch für den jungen bayerischen Professor wird das Zweirad zum normalen Verkehrsmittel. Vinzenz Pfnür besorgt ihm ein solches, jedoch – sparsam wie immer – ein gebrauchtes. Peter Kuhn (der zu jener Zeit sein Studium in Bonn mit einer judaistischen Dissertation aus dem Gebiet der Theologie der Rabbinen abschloß) warf ihm später spaßhaft vor, er sei schuld, „wenn unserem Professor ein Leben lang die Knie weh tun sollten“.[1]

In Münster wird der Kreis der Studenten, die bei Ratzinger promovieren wollen, immer größer. Die Bonner Tradition der Zusammenkünfte mit den bayerischen und österreichischen Studenten wird in Münster fortgeführt. Manchmal treffen sie sich mit ihrem Professor in einem Lokal am See, das wie geschaffen für sie scheint: Es heißt „Zum Himmelreich“.

An der Fakultät findet Ratzinger ein herzliches und anregendes Klima vor. „Die Fakultät in Münster war im Aufstreben“, erinnert sich Pfnür, „sie bot einen größeren Handlungsspielraum und mehr finanzielle Möglichkeiten als Bonn. Und die Dogmatik war die Disziplin, die sich am besten für Professor Ratzinger eignete; hier konnte er seine Kompetenz in den Bereichen Patristik und Exegese am besten einbringen.“[2] Mit den Kollegen gibt es keine Probleme. Philosophie lehrt der große Thomist Joseph Pieper. Unter den Theologen ist auch der für seine resolute Art bekannte Erwin Iserloh, der bedeutende Reformationsforscher. In jenen Jahren wird der Lehrkörper noch um andere vielversprechende junge Theologen wie Walter Kasper und Johannes Baptist Metz, den Begründer der politischen Theologie, bereichert. Bei beiden wird es in den kommenden Jahrzehnten immer wieder Überschneidungen mit Ratzingers Lebensweg geben. Vor allem mit Metz wird es auch zu Differenzen und Auseinandersetzungen kommen, unter anderem auch zu Fragen der akademischen Laufbahn. Doch in Münster stößt sich offenbar niemand an der großen Beliebtheit, die der 35jährige Professor aus Bonn bei seinen Studenten genießt. Und von Seiten der Fakultät gibt es auch keinen Neid auf seine Arbeit in der Gruppe der Theologen, die in Rom „das Konzil machen".

Mit den Gedanken in Rom

In fernen, aber nicht vergessenen Zeiten wurde die ruhige Stadt, die im Herzen einer starken und stolzen katholischen Enklave liegt, und in der Ratzinger nun lebt, vom verrückten Traum einer Bewegung erschüttert, die die „wahre" Kirche schaffen wollte, und zwar in der Zeit von 1533 bis 1535, als die religiöse Utopie der Wiedertäufer zur Schreckensherrschaft ausartete. In Münster, dem „Neuen Jerusalem", entstellten die visionären Predigten der Holländer Jan van Leiden und Jan Matthys das Evangelium: Zwangspolygamie, Gütergemeinschaft, Vergewaltigungen und die Plünderung von Klöstern wurden als Zeichen des Anbruchs des Tausendjährigen Reiches glorifiziert. Die katholische Ordnung wurde mit viel Blutvergießen wiederhergestellt, die Anführer der Revolte wurden gefoltert und hingerichtet; ihre Leichen ließ man in Käfigen verfaulen, die noch heute am Turm der Lambertikirche hängen.

Münster war das Epizentrum einer messianischen Revolution, die zu den schwärmerischsten in der Geschichte zählt und ein schlechtes Ende nahm. Aus dieser Stadt nun reist Ratzinger jedesmal an, um voller Überzeugung und vorbehaltlos seinen Beitrag zu einer Reform der katholischen Kirche zu leisten, die diesmal vom Papst selbst eingeleitet worden war. Gerade diese Verknüpfung zwischen der normalen Lehrtätigkeit und seinem von Zeit zu Zeit fieberhaften Einsatz an der konziliaren Front macht die wenigen Jahre, die Ratzinger in Münster verbringt, so einzigartig. Von 1963 bis 1965 ist er wegen der Teilnahme an den Sitzungen des Konzils im Herbst jeweils monatelang in Rom und kann am Leben der Fakultät nicht teilnehmen. Während des ganzes Jahres machen Arbeitstreffen, Konferenzen, Sitzungen der Unterausschüsse und kleine „Gipfeltreffen" mit anderen Theologen mehr oder wenige kurze Dienstreisen erforderlich. Aber die Vorlesungen und Seminare in Münster gewinnen gerade durch das gleichzeitig stattfindende Konzil einen außergewöhnlichen Charakter. Die Stimmungen und Entwicklungen, die der Theologe auf dem Konzil wahrnimmt, wirken in den Vorlesungen des Professors nach. Seine Lehr- und Forschungstätigkeit wird beeinflußt von den Erwartungen und Fragen, die zu der Zeit in der ganzen Kirche lebendig sind. Auch weil – und das ist besonders überraschend und begeisternd – das ganze Konzil auf der Suche nach den Quellen einer neuen *forma Ecclesiae* Wege beschreitet, die der junge Professor Ratzinger immer bevorzugt hat: die Besinnung auf die Kirchenväter, eine Liturgie, die dazu beiträgt, die Freude am Geschenk der Sakramente und des Wortes Gottes wiederzugewinnen, eine Aufgeschlossenheit, die von der Liebe und dem Mitgefühl für alle Menschen und ihre Erwartungen geprägt ist und Zeugnis ablegt von der zärtlichen Liebe Christi für einen jeden von ihnen.

Berater von Frings

Inzwischen ist am 3. Juni 1963 Johannes XXIII. gestorben. Der neue Papst, Paul VI., hält an der keinesfalls selbstverständlichen Entscheidung fest, das große Konzilsabenteuer fortzusetzen. Nach der großen Leistung der ersten Periode beginnt das Konzil mit der zweiten Sitzungsperiode im Herbst 1963 die heikleren und strittigeren Fragen in Angriff zu nehmen. Nach anfänglicher Scheu sind die Dämme gebrochen, und die Debatten in der Konzilsaula verlaufen manchmal außerordentlich bewegt. Die verschiedenen Positionen nehmen Konturen an, und unter den Protagonisten tritt Kardinal Frings noch stärker als maßgebender Führer des Reformflügels hervor. Viele der 18 Interventionen des Kölner Erzbischofs in der Konzilsaula werden zu Wendepunkten im Verlauf des Konzils. Und in jenen entscheidenden Beiträgen lassen sich die unverkennbaren Spuren der Theologie und Ekklesiologie seines jungen theologischen Beraters ausmachen.

Am 30. September, in der zweiten Sitzungsperiode des Konzils, schaltet sich Frings in die Diskussion über das Schema *de Ecclesia* ein, das eigentliche Herzstück der ganzen Konzilsarbeit. Im Mittelpunkt der Debatte steht der neue Entwurf, an dem der belgische Theologe Gérard Philips maßgeblich beteiligt war, nachdem das Konzil in der ersten Sitzungsperiode die von der römischen Kurie in der Vorbereitungsphase erstellten Schemata zurückgewiesen hatte. Frings äußert seine volle Zustimmung, schlägt aber bereits bei dieser Gelegenheit vor, einige Aspekte, die nicht zufällig seit jeher im Mittelpunkt der Forschungen Ratzingers stehen, besser auszuarbeiten und ihnen mehr Bedeutung beizumessen: die sakramentale Natur der Kirche, die Gemeinschaft der auf Erden pilgernden Kirche mit der himmlischen Kirche, die eschatologische Gemeinschaft der Heiligen, die wechselseitige Komplementarität der Definitionen der Kirche als mystischer Leib Christi und als Volk Gottes.[3]

Am 14. Oktober spricht Frings in der erregten Debatte über das II. Kapitel des Schemas *de Ecclesia,* in dem es um die apostolische Verfassung der Kirche geht, die auch die Beziehungen zwischen dem Papst und dem Bischofskollegium bestimmt. Der Erzbischof von Köln äußert sich zur Lehre von der Kollegialität der Bischöfe, dem neuralgischen Punkt der ganzen konziliaren Kontroversen. Frings zufolge „läßt sich der Gedanke der Kollegialität der Bischöfe in der ursprünglichen Überlieferung der Kirche wiederfinden, wenn auch nicht mit der Genauigkeit der späteren Jahrhunderte". Diejenigen, die das nicht gelten lassen wollen, weil sie befürchten, dies stelle die Lehre vom päpstlichen Primat in Frage, erinnert der deutsche Kardinal daran, daß eine Leugnung der Kollegialität so wäre, als würde man behaupten, „daß der Primat des römischen Pontifex sich nicht in der ursprünglichen Überlieferung wiederfindet, weil er dort nicht mit exakt den gleichen Begriffen auftaucht, die beim I. Vatikanischen Konzil vorkommen". Tatsächlich „bestand" die frühe Kirche „aus verschiedenen Ortskirchen, die miteinander in Verbindung standen". Die Bischöfe „entschieden in Bezug auf Probleme von größerer Wichtigkeit nur kollegial, auf den Provinzsynoden, die gewissermaßen den Auftakt der großen Konzile bildeten". Und die „juristischen Elemente der Kollegialität" lassen sich bereits bei den frühen Kirchenvätern wiederfinden, von Polykarp von Smyrna bis zu Ignatius von Antiochien, von Dionysius von Korinth bis zu Cyprian von Karthago.

Am 8. November hat der Kölner Kardinal eine maßgebliche Rolle bei einer der aufsehenerregendsten Episoden des Konzils. In seiner Intervention über die Beziehungen zwischen dem Episkopat und der römischen Kurie geht der deutsche Kardinal die römischen Behörden direkt an, vor allem das Heilige Offizium. „Dessen Verfahren", sagt Frings, „paßt nicht mehr zu unserer Zeit, schadet der Kirche und ist für viele Gegenstand des Anstoßes." Frings fordert, niemand, „der nicht zuvor angehört wurde und die Möglichkeit hatte, sich zu korrigieren", dürfe vom Lehramt verurteilt werden. Er prangert auch die übertriebene Zahl von Bischöfen an der römischen Kurie an und erinnert daran, daß der Episkopat ein eigenes Amt und keine Ehre sei, die man anderen Ämtern noch hinzufüge.[4] Wenige Minuten später legt Kardinal Alfredo Ottaviani, Sekretär der Kongregation des Heiligen Offiziums und Leiter der theologischen Kommission des Konzils, vor Entrüstung seiner Stimme kaum mächtig, „schärfsten Protest" gegen Frings' Intervention ein und weist darauf hin, daß das Oberhaupt der Kongregation der Papst sei und daher jede Kritik „auf den Stellvertreter Christi zurückgeworfen wird". Hinsichtlich der Kollegialität erklärt Ottaviani, sie sei nicht in der Schrift begründet. Seiner Meinung nach „bedeutet die Verteidigung der Kollegialität zumindest eine gewisse Einschränkung des universalen Primats des Papstes. Tatsächlich hat allein Petrus die Verantwortung für die ganze Herde Christi. Nicht die Schafe sollen Petrus leiten", schließt Ottaviani, „sondern Petrus soll die Schafe führen."[5]

Während der dritten Konzilsperiode zeigt eine weitere grundlegende Intervention von Frings offenkundige Übereinstimmungen mit den Überlegungen, die von seinem theologischen Berater in dieser Periode ausgearbeitet wurden. Am 27. Oktober 1964 äußert der Kölner Kardinal seine Vorbehalte gegen das Schema XIII, den Entwurf eines Dokumentes über die Beziehung zwischen der Kirche und der modernen Welt, der bereits mehrfach und intensiv überarbeitet worden ist. Im Mittelpunkt der grundlegenden Kritik des deutschen Kardinals steht der naive Optimismus, der den Entwurf prägt. Frings, der Augustinus zitiert, räumt ein, daß es notwendig ist, sich von jeglicher Form einer spiritualisierenden Heilsauffassung fernzuhalten. Aber er setzt auch jenen theologischen Abweichungen entschiedenen Widerstand entgegen, die aufgrund einer falschen „Theologie der Inkarnation" das von Christus gebrachte Heil und den weltlichen Fortschritt gleichsetzen. Jesus ist gekommen, um den ganzen Menschen zu retten, Seele und Leib. Aber

> „der Leib", sagt der Kardinal unter anderem, „wird erst nach dem Tod durch die Auferstehung gerettet werden. Die menschliche Arbeit schafft nicht direkt den neuen Himmel und die neue Erde, weil Himmel und Erde vergehen werden. Daher sind die Begriffe ‚Welt', ‚Fortschritt', ‚Heil' mit großer Vorsicht zu gebrauchen. Während der Zeit der Pilgerschaft bleiben die Welt und die Kirche verschieden: Weder kann sich die Kirche in der Welt auflösen, noch die Welt in der Kirche." [6]

Auch in der vierten und letzten Konzilsperiode geben manche Interventionen von Frings beinahe *sine glossa* Argumente und Gedankengänge wieder, die in dieser Zeit vom theologischen Berater seines Vertrauens ausgearbeitet wurden. In der Intervention vom 24. September 1965 bringt Frings seine grundlegende Kritik am Schema XIII noch einmal vor. Seiner Meinung nach „darf die Aufmerksamkeit, die das Volk Gottes den Ängsten und Problemen der Mitmenschen schenkt, nicht als Geste barmherziger Herablassung dargestellt werden, gleichsam als ob das Volk Gottes eine höhere Wirklichkeit sei". Vermieden werden muß „die äußerst gefährliche Verwechslung zwischen menschlichem Fortschritt, um dessentwillen man den Dialog eröffnen will, und göttlichem Heil, das man durch den Glauben erhält".[7]

Als er schließlich am 8. Oktober in der Debatte über das Schema zur Mission (an dem Ratzinger selbst intensiv gearbeitet hat) das Wort ergreift, erklärt Frings, die „Krise des missionarischen Bewußtseins" mache es dringend erforderlich, die an sich missionarische Natur der Kirche zu unterstreichen. Frings zufolge ist eine Klärung dieser Art unabdingbar geworden, „weil viele sich fragen, ob die missionarische Aktivität überhaupt noch nötig ist, wenn Gott auf Wegen, die nur ihm bekannt sind, die Menschen retten und in den mystischen Leib Christi einfügen kann, ohne daß sie sichtbar in die Kirche eintreten".[8]

Konziliarer „Spielmacher"

Auf dem Zweiten Vatikanischen Konzil beschränkt Ratzinger sich nicht darauf, als ständiger Berater Kardinal Frings zur Verfügung zu stehen. Er ist noch nicht einmal 40 Jahre alt und niemand, der sich von Natur aus nach vorne drängt, um sich in Szene zu setzen. Und doch findet er sich, fast gegen seinen Willen, in Beziehungen und Umstände verwickelt, die ihn zu den entscheidenden Weichenstellungen des langen konziliaren Weges bringen.

Während aller Sitzungsperioden des Konzils nimmt der Dogmatikprofessor oft an den „konzilsstrategischen" Treffen der informellen Gruppe von – überwiegend französischen und deutschen – Theologen und Bischöfen teil, die maßgeblich die Entscheidungen der sogenannten „europäischen Allianz" bestimmen. Damit bezeichnet man die Gruppe der mitteleuropäischen – französischen, deutschen, belgischen, holländischen – Konzilsväter, die den Reformflügel der Konzilsversammlung anführen. Die Zusammensetzung der Gruppe und der Ort der Zusammenkünfte variieren, je nach Anlaß und Zeit. Zu den

Teilnehmern zählen unter anderen die Deutschen Karl Rahner, Hermann Volk, Alois Grillmeier, Bernhard Häring, der Schweizer Hans Küng, die Franzosen Yves Congar, Jean Daniélou, Marie-Dominique Chenu, Marie-Jean Le Guillou, der Belgier Gérard Philips und der Holländer Edward Schillebeeckx. Bei diesen Sitzungen werden die Dokumente der Konzilsarbeit analysiert, Texte und alternative Anträge vorbereitet, die in der Versammlung eingebracht werden sollen, Vorschläge ausgearbeitet, die den Konzilsvätern unterbreitet werden sollen, und manchmal auch Zeitpunkt und Umfang der Interventionen koordiniert, die von den betreffenden Bischöfen in der Aula vorgetragen werden. Ratzingers Beitrag zu den Diskussionen und den Initiativen ist immer präzise und geht den Kern der Probleme an. Mit seinem ausgewogenen Stil, der sich jeglicher aggressiver Einseitigkeit enthält, die manche seiner Kollegen schon erfaßt hat, wird der bayerische Theologe zu einem einflußreichen Bezugspunkt der Gruppe. Seine Beiträge werden immer geschätzt, wenn man sich um eine loyale und nüchterne Annäherung an die besonders kontroversen Probleme bemüht. Als in der zweiten Sitzungsperiode die Auseinandersetzung über das Thema Kollegialität entbrennt, ist er es, der zusammen mit Rahner und dem Jesuiten Gustave Martelet aus Lyon den Text *De primatu et collegio episcoporum in regimine totius Ecclesiae* verfaßt. Von dem Dokument werden 2000 Exemplare gedruckt und unter den Konzilsvätern verteilt, um die Unentschiedenen davon zu überzeugen, daß die Lehre von der Kollegialität keine theologische Neuheit, sondern Teil der Tradition ist. Am 21. Oktober ergreift Ottaviani in der Aula selbst das Wort und beklagt die Initiative der drei *Periti,* ohne ihre Namen zu nennen.[9] Mitte November wird auf Anweisung von Paul VI. die *Nota explicativa praevia* unter den Vätern verteilt, eine lehrhafte Erläuterung, die jene beruhigen soll, die in der Lehre von der Kollegialität eine Schmälerung der höchsten Gewalt des Papstes sehen. Das Reformlager versteht das päpstliche Vorgehen als plötzliches Stoppen auf dem Weg der Erneuerung und regt sich nicht wenig auf. Auch in diesem Fall gibt es jemanden, der auf Ratzingers Klugheit zählt: Der Kardinal von Bologna, Giacomo Lercaro, schickt seinen Mitarbeiter Giuseppe

Alberigo zu ihm, um ihn um Rat zu fragen und ihm nahezulegen (was jedoch sofort als inakzeptabel zurückgewiesen wird), Kardinal Frings zu veranlassen, in der Aula gegen die *„Nota“* zu intervenieren.[10]

Als Ratzinger dazu berufen wird, seinen spezifischen Beitrag zur Ausarbeitung der Konzilstexte zu leisten, erhält der Professor aus Münster besondere Erweise der Wertschätzung. In der letzten Sitzungsperiode des Konzils arbeiten Yves Congar und Joseph Ratzinger zusammen in einer Unterkommission, die damit beauftragt ist, einen Teil des Schemas über die Mission zu überarbeiten. Während einer Arbeitssitzung in Nemi, dem Sommerhaus der Steyler Missionare bei Rom, vermerkt der große Theologe und Dominikaner in seinem Tagebuch, die geistige Unbeweglichkeit der Mitglieder der Arbeitsgruppe irritiere und ermüde ihn, mit einer einzigen Ausnahme: „Zum Glück gibt es Ratzinger. Er ist vernünftig, bescheiden, unvoreingenommen, eine große Hilfe“, schreibt Congar in seinen Notizen vom 31. März 1965.[11] Auch einige aus der Schar der Journalisten, die in der ewigen Stadt unterwegs sind, um über das Konzilsereignis zu berichten, haben Gelegenheit, die gelassene und konsequente Art der Darstellung des Professors aus Münster schätzen zu lernen. Ratzinger antwortet in Interviews auf Fragen der deutschen Journalisten über das Konzil am 9. Oktober 1963 und am 21. September 1964. Mit den niederländischen Journalisten kommt er am 14. und 20. November 1963 zusammen, während er am 1. Oktober 1964 am Mikrophon eines deutschen Radiosenders über den Stand der Konzilsarbeiten berichtet.

Der Professor berichtet über das Konzil

Jedes Mal, wenn er die bewegte Konzilsarena verläßt und nach Deutschland zurückkehrt, wird Münster zum ruhigen Hafen, wo Ratzinger Zeit und Gelegenheit hat, die Dinge sich klären zu lassen und sich eingehender mit der Tragweite und den Folgen dessen zu befassen, was er in den Konzilssitzungen im Herbst gesehen und erlebt hat. Auch hier, wie schon in Bonn, berichtet er in Vorträgen, zu denen sich die Zuhörer drängen, über die

Konzilsarbeiten. Diese Vorträge finden oft in der Universität vor den Studenten und Kollegen der theologischen Fakultät statt. Die Büchlein mit den Texten der in Münster oder anderswo vorgetragenen öffentlichen Berichte über die vier Sitzungsperioden des Konzils sind eine kleine, überraschende *Summa* von Ratzingers kritischem Denken, das sich auf die wesentlichen Abschnitte, die Fortschritte und die Phasen der Stagnation im Konzilsprozeß bezieht. Und, allgemeiner gesagt, sind sie ein wertvolles Zeugnis dafür, wie er in der unmittelbaren Betrachtung der Belastungen des langen Konzilswegs als Theologe die Dinge des Glaubens und der Kirche sieht: ein Ansatz, der die harmonisierenden Sichtweisen vermeidet, nach denen das ganze Konzil nur ein Spiel der dialektischen Gegensätze und Kontroversen zwischen den „Konzilsparteien" sei.

In seinem Bericht über die zweite Konzilsperiode[12] lobt Ratzinger zu Beginn Papst Paul VI. für seine Entscheidung, das Konzil nach dem Tod seines Vorgängers fortzusetzen, und für die neuen Aspekte in seiner Eröffnungsrede zur zweiten Sitzungsperiode. In dieser Ansprache sagte der Montini-Papst unter anderem, er wolle die Konzilsversammlung in die Reform der Kurie einbeziehen, und er kündigte die Schaffung eines neuen kollegialen Organs, der Bischofssynode, an. Dieses neue Organ „stellt man sich" laut Ratzinger „nicht als der Kurie unterstellt vor, sondern vielmehr als eine direkte Vertretung der Bischöfe der ganzen Welt". Ratzinger bringt auch eine besondere *Laudatio* zum Gedenken an Papst Johannes XXIII. vor:

> „Wenn es sonst manchmal heißt, niemand sei mehr tot als ein toter Papst, so darf man sagen, daß davon hier gewiß keine Rede war – beinah könnte man behaupten, niemand sei lebendiger gewesen auf dem Konzil als der verstorbene Papst, dessen demütiger Gehorsam gegenüber dem Anruf von oben jetzt womöglich in den Augen der Anwesenden noch reiner leuchtete als zu seinen Lebzeiten."

Bei der Rückschau auf die Arbeit in der Konzilsaula nimmt Ratzinger die Erwähnung der ersten Debatten über das neue

Schema zum Anlaß, die wichtigsten Punkte seiner eigenen Einstellung zur Natur und Mission der Kirche darzulegen. Er erklärt, daß unter den vielen Entwürfen, die nach der Zurückstellung des Schemas der Kurie vorgelegt wurden, der von Philips und den „belgischen Theologen aus dem Kreis um Kardinal Suenens" verfaßte als Arbeitsgrundlage gewählt wurde, weil er einen Kompromiß darstellte, „eine gewisse Mitte zwischen den scholastischen Traktaten spanischer und römischer Prägung und den ausgesprochen modernen Arbeiten deutscher oder französischer Theologen". Um zu erklären, was sich im Selbstverständnis der Kirche geändert hat, holt Ratzinger weit aus. Er beginnt bei Robert Bellarmin, der im Widerspruch zur pneumatischen „unsichtbaren Kirche", die mehr im Sinne der Reformatoren war, die institutionellen und juristischen Aspekte der Kirche betont und das bekannte Wort verbreitet hatte, die Kirche sei „so sichtbar wie die Republik von Venedig". Ratzinger spricht dann von dem großen Schritt vorwärts, den Papst Pius XII. mit der Enzyklika *Mystici corporis* gemacht habe, fügt jedoch hinzu, daß „die zu einseitige Konstruktion des Kirchenbegriffs von der Idee des mystischen Christusleibes" vor allem in Deutschland ein fruchtbarer Boden für Vorstellungen sei, die in eine „falsche Identifikation von Kirche und Christus" abgleiten. Das neue Schema, über das die Konzilsdebatte nun begonnen hat, ist Ratzinger zufolge „ein intensiver Rückgriff auf die Ganzheit des biblischen Zeugnisses von der Kirche". Die Definition der Kirche als des Leibes Christi wird mit der des Volkes Gottes verbunden. Vor allem wird die charismatische und sakramentale Natur der ununterbrochenen kirchlichen Wirklichkeit verdeutlicht, die aufgrund der von Christus geschenkten Gnade durch das Handeln des Heiligen Geistes in der Geschichte lebendig ist. Die Kirche ist „nicht eine fertig abgeschlossene Größe, die ein für allemal definiert ist und dann sozusagen über Raum und Zeit steht". Die „lebendige Sicht" von Kirche, die das Konzil zeichnen möchte, spricht von einer Wirklichkeit, die „niemals fertig, Wanderschaft der Menschheit mit dem und zu dem sie rufenden Gott ist". Wenn die Kirche *Sakrament*, Zeichen der Gegenwart Gottes unter den Menschen ist, dann lebt sie nicht für sich selbst. Sie ist wie „ein Fenster, das seine Funktion dann am meisten erfüllt, wenn es den Durchblick durch sich hinaus auf Größeres freigibt". Daher wird die Kirche nicht mehr als „unantastbare Größe" verstanden, „die man künstlich aus jeder Kritik und jedem Tadel heraushalten muß". Als wanderndes Gottesvolk steht sie immer „unter dem Zeichen des Versagens und der Sünde, die immer neu die rechtfertigende Güte Gottes braucht". Ratzinger geht auch bereits auf die Definition der „Kirche der Armen" ein, die auf dem Konzil von vielen lateinamerikanischen Bischöfen propagiert wird. In seinen Augen birgt diese Formel die Gefahr von Mißverständnissen. Eine gewisse Sentimentalität könne „zu einer Art Romantik der Armut" führen. Aber das Bild der Kirche, das diese Bezeichnung enthält, sei im Wesentlichen zutreffend und könne durchaus als Zeichen eines wichtigen geistlichen Aufbruchs verstanden werden.

> „Die Kirche, die eine Zeitlang Kirche der Barockfürsten zu sein schien", bemerkt Ratzinger, „macht sich neu auf den Weg zu jenem Geist der Einfachheit zurück, der das Siegel ihres Ursprungs ist in dem ‚Knecht Gottes', der auf Erden ein Zimmermannsohn sein sollte und Fischer zu seinen ersten Boten erwählt hat."

Nach Ratzinger erlaubt die Wiederentdeckung der sakramentalen Natur der Kirche auch, die strittigen Fragen der Hierarchie bezüglich der kirchlichen Ämter auf katholische und den Konflikt entschärfende Weise zu beurteilen. Ratzinger, der sich auf die Diskussion über die Kollegialität bezieht, die in der zweiten Konzilsperiode für Zündstoff gesorgt hat, setzt es als selbstverständlich voraus, daß die kollegiale Natur des Bischofsamtes seine Wurzeln in der apostolischen Grundverfassung der Kirche hat. Für ihn besteht „die apostolische Gemeinschaft in der Kirche durch die Gemeinschaft der Bischöfe" fort, und „das Kollegium der Bischöfe ist die nachapostolische Fortsetzung des Kollegiums der Zwölf". Das Konzil hat die besondere Stellung von Petrus und seinen Nachfolgern nicht geschmälert, und deren besondere, ihnen vom Herrn anvertraute Aufgabe nicht herabgewürdigt. Aber die Debatte hat deutlich gemacht, daß „Petrus einer von den Zwölf blieb, daß er nicht außerhalb, sondern innerhalb ihrer Gemeinschaft stand". Wie Petrus zur Gemeinschaft der Apostel gehörte, „so gehört der Papst unbeschadet seiner Sonderfunktion dem Kollegium der Bischöfe zu, er hat seine Funktion nicht außerhalb, sondern innerhalb davon". Die Rückkehr zur ursprünglichen geistlichen Struktur der Kirche hilft, all die säkularen, aus der politischen Welt übernommenen Modelle zu verabschieden, die im Lauf der Zeit die Theorien über die Organisation der Kirche beeinflußt haben. Jene Theorien, mit denen Bellarmin – immer wieder nennt ihn Ratzinger – den Primat des Papstes mit Aristoteles und nicht mit der Heiligen Schrift rechtfertigte; denn „der Beweis dafür, daß die Monarchie die beste Regierungsform sei, sollte auch das Recht des päpstlichen Primats erhärten".

Die Betrachtungen über die zweite Konzilsperiode schließen mit der Feststellung: „Kein Konzil, wie groß sein Impetus auch sei, kann für sich allein die Erneuerung der Christenheit wirken (...) es kommt nicht anders zu Ende als im täglichen Glauben, Hoffen und Lieben eines jeden einzelnen von uns".

Keine Allgemeinplätze

In seinem Bericht über die dritte Sitzungsperiode beschäftigt sich Ratzinger ausführlicher mit einigen entscheidenden Episoden. Vor allem jedoch versucht er, sowohl die Ziele, die hinter den vom Konzil eingeleiteten Reformen stehen, als auch die Risiken neu zu bestimmen, die mit dem Reformprogramm in einigen zentralen Bereichen des kirchlichen Lebens, angefangen beim Gottesdienst, verbunden sind.[13]

Ratzinger bezweifelt die Notwendigkeit der Liturgiereform nicht. In seinem Exkurs holt er weit aus: Schon nach dem Konzil von Trient sei der Versuch unternommen worden, den Gottesdienst von all den Verkrustungen zu „säubern", die seit dem Spätmittelalter zum Verlust des „eigentlichen Wesens des christlichen Gottesdienstes" geführt hätten, erklärt er. Damals jedoch sei das Reformprogramm an die Ritenkongregation gebunden gewesen, eine „streng zentralistisch bestimmte und rein bürokratisch arbeitende Behörde, der es gänzlich an historischem Blick gebrach und die das Problem der Liturgie rein rubrizistisch-zeremoniell“ ansah. Wenn der Gottesdienst der Kirche wirklich wieder ein solcher werden sollte, so mußte er in Bewegung geraten. Vor allem mußte „die Mauer der Latinität“ aufgebrochen werden, „ohne die er weder als Verkündigung noch als Einladung zum Gebet treten kann“. Aber die Entlatinisierung allein, ohne weitere Beseitigung von „Überflüssigem“, genüge nicht. Auch müsse die Auswahl der biblischen Texte geprüft und erweitert werden, um „den Notwendigkeiten der Verkündigung“ zu genügen. Wenn die Liturgiereform auch ohne Zweifel ein grundlegender Vorgang ist, so hängt ihr Wert in den Augen Ratzingers doch „von der Arbeit des inzwischen eingesetzten postkonziliaren Rats wesentlich“ ab.

Auch für die Debatte über die Religionsfreiheit benutzt Ratzinger deutliche Worte. Seiner Meinung nach bezeichnete diese Debatte im Petersdom „das Ende des Mittelalters, ja das Ende der konstantinischen Ära“. Er erklärt:

> „Wenig hat der Kirche in den letzten 150 Jahren so sehr geschadet wie das zähe Festhalten an überlebten staatskirchlichen Positionen. Der Versuch, den durch die moderne Wissenschaft bedrohten Glauben mit Mitteln staatlicher Protektion zu schützen, hat diesen Glauben erst recht von innen ausgehöhlt und ihn vielfach an der nötigen geistigen Regeneration gehindert. Er hat die Vorstellung von der Kirche als Feind der Freiheit gefördert, die Wissenschaft und Fortschritt (...) zu fürchten habe.“

Dieses Phänomen gehöre „zu den bedenklichsten Hypotheken der Kirche in der Welt von heute“: Es bestehe in der Verwechslung „des Glaubens an die in Christus erschienene, absolute Wahrheit mit einem absoluten innerweltlichen Rechtsanspruch der eigenen Institution“ und gehe einher mit der „Unfähigkeit, über die eigene Glaubenssituation hinaus die Situation des anderen zu verstehen, der nicht an einem ihm fremden Maß gemessen werden darf". In der Debatte in der Konzilsaula stellten sich der italienische und der spanische Episkopat („noch unter dem Schutz staatlicher Protektion lebend", bemerkt Ratzinger) gegen die angelsächsischen Episkopate (insbesondere den nordamerikanischen) und einen Teil des südamerikanischen Episkopats. In den Augen des Theologen aus Münster aber ist es

> „klar, daß die Verneiner des Textes, die nicht die Gewissensfreiheit, wohl aber die Kultusfreiheit bestritten, für eine zusammenstürzende Welt kämpften und daß die andere Seite hier den Weg für die Zukunft freibrach. In einer entscheidenden Stunde des Konzils war die innere Führung von Europa fort an die jungen Kirchen Amerikas und der Missionsländer übergegangen."

In seinen Berichten beschäftigt sich Ratzinger auch mit den direkten Eingriffen Pauls VI. auf die Texte und die Dynamik des Konzils, insbesondere gegen Ende der dritten Sitzungsperiode – von manchen Kommentatoren als „schwarze Woche" bezeichnet –, die bei der Reformmehrheit Verstimmung und Besorgnis hervorgerufen hatten. Ratzingers Meinung nach enthalten diese Eingriffe durchaus „eine sinnvolle Leitidee", nämlich die Vorstellung, daß es Aufgabe des Bischofs von Rom sei, die Streitenden miteinander zu versöhnen und Schiedsrichter der einander entgegenstehenden Tendenzen zu sein. Gleichzeitig jedoch haben diese Maßnahmen gezeigt, daß

> „jene Form der Primatsverwirklichung (...) noch nicht gefunden ist, die etwa den Kirchen des Ostens deutlich machen könnte, daß eine Vereinigung mit Rom nicht Unterwerfung unter eine päpstliche Monarchie wäre, sondern Wiederherstellung der Kommuniongemeinschaft mit dem Sitz des heiligen Petrus".[14]

In Bezug auf die *Nota explicativa praevia* neigt Ratzingers Bericht dazu, ihre besondere Bedeutung herunterzuspielen: Er erklärt, daß die Aussagen der *Nota* „keine wesentlich neue Situation gegenüber dem Konzilstext selbst" schaffen würden und keine juristische Gültigkeit hätten. Die *Nota* sei als Richtlinie vorgegeben worden, wie das Dokument über die Kirche in seiner Definition und Anerkennung der Kollegialität auszulegen sei, aber sie sei „doch nicht in den Konzilstext selbst aufgenommen und auch nicht zum Gegenstand konziliarer Abstimmung erhoben worden, weswegen sie auch nicht vom Papst und den Konzilsvätern, sondern allein vom Generalsekretär Felici unterzeichnet wurde".

Ratzingers Meinung nach hat gerade die Auseinandersetzung über das Thema Kollegialität in den Konzilssitzungen deutlich gemacht, daß es abwegig ist, das Konzil als Kampf zwischen Konservativen und Progressisten zu verstehen. Es sei vielmehr der Gegensatz zwischen „einem Denken, das von der ganzen Breite der christlichen Überlieferung ausgeht und von ihr aus die ständige Weite der kirchlichen Möglichkeiten zu beschreiben sucht", und einem rein systematischen „Denken, das allein die gegenwärtige Rechtsgestalt der Kirche als Maßstab seiner Überlegungen zuläßt und so jede Bewegung über sie hinaus als einen Sturz ins Bodenlose scheuen muß". Paradoxerweise würden oft jene als „Progressisten" bezeichnet – oder zumindest ein Teil von ihnen –, denen es um eine „Selbstbesinnung auf die Weite und den Reichtum der christlichen Überlieferung hin" gehe. Davon geht auch Ratzingers Verteidigung der Kollegialität aus, nämlich von:

> „der Wiederentdeckung der Struktur der Alten Kirche, das heißt der noch ungetrennten und ungeteilten Kirche der Väterzeit, die sich selbst in unmittelbarer Einheit mit dem apostolischen Wollen wußte. Ihr Aufbau stand dem Konzil als Basis der Erneuerung der Strukturen der Kirche in unserer Zeit vor Augen ..."

Wenn es eine Gefahr gibt, vor der man sich hüten muß, so besteht sie Ratzinger zufolge darin, „daß die Aufwertung des Episkopats zu einer Abwertung des Presbyterats und des Laien in der Kirche führt". Das Ziel der Formulierungen des Konzils ist nicht,

> „die Bischöfe zu kleinen Päpsten zu machen und die Klerikalisierung der Kirche zu verstärken; ihr Ziel ist vielmehr, die Einseitigkeiten einer übersteigerten Primatspraxis zu korrigieren durch eine neue Betonung der in den Bischöfen repräsentierten Vielfalt und Fülle."

Gaudium et spes

In den Berichten im Anschluß an die vierte und letzte Konzilsperiode bringt Ratzinger vor allem seine zahlreichen Vorbehalte gegen das sogenannte Schema XIII zur Sprache, aus dem die Pastoralkonstitution *Gaudium et spes* über die Kirche in der Welt von heute erwachsen sollte.[15] Der Münsteraner Professor bestätigt, daß sich bei der Arbeit an diesem Schema ein Gegensatz zwischen den deutschen und den französischen Theologen abzeichnete, die bis dahin gemeinsam die Richtung für die reformorientierte Majorität vorgegeben hatten. Seiner Meinung nach blieb es im ersten Entwurf bei der allgemeinen Definition einer vagen ethisch-geistigen Orientierung des Menschen, im vielleicht unbewußten Versuch, alle Problempunkte der christlichen Botschaft in der Welt zu umgehen.

> „Man gewann ein wenig den Eindruck, daß die Verfasser selbst das Christologische, die zentralen christlichen und durchaus nur im Glauben anzunehmenden Aussagen, für eine zweite Welt ansahen, die neben der ersten des ordentlichen, gewöhnlichen Lebens einherläuft und mit der man die Menschheit nicht vorzeitig und nicht unnötig behelligen sollte."

Auf Grundlage der Prinzipien des Naturrechts bemühte man sich darum, eine Ethik für moderne Zeiten zu definieren, die „auch über den engeren Kreis der Glaubenden hinaus Verbindlichkeit besitzt". Aber je autoritärer diese Mahnung erging, „um so weniger konnte sie hoffen, wirklich die Ohren der Menschen außerhalb der Kirche zu erreichen". Grund zum Einwand war aber vor allem der „vergröberte Teilhardismus", von dem der erste Entwurf beeinflußt war: jene Auffassung, in der „die technische Utopie und die christliche Erwartung des Reiches Gottes verschmelzen, und die Wirksamkeit für die technische Ausgestaltung der Welt gleichzeitig als unmittelbar christliche Tätigkeit erscheint". In zahlreichen Passagen werden „Aussagen der christlichen Erwartung der kommenden Welt mit technischen Hoffnungen vermengt".[16]

Auch in den Bemerkungen zum Schema über die Mission ist Ratzinger kritisch gegenüber dem etwas dünkelhaften Optimismus, den er in bestimmten theologischen Kreisen wahrnimmt. Seiner Ansicht nach hat sich hier eine Vorstellung durchgesetzt, die zuvor als Ausnahme galt, „daß nämlich Gott auch außerhalb der Kirche, wenngleich nicht letztlich ohne sie, retten will und kann". Diese verbreitete Vorstellung, die die heutige Einstellung zur Welt der Religionen weithin bestimmt, ist die Bestätigung dafür, daß

> „nicht alle Lieblingsgedanken der modernen Theologie auch biblisch geprägt sind. Denn wenn irgend etwas der Heiligen Schrift fremd, ja entgegengesetzt genannt werden darf, dann ist es der gegenwärtige Optimismus in bezug auf die Religionen der Völker, der diese Religionen in einer Weise als Heilsfaktoren auffaßt, wie es mit deren biblischen Wertung nun einmal nicht in Einklang zu bringen ist."

Des weiteren stellt Ratzinger auch die Krise der missionarischen Berufung *ad extra* fest: „Der christliche Glaube, der die universale Religion der Menschheit als solcher sein will und soll, hat den abendländischen Kulturkreis nicht wirklich zu überschreiten vermocht." Ein Scheitern, das beunruhigt, vor allem im Vergleich mit der weltweiten Ausbreitung des Marxismus:

> „ … daß es einer anderen, gleichfalls von Europa ausgehenden Weltmission durchaus gelungen ist, in aller Welt Wurzeln zu schlagen. Die marxistische Idee hat die Welt erobert und dabei alle die Theorien von Adaptation, kultureller Einwurzelung und Anpassung, womit die Missionstheologie sich herumschlägt, übersprungen …"

Was den priesterlichen Dienst angeht, rechtfertigt Ratzinger den Umstand, daß auf päpstliche Anordnung hin der priesterliche Zölibat nicht debattiert wurde: Um das Konzil herum war ein „Klima der Sensationen" entstanden, das einer etwaigen Diskussion dieses Themas durch die Konzilsversammlung wenig Ruhe garantiert hätte. Aber auch davon ist der bayerische Theologe überzeugt:

> „Angesichts der Priesternot, die in vielen Teilen der Kirche in immer noch wachsendem Maß sich bemerkbar macht, wird man freilich nicht daran vorbeikommen, eines Tages diese Frage in aller Ruhe zu prüfen, der auszuweichen mit der Verantwortung für die Verkündigung des Wortes des Heils an unsere Zeit nicht vereinbar wäre."

Zuletzt gesteht Ratzinger, in seinen abschließenden Betrachtungen, den Überdruß an jener „Schwarz-Weiß-Malerei", die seit kurzem um das gerade beendete Konzil betrieben wird und in dem „das Neugewonnene dem soviel weniger befriedigenden Zustand der vorkonziliaren Kirche kontrastiert". Er vertraut für die kommenden unruhigen Zeiten auf ein Paradoxon:

> „Am Ende", bekräftigt Ratzinger in den abschließenden Zeilen seines vierten und letzten Berichts, „lebt die Kirche in trüben und in großen Zeiten zutiefst vom Glauben derer, die einfachen Herzens sind, so wie Israel davon gelebt hat, auch noch in den Zeiten, in denen pharisäischer Legalismus und sadduzäischer Liberalismus das Angesicht des erwählten Volkes entstellten. Es blieb lebendig in denen, die einfachen Herzens waren: Sie waren es, die die Fackel der Hoffnung weitergaben an das Neue Testament; ihre Namen sind die letzten des alten Gottesvolkes und die ersten des neuen in einem: Zacharias, Elisabeth, Joseph, Maria. Der Glaube derer, die einfachen Herzens sind, ist der kostbarste Schatz der Kirche; ihm zu dienen und ihn selbst zu leben ist die höchste Aufgabe kirchlicher Erneuerung."

In Münster, weit weg von Rom, registriert und bewertet Ratzinger die allerersten Auswirkungen des Konzils. Und etwas überzeugt ihn nicht. „Von Mal zu Mal fand ich, aus Rom zurückkehrend", berichtet Ratzinger in seiner Autobiographie, „die Stimmung in der Kirche und unter den Theologen aufgewühlter. Immer mehr bildete sich offenbar der Eindruck, daß eigentlich nichts fest sei in der Kirche, daß alles zur Revision stehe."[17] Pfnür erläutert dazu heute: „Die ersten Anzeichen für die Orientierungslosigkeit konnte man nicht so sehr an der Fakultät wahrnehmen, sondern in den Pfarreien. Die Pfarrer begannen, die Liturgie nach Belieben zu ändern, und das hat er immer scharf kritisiert."

Bereits 1965, in einem Vortrag am 18. Juni bei der katholischen Studentengemeinde in Münster,[18] schlug Ratzinger Alarm: Die heikle Situation erfordere, daß man zu unterscheiden wisse „zwischen denen, die den christlichen Skandal als solchen wegleugnen wollen, unter dem Vorwand, den Skandal der Christen zu beseitigen", und denjenigen, die dagegen „den wahren christlichen Skandal freilegen wollen, den das falsche Skandalum der Christenheit verdeckt". In bestimmten nachkonziliaren Entwicklungen sieht Ratzinger die gleiche Situation, die Paulus erlebte, dem es beinahe die Sprache verschlug, „wenn er dann auf das hinschaute, was in Korinth aus seiner Freiheit vom Gesetz geworden war, in dem ‚alles ist erlaubt' einer zur Gnosis, d.h. zur eigentlichen Reformiererei sich verkehrenden christlichen Freiheit". Und etwas Ähnliches erfuhr auch Luther, als

> „während seines Aufenthalts auf der Wartburg der Sturm der Erneuerung plötzlich alle Dämme wegzufegen schien und Erneuerung in chaotisches Schwärmertum umzuschlagen begann; selbst in einer so besonnenen Stadt wie Münster spielten sich wenige Jahre später Vorgänge ab, durch die diese Stadt ihren Namen für immer in die Geschichte des christlichen Schwärmertums eingetragen hat."

Ratzinger macht die Münsteraner Studenten und Professoren darauf aufmerksam, daß in Wirklichkeit „das Werk Jesu selbst wesentlich ‚Erneuerung', nämlich Erneuerung des Alten Testaments war. So ist an diesem Werk exemplarisch der Weg der Erneuerung überhaupt abzulesen", der sich „scheidet von falschen Versuchen der Reform zur Rechten und zur Linken", die von den Pharisäern und Sadduzäern verkörpert werden. Dieser Bezug legt lehrreiche und aufschlußreiche Vergleiche zwischen der Zeit Jesu und der Gegenwart der Kirche nahe. Das Streben der pharisäischen Gruppen zu der Zeit Jesu war es, das geistliche Erbe mit größter Strenge und absoluter Buchstabentreue zu bewahren, „bis hin zur Radikallösung der Qumran-Gruppe, die aus der Welt auszieht und sich ihre eigene Sonderwelt erbaut". Ratzinger macht darauf aufmerksam, daß auch in den modernen Zeiten der Pharisäismus und Qumranismus wieder vorkommen, wenn die Kirche „ihre eigene kleine Sonderwelt zu bauen versucht und sich damit selbst der Möglichkeit" begibt, „Salz der Erde und Licht der Welt zu sein". Eine ähnliche Bewegung des Auszugs „aus der Welt" gab es Ratzinger zufolge besonders zur Zeit von Pius IX. Und noch etwas: in der gegenwärtigen Situation findet man das „wohlgemeinte Bemühen derer", die „durch die Rettung der Quantität des Gegebenen die Kirche zu retten versuchen, die in jeder Andacht, die wegfällt, in jedem Satz aus päpstlichem Munde, der in Frage gestellt wird, die Destruktion der Kirche wittern". Auf der anderen Seite findet sich die sadduzäische Position, definiert von Ratzinger als „das sadduzäische Mißverständnis, das den Glauben dadurch der Welt anzunähern versucht, daß es alles aus ihm herausnimmt, was der Welt nicht gefallen mag". Wenn diese Richtung vorherrscht, dient der Glaube „nicht mehr der Welt als Sauerteig, sondern er wird selbst in die Welt umgewandelt und dadurch nicht interessanter oder wirksamer, sondern vollends überflüssig". Die Echtheit jedes Erneuerungsprozesses läßt sich jedoch an den Wirkungen messen:

> „Erneuerung ist Vereinfachung", behauptet Ratzinger am Ende seines Vortrags, „nicht im Sinne des Abschneidens und

Zerkleinerns, sondern Vereinfachung im Sinne des Einfachwerdens, der Hinwendung zu jener wahren Einfachheit, die das Geheimnis des Lebendigen ist. (...) In diesem Sinne einfach zu werden – das wäre die eigentliche Erneuerung für uns Christen, für jeden einzelnen von uns und für die ganze Kirche."

Rückenwind

Die Universität von Münster ist nicht nur der Ort, an dem die Konzilserfahrungen in aller Ruhe „verarbeitet" werden können oder der Professor, der „in Rom war", gelegentliche Vorträge hält. In den Jahren in Münster beeinflußt das Konzil auch die akademische Arbeit des Professors Ratzinger und wird Gegenstand seiner Vorlesungen.

Die klassischen Themen seiner Lehrtätigkeit werden angesichts der Ereignisse in Rom neu bearbeitet. Im Jahr 1963 beschäftigen sich seine Vorlesungen mit der Einführung in die Dogmatik und der Lehre über die Eucharistie. Das Seminar konzentriert sich auf das Thema „Schrift und Überlieferung". Ratzinger bringt hier alle neuen Errungenschaften aus der Konzilsdebatte über die Quellen der Offenbarung ein. Das Seminar im Wintersemester 1964/1965 behandelt die Konstitution *Lumen gentium* des Zweiten Vatikanischen Konzils. In den Vorlesungen beschreibt Ratzinger eingehend das ihm so wichtige Bild der Kirche, das aus dem Konzil hervorgegangen und bereits in seinen Berichten über das Konzil aufgenommen worden ist. Im Wintersemester 1965/1966 besteht eine der Dogmatik-Vorlesungen, zu der die Studenten aller Fakultäten eingeladen sind, in einer Rückschau auf das gerade zu Ende gegangene Konzil, während die Konzilskonstitution *Dei Verbum* über die Offenbarung Gegenstand des Seminars ist.

Unter den Studenten findet das große Zustimmung. Pfnür berichtet:

„Eingetragen waren für die Vorlesung ca. 350 Hörer, es nahmen jedoch im Durchschnitt 600 teil. Auch Studenten von anderen Fakultäten kamen, um Ratzinger zu hören – von der Philosophie, von den Juristen. Damals haben wir den Text seiner Eucharistie-Vorlesung des gleichen Semesters vervielfältigt und 850 Kopien davon verkauft."

Kuhn berichtet schmunzelnd:

„Pfnür hatte in Münster eine Art kleiner Druckerei eingerichtet. Die Vorlesungen wurden hektographiert und dann paketweise in ganz Deutschland verschickt: Nachfrage bestand auch an anderen theologischen Fakultäten. Das zeigte, daß das Interesse an der Theologie Ratzingers überall zunahm."

An der Fakultät läuft alles weiterhin gut. Ratzinger ist bei Kollegen wie auch Studenten gleichermaßen geschätzt. Sein ehemaliger Schüler Hahn erzählt eine bezeichnende Episode:

„Einmal war der Hörsaal voll besetzt: Alle wollten die öffentliche *Disputatio* zwischen Professor Metz und dem Schweizer Theologen Hans Urs von Balthasar miterleben, der die politische Theologie von Metz kritisierte. Metz bat Ratzinger, die Debatte zu moderieren. Unser Professor faßte – zwischen zwei Beiträgen der beiden Kontrahenten – ihre Argumente so verständlich und gut zusammen, daß auch die unklarsten Passagen klar und interessant wurden. Am Ende wurden sowohl Metz als auch von Balthasar mit respektvollem Applaus bedacht. Der längste und begeistertste Applaus aber galt dem Schiedsrichter."[19]

Großer Andrang in den Vorlesungen, hohe Wertschätzung bei den Kollegen, Kontakte zu Bischöfen und Theologen der ganzen Welt ... Was bringt Ratzinger dazu, Münster zu verlassen?

Der „Ruf"

Der Professor, inzwischen innerhalb der Kirche beinahe zu Weltruhm gelangt, ist jedoch nicht der Typ, der sein privates

Umfeld vernachlässigt und nur noch auf seine kirchliche und wissenschaftliche Karriere fixiert ist. Er läßt sich immer auch von den Dingen beeinflussen, die seine eigene Familie betreffen. Seine Schwester Maria, die ihm hingebungsvoll zur Seite steht, kann in der schönen westfälischen Stadt einfach nicht heimisch werden. Der schönste Ort in Münster ist für sie der Bahnhof, von dem die Züge nach Bayern abfahren. Hahn berichtet: „Als ich ihn ein paar Jahre später einmal fragte, warum er aus Münster fortgegangen sei, gab er mir zur Antwort, seine Schwester sei dort unglücklich gewesen. Ihr ganzes Leben hatte sie ihm geopfert, darum ließ ihn ihr Heimweh nicht ungerührt." Zudem gestaltet sich auch das Verhältnis zu seinem Assistenten Böckenförde immer schwieriger. Darum überlegt Ratzinger nicht lange, als ihn 1966 der Ruf auf den zweiten dogmatischen Lehrstuhl an der Katholisch-Theologischen Fakultät Tübingen erreicht. Walter Kardinal Kasper, zu jener Zeit Ratzingers Kollege an der westfälischen Fakultät, berichtet im Jahr 2007 mit gezielten Worten:

> „Ich kann mich gut an seinen Abschied von den Professoren erinnern. Er hatte uns in ein Restaurant in Münster zum Abendessen eingeladen. Ich erinnere mich, daß er bei dieser Gelegenheit sagte: ‚Während der Debatten auf dem Konzil ist mir bewußt geworden, daß die Tradition, nämlich das Verharren, das Bleiben, auch im Neuen Testament Schlüsselworte, wesentliche Koordinaten sind.'"[20]

Auf der ersten Reise in die württembergische Universitätsstadt wird Ratzinger von Pfnür begleitet, der sich um den Umzug kümmern wird. Empfangen werden sie von einem Theologen, den Ratzinger seit 1957 kennt und dem er auch auf dem Konzil begegnet ist. Einer, der ihn schätzt und der sich bei seinen Fakultätskollegen dafür eingesetzt hat, daß er nach Tübingen berufen wurde. Er lädt sie zum Essen ein und behandelt die „Neuerwerbung" der Tübinger Fakultät mit großer Zuvorkommenheit und Herzlichkeit. Sein Name ist Hans Küng.

Tübingen

DIE SCHWIERIGEN JAHRE

Im Jahr 1966 ist Joseph Ratzinger noch keine 40 Jahre alt, aber er hat schon viele weiße Haare, und sein Ruf als „Wunderkind" der deutschen Theologie hat sich aufgrund seiner maßgeblichen Rolle beim Zweiten Vatikanischen Konzil bestätigt. Dieses ist gerade zu Ende gegangen, und man versucht, erste Anzeichen dafür zu erkennen, wie die Dinge sich entwickeln werden, wie sich die Stoßwelle des Konzilsereignisses auf die gewöhnlichen Formen und Abläufe des kirchlichen Lebens auswirken wird. In diesem Klima, in dem noch alles offen scheint, mischen sich Erwartung, Euphorie, Unsicherheit und ein Gefühl des Unbehagens. Am 25. Juli spricht Joseph Ratzinger über all dies auf dem Bamberger Katholikentag.[1]

In diesem Vortrag, oft als eines der ersten Anzeichen für die vermeintliche konservative „Wende" des zukünftigen Präfekten der Glaubenskongregation bezeichnet, zeigt sich vielmehr sein gewohnt kritischer und systematischer Ansatz, mit dem er hier eine von Kontrasten geprägte geschichtliche Phase betrachtet. Ausgangspunkt ist für Ratzinger zunächst die Bestandsaufnahme der Situation nach dem Konzil:

> „Es herrscht ein gewisses Unbehagen, eine Stimmung der Ernüchterung und auch der Enttäuschung, wie sie Augenblicken der Freude und der festlichen Erhebung zu folgen pflegt, in denen mit einemmal die Welt verwandelt schien, die große Hoffnung des ganz anderen und Neuen, das die bleierne Gewöhnlichkeit zerbricht, für einen Augenblick in unseren grauen Alltag geblickt hatte."

Der Theologe aus Münster nimmt nichts von dem auf dem Konzil Errungenen zurück: Gerade die Erwartungen, die man in die konziliare Erneuerung gesetzt hat, liefern ihm die Kriterien, um die ersten Auswirkungen beurteilen zu können. Ratzinger hatte erwartet, daß das Konzil es leichter machen würde, der Welt gegenüber den christlichen Glauben und die christliche Hoffnung zu bekennen. Durchzusetzen scheint sich stattdessen ein „Christentum zu herabgesetzten Preisen", das von einer Art Auflösungsimpuls charakterisiert ist. „Der christliche Glaube", erklärt der ehemalige Konzilsperitus, „ist für den Menschen aller Zeiten ein Skandal: (...) daß der Unfaßbare in dem Menschen Jesus faßbar geworden ist." Daher könnte „eine Weltzuwendung der Kirche, die ihre Abwendung vom Kreuz darstellen würde, nicht zu einer Erneuerung der Kirche, sondern nur zu ihrem Ende führen". Es ist der liturgische Bereich, in dem sich zuerst und besonders eindrücklich erkennen läßt, wie sich die Erneuerung durch das Konzil in der Glaubenspraxis der Christen auswirkt. Auch in dieser Hinsicht nimmt Ratzinger keine Kehrtwendung vor und folgt dem Weg, den das Konzil vorgegeben hat. Er behauptet sogar, daß „heute niemand überzeugender Notwendigkeit und Recht der Liturgiereform beweise als ihre Gegner". Unter Berufung auf Paulus definiert er als Grundgesetz der Liturgie, daß die liturgische Sprache für die Gläubigen, die an den liturgischen Feiern teilnehmen, verständlich ist.[2] Aber in der anstehenden Verwirklichung der liturgischen Reform nimmt er zugleich auch „einen selbstgenügsamen Betrieb" wahr, mit Liturgikern, die einen „neuen Ritualismus erfindungsreicher Gestaltungen" ausbilden, der dazu führt, daß die Wirklichkeit der zelebrierten Mysterien hier stärker verdunkelt wird als durch die alten barocken Rituale. Eine Strategie, die ihm von ideologischer Starrheit, Einseitigkeiten und einem Autoritarismus neuer Machart geprägt zu sein scheint.

„Muß eigentlich wirklich jede Messe", fragt sich Ratzinger unter anderem, *„versus populum* zelebriert werden? Ist es eigentlich so wichtig, dem Priester ins Gesicht schauen zu können, oder ist es nicht oft recht heilsam, daran zu denken, daß er Mitchrist mit den anderen ist und so allen Grund hat, sich gemeinsam mit ihnen zu Gott hin zu wenden und so mit allen zu sagen ‚Vater unser'?"

Gegenüber den Spaltungen und „kleinen Verdrießlichkeiten", gegenüber den unvermeidlichen Schwierigkeiten der nachkonziliaren Phase ist nach Ratzingers Überzeugung die einzige Haltung, die der Dankbarkeit für das Konzilsereignis entspricht, die Geduld, die „Alltagsform der Liebe". Zugleich aber ist es notwendig,

> „den gefährlichen neuen Triumphalismus zu erkennen, zu dem oft gerade die Gegner des alten tendieren. Solange die Kirche auf Erden pilgert, hat sie keinen Grund, sich ihres eigenen Werkes zu rühmen. Solches Rühmen könnte gefährlicher werden als Pfauenwedel und Tiara, die uns ohnedies mehr zum Lächeln als zum Stolz veranlassen."

Inzwischen, 1966, hat der bayerische Professor die Berufung an die Katholisch-Theologische Fakultät in Tübingen erhalten. Er lehrt seit drei Jahren Dogmatik in Münster und gilt seit dem Konzil bei allen als der Star der westfälischen Fakultät. Aber Tübingen hat für jeden deutschen Theologen eine besondere Anziehungskraft.

Mit ihrer berühmten Evangelisch-Theologischen Fakultät, die in der Reformation aus der 1477 gegründeten Universität hervorgegangen war, und mit der 1817 wieder errichteten Katholisch-Theologischen Schwester scheint die schwäbische Hochburg der Theologie eine Art gelobtes Land zu sein, der geeignete Ort für all jene, die die wissenschaftlichen Früchte des Konzils ernten, die „Zeichen der Zeit" erkennen und zugleich eine große theologische Tradition aufgreifen wollen – die der katholischen Tübinger Schule, die sich im 19. Jahrhundert um Johann Adam Möhler, Karl Joseph Hefele und Johannes von Kuhn gebildet hatte.

Die katholische Tübinger Schule favorisierte die historisch-kritische Erkenntnismethode, betonte im Sinne eines Organismusgedankens die Entwicklung der Tradition und nahm dabei in verschiedener Hinsicht die Theologie vorweg, die später auf dem Zweiten Vatikanischen Konzil zum Ausdruck kam. In einem Vortrag im Jahr 2000 erwähnt Ratzinger selbst, er sei „mit der Absicht" von Münter weggegangen, „um der ‚Tübinger Schule' näher zu sein, die eine historische und ökumenische Theologie betrieb".[3] Sie geht von jenem heilsgeschichtlichen Ansatz aus, der mit dem spekulativen Deduktionismus der neuscholastischen Formeln nichts gemein hat und den Ratzinger seit seinem Studium in Freising und München bevorzugt hat.

Aber die Anziehungskraft Tübingens hat nicht nur mit der Vergangenheit zu tun. Seit 1960 lehrt Hans Küng dort. Ratzinger und der Schweizer Kollege haben sich 1957 auf einer Dogmatikertagung in Innsbruck kennengelernt. Damals war Küng Assistent für Dogmatik in Münster. Aus dieser Zeit stammt auch Ratzingers schmeichelhafte Rezension der Dissertation Küngs, in der dieser die Vereinbarkeit zwischen der katholischen Lehre von der Rechtfertigung, wie sie vom Konzil von Trient festgelegt worden war, mit der Rechtfertigungslehre in den Werken des großen Schweizer reformierten Theologen Karl Barth feststellt. Der freundliche und zurückhaltende bayerische Professor und sein temperamentvoller, polemischer Schweizer Kollege begegneten sich auf dem Konzil wieder. In die Geschäftigkeit, mit der die Konzilstheologen Strategien und Initiativen ausarbeiteten und auf den Weg brachten, bezog der geschickte Küng immer seinen Kollegen aus Münster ein. Am 22. November 1962 wird Ratzinger von Küng zum Mittagessen eingeladen, in die römische Trattoria Da Ernesto, an der Piazza dei Santi Apostoli, wo zusammen mit den Theologen Karl Rahner, Edward Schillebeeckx und Jean Daniélou und dem holländischen Verleger Paul Brand die Idee einer internationalen theologischen Zeitschrift Gestalt annimmt, die einer großen Leserschaft die Themen und Erfordernisse des Konzils bekanntmachen soll.[4] Am 30. November 1965, wenige Tage vor dem Ende der letzten Konzilsperiode, nimmt Ratzinger an der von Küng im Viale Romania einberufenen Versammlung teil, wo unter anderen auch zwei Franzosen: der Dominikaner Yves Congar und der Mariologe René Laurentin, der Argentinier Jorge Mejia, der Straßburger Weihbischof und später Bischof Léon-Arthur Elchinger und der belgische Dominikaner Edward Schillebeeckx anwesend sind. Dem Bericht zufolge, der sich in Congars Konzilstagebuch findet, ist es Zweck des Treffens, „aus theologischer Sicht die Situation nach dem Konzil abzuschätzen und eine kleine Bilanz zu ziehen".[5]

Sowohl Küng als auch Ratzinger wissen schon jetzt, daß sie unterschiedlicher Ansicht darüber sind, wie sich das Konzil im Alltagsleben der Kirche niederschlagen soll. Aber damals, erklärt Ratzinger in seiner Autobiographie, „betrachteten wir dies als rechtmäßige Unterschiede in theologischen Positionen (...), ich dachte aber doch, daß der grundlegende Konsens katholischer Theologen davon unberührt bleiben würde".[6] 1964 gehörten die beiden zu den Gründungsmitgliedern von *Concilium,* der internationalen Zeitschrift der „Einheitsfront" der Konzilstheologen, die mit der Finanzierung durch den Verleger Brand realisiert werden konnte.[7] In der ersten Nummer der Zeitschrift, die 1965 veröffentlicht wurde, ist einer der Hauptartikel ein gedankenreicher Aufsatz von Ratzinger über die pastoralen Implikationen der Lehre von der Kollegialität der Bischöfe. In diesem Beitrag wird mit historischen, exegetischen und theologischen Argumenten herausgestellt, daß Kollegialität „nicht nur eine Aussage über das Wesen des bischöflichen Amtes, sondern über die Struktur der Kirche insgesamt ist".[8] Nicht nur wegen theologischer Fragen hatten die beiden Kollegen Kontakt, sondern auch in praktischen Dingen, die mit ihrer akademischen Tätigkeit zu tun hatte. Im Laufe des Jahres 1963 lehnte Küng – so seine *Erinnerungen* – ein Angebot der Universität Münster ab, schlug den Professoren der westfälischen theologischen Fakultät jedoch vor, an seiner Stelle den jungen Theologen Walter Kasper zu berufen. Ratzinger unterstützt die Kandidatur: Kasper nimmt 1964 in Münster seine Lehrtätigkeit auf.[9]

Die Berufung nach Tübingen als Nachfolger Leo Scheffczyks erreicht den Professor, der erst seit drei Jahren in Münster lehrt, auf Betreiben Hans Küngs. Er wird dabei unterstützt von einem anderen, ebenfalls noch jungen Kollegen, Max Seckler, der zu dieser Zeit in Tübingen den Lehrstuhl für Fundamentaltheologie innehat.

> „Damals erlebten wir gerade einen Generationenwechsel“, erinnert sich Seckler, „viele der alten Professoren gingen in Pension. Um die Fakultät zu ‚verstärken‘, drängten einige darauf, auf den Lehrstuhl für Dogmatik einen älteren, bereits renommierten Professor zu berufen. Ich war 39 Jahre alt, Küng 38. Wir haben dafür gekämpft, daß noch ein anderer junger Professor an die Fakultät geholt wurde. Und Ratzinger war damals der Mann der Zukunft.“[10]

Küng selbst hat mehrfach über seine Rolle bei dieser Initiative gesprochen.[11] Es scheint, daß er in jenen Jahren den Plan hatte, in Tübingen die Elite der jungen deutschen Theologen, die sich im nachkonziliaren Klima bildete, zu versammeln.

> „Küng war sich bewußt, daß er und Ratzinger in vielen Dingen nicht übereinstimmten“, erklärt Seckler, „aber er sagte: ‚Mit den Besten kann man verhandeln und zusammenarbeiten; die Mittelmäßigen sind diejenigen, die Probleme schaffen‘.“

Wolfgang Beinert, ehemaliger Schüler Ratzingers in Tübingen, fügt hinzu:

> „Vielleicht hatte Küng Ratzinger gerade deshalb nach Tübingen gerufen, damit die Studenten sich mit einem anderen Konzilstheologen auseinandersetzen konnten, einem, der sich von ihm unterschied und der sozusagen einen Gegenpol zu seiner einseitigen Theologie bildete. Andere, weniger offene Professoren nahmen die Unterschiede zwischen den beiden nicht einmal wahr. Sie hielten auch Ratzinger für einen gefährlichen Reformer und meinten, ein Küng sei genug.“[12]

Außergewöhnliche Vorlesungen

Den Neubeginn in Tübingen geht Ratzinger wie immer mit vollem Einsatz an. Er ist dorthin auch mit der Hoffnung gekommen, fruchtbare Beziehungen zu den Theologen der evangelischen Fakultät zu knüpfen. In den folgenden Jahren wird seine beunruhigte Haltung gebenüber der Krise des Glaubens besonders von zwei evangelischen Tübinger Theologen geteilt, dem Patristiker Ulrich Wickert und dem Missionswissenschaftler Peter Beyerhaus. Sein Enthusiasmus als Lehrer und der unverwechselbare Charakter seiner Vorlesungen – seine auf die Väter und die Liturgie gestützte Theologie, seine klare und zugleich poetische Sprache, die vorurteilslose Aufgeschlossenheit allen Fragen jener verworrenen Zeit gegenüber – finden bei den Theologiestudenten, und nicht nur bei diesen, außerordentlichen Beifall. Schon zu den ersten Vorlesungen kommen mehr als 400 Hörer. Mit ruhiger, gleichmäßiger Stimme, den festen Blick auf einen Punkt über dem hinteren Teil des Hörsaals gerichtet, wirft er hin und wieder einen schnellen Blick auf das Heftchen mit Notizen, die er sich gemacht hat. Er setzt sich nicht in Positur und verzichtet auf rhetorische Kunstgriffe. Das Interesse an seinen Seminaren ist überaus groß; Teilnehmer müssen darum zuerst eine Zulassungsprüfung in Griechisch und Latein bestehen. Prälat Helmut Moll, später lange Jahre Mitarbeiter seines ehemaligen Professors in der Glaubenskongregation, erinnert sich:

> „Für die Teilnahme an einem Seminar über Mariologie mußte ich eine Zulassungsprüfung über marianische Texte der ersten Jahrhunderte in Griechisch und Latein ablegen. Aber es bestand ein himmelweiter Unterschied zwischen Ratzinger und anderen Professoren der systematischen Theologie. Die Vorlesungen, die ich bei Bonner Professoren gehört hatte, waren trocken und langweilig, nicht mehr als Aneinanderreihungen von exakten theologischen Definitionen. Als ich in Tübingen hörte, wie Ratzinger von Jesus oder vom Heiligen Geist sprach, schienen seine Worte manchmal beinahe Gebetscharakter zu haben."

Auch Josef Sayer, der 1997 Hauptgeschäftsführer und Vorstandsvorsitzender des Bischöflichen Hilfswerkes Misereor wurde, erinnert sich daran, daß die Vorlesungen Ratzingers sich von denen anderer Professoren unterschieden:

> „Der neue Professor sprach und argumentierte klar und fesselnd, und das, was er sagte, wie er es sagte, war druckreif und brauchte keine Überarbeitungen oder Korrekturen. Vor allem war er freundlich und hatte nicht die unduldsame und abweisende professorale Haltung, die viele seiner Kollegen hatten."

Auch mit der Entscheidung, ein Seminar über Mariologie anzubieten, verläßt er das übliche Schema.

Sayer erinnert sich:

> „In diesem Umfeld, wo man ohnehin das Vorherrschen der protestantischen Mentalität spürte, erschien schon allein der Bezug auf marianische Themen als ungewöhnliche Entscheidung, die sich der Gefahr akademischer Kritik aussetzte. Aber auch das war eine Wahl, hinter der eine große Offenheit stand. Sie betonte die Universalität der Kirche und ließ die stereotypen Schemata der theologischen Hochschulen hinter sich. Als ich dann als Missionar nach Peru ging, habe ich gemerkt: In diesem Land, das so sehr von der volkstümlichen Verehrung Marias geprägt ist, war mir das, was ich bei Ratzinger gelernt hatte, eine große Hilfe."[14]

Ein Tonbandgerät für einen „Bestseller"

Im Sommersemester 1967 realisiert Ratzinger ein Projekt, an das er schon seit 10 Jahren denkt: eine Vorlesung, nicht nur für Theologiestudenten gedacht, die als Erklärung des Apostolischen Glaubensbekenntnisses aufgebaut ist und – alle gärenden Fragen der Zeit aufnehmend – „Grundgehalte christlichen Glaubens" darlegt, der dem neuen Professor „heute von einem Nebel der Ungewißheit umgeben wie kaum irgendwann zuvor in der Geschichte" erscheint.[15] Mittwochs und donnerstags zwischen 17 und 18 Uhr findet sich bei diesen besonderen Vorlesungen ein gemischtes Publikum von Studenten aller Fakultäten ein; aber auch Pfarrer, Ordensleute und einfache Gläubige kommen.

Unterstützt wird er bei der Vorlesung nicht mehr von Werner Böckenförde, seinem ersten Assistenten: Der Wechsel von Münster nach Tübingen war auch eine Gelegenheit, ein Arbeitsverhältnis zu beenden, das sich mit der Zeit abgenützt hatte. Ratzinger berief Peter Kuhn an seine Seite, seinen ehemaligen Bonner Schüler, der von der evangelischen Theologie hergekommen und 1963 katholisch geworden war. Die Kriterien, nach denen Ratzinger diesen neuen Mitarbeiter gewählt hat, haben nichts mit den konformistischen Überlegungen zu tun, nach denen die Professoren gewöhnlich ihre Assistenten auswählen. Kuhn hat in Bonn die Seminare Ratzingers besucht, er ist Laie, sein Interessengebiet gehört nicht zu denen, mit denen sich der Professor eingehender beschäftigt. Seine Herkunft aus dem strengen bayerischen Luthertum macht ihn in gewisser Weise zum Außenseiter. Er weiß selbst nicht, welche besonderen Beweggründe Ratzinger für seine Wahl hatte. „Vielleicht", sagt er, „wollte mir der Professor einfach eine Arbeitsmöglichkeit bieten, er wußte, daß ich sie nötig hatte." Aber Kuhn sitzt in Tübingen oft bis spät in der Nacht über seinen Büchern, und es fällt ihm nicht immer leicht, bei den turnusmäßigen Vorlesungen Ratzingers zu früher Stunde aufmerksam zu sein. „Wenn ich dann manchmal eingenickt bin", erzählt er, „hatte ich das Gefühl, daß der Vortragende ingendwie nervös wurde; dann stießen mich die Banknachbarn, die sahen, daß der Professor es bemerkt hatte, mit dem Ellbogen an. Ich tat dann so, als würde ich tief nachdenken."[16] Zum Ausgleich nimmt Kuhn ein sperriges Tonbandgerät mit zur Nachmittagsvorlesung über das Apostolische Glaubenskenntnis und läßt die Bänder dann von Karin Bommes, die als „wissenschaftliche Hilfskraft" fungiert, abtippen. Aus den Transkriptionen dieser Aufnahmen entsteht, nachdem sie dem Autor vorgelegt und von ihm redigiert worden sind, die

Einführung in das Christentum, der erste Bestseller Ratzingers, herausgegeben vom eifrigen Verleger Heinrich Wild: mit zehn Auflagen allein im ersten Jahr und danach Übersetzungen in mehr als 20 Sprachen.[17]

Mit diesem ungewöhnlichen Vorstoß als Professor und Autor in einem versucht Ratzinger inmitten des Erdbebens, das die kulturellen Paradigmen der westlichen Gesellschaften ins Wanken bringt, die Vernunftgemäßheit des Glaubens darzulegen. Ausgangspunkt ist für den jungen Theologen die „bedrängende Macht des Unglaubens", die offenbar von der Moderne festen Besitz ergriffen hat. Ganz zu Anfang des Buches steht die Gleichniserzählung Kierkegaards über den Clown und das brennende Dorf: In einem Zirkus bricht ein Feuer aus, der Clown läuft, um Hilfe zu holen, aber im Dorf glaubt man, daß sein Geschrei nur ein Werbetrick sei, die Leute applaudieren ihm, lachen bis zu Tränen, bis das Feuer die Häuser erreicht und alles verbrennt. Ratzinger vergleicht die Situation des Theologen mit der des Clowns:

> „Er wird in seinen Clownsgewändern aus dem Mittelalter oder aus welcher Vergangenheit auch immer gar nicht ernst genommen. Er kann sagen, was er will. Er ist gleichsam etikettiert und eingeordnet durch seine Rolle."

Diese Dynamik scheint auch die Erwartungen und die guten Absichten, die mit dem Konzil aufgeblüht sind, zu verschlingen. Angesichts der Entfremdung vom christlichen Glauben in der modernen Welt gilt:

> „Wer den Glauben inmitten von Menschen, die im heutigen Leben und Denken stehen, zu sagen versucht, der kann sich wirklich wie ein Clown vorkommen, oder vielleicht noch eher wie jemand, der, aus einem antiken Sarkophag aufgestiegen, in Tracht und Denken der Antike mitten in unsere heutige Welt eingetreten ist und weder sie verstehen kann noch verstanden wird von ihr."

In dieser Lage zeigt die Entscheidung, die wesentlichen Punkte des christlichen Glaubens neu darzulegen, auch, wie Ratzinger die naiven Rezepte, die in jenen Jahren in der Kirche im Umlauf sind, in Frage stellt: „Brauchen wir nur zum Aggiornamento zu greifen, uns abzuschminken und uns in das Zivil einer säkularen Sprache oder eines religionslosen Christentums zu stecken, damit alles in Ordnung sei?“[18]

Im selben Jahr beteiligt sich der neue, bayerische Professor aus dem westfälischen Münster auch aktiv an den Initiativen anläßlich der 150-Jahr-Feier der Katholisch-Theologischen Fakultät Tübingen.[19] Er sieht das als eine günstige Gelegenheit an, durch die Rückbesinnung auf die berühmte Tübinger Schule neue Einsichten zu gewinnen. Es wäre gut, denkt Joseph Ratzinger, die Lehre Johann Adam Möhlers und seiner Kollegen wiederzuentdecken, um die vom Zweiten Vatikanischen Konzil eröffneten Perspektiven für ein erneuertes christliches Zeugnis in der modernen Gesellschaft zu unterstützen. Aber das Klima an der Fakultät wird von ganz anderen Kräften beeinflußt. „Ratzinger“, meint Kuhn „hatte die Hoffnung, an die große Tübinger Tradition anknüpfen zu können. Aber als wir kamen, existierte diese große Tradition nicht mehr; die sich für ihre Erben hielten, waren den ‚Heroen‘ des 19. Jahrhunderts nicht vergleichbar.“

Das Selbstbewußtsein der Theologieprofessoren

In den Tübinger Jahren bildet sich mit der Zeit um Ratzinger ein kleiner Kreis von Mitarbeitern. Neben dem Assistenten Kuhn beschäftigt der Professor den Österreicher Siegfried Wiedenhofer als zweiten Assistenten.[20] Wissenschaftliche Hilfskräfte sind die beiden Studenten Karin Bommes und Martin Trimpe, ein junger Mann, der in jenen verworrenen Zeiten an seiner Berufung zum Priester festhält. Die Beziehungen Ratzingers zu seinen Kollegen sind bis zum Schluß förmlich und höflich. In seinen Vorlesungen spricht Küng nachdrücklich von seiner Wertschätzung für seinen Kollegen und bekräftigt mehrmals, daß sie dieselben Ansichten teilten.

Auch Ratzinger bestätigt in der Öffentlichkeit, daß es mit seinem früheren Fürsprecher in der Fakultät keine Probleme gebe. *Excusationes non petitae.*

Die menschlichen und charakterlichen Unterschiede zwischen den beiden „Größen" der Fakultät, den Inhabern der beiden Lehrstühle für Dogmatik, waren jedoch offenkundig. Der temperamentvolle Schweizer fährt einen weißen Alfa Romeo und ist elegant gekleidet. Er ist es, an den sich die Journalisten auf der Suche nach jemandem wenden, der ihnen etwas über die heftigen Auseinandersetzungen erzählt, von der die Kirche der Nachkonzilszeit erschüttert wird. Der gemütliche Bayer dagegen geht zu Fuß oder benutzt die öffentlichen Verkehrsmittel. Jeden Morgen hält er die Messe in der Kapelle eines Wohnheims für Studentinnen; ansonsten studiert er und bereitet seine Vorlesungen vor; er bleibt seinem schlichten und zurückhaltenden Lebensstil treu.

> „Als wir einmal zusammen eine Fahrt machten und in einem Gasthof zu Mittag aßen", erinnert sich Kuhn, „bestellte er für sich und auch für uns Studenten nur Wiener Würstchen. Er dachte, wir seien alle so bescheiden wie er. Wir trauten uns nicht, ihm zu sagen, wir seien jung und hätten Hunger. Aber er hat es dann später verstanden und sich in diesem Punkt sehr geändert."

Die Beziehungen zwischen Küng und Ratzinger scheinen herzlich. Sie haben die Gewohnheit, sich einmal in der Woche zum Abendessen zu treffen, am Donnerstagabend: eine Gelegenheit, um vor allem über Fakultätsinterna zu sprechen. Ansonsten lebt Ratzinger ziemlich zurückgezogen in seinem Haus in der Dannemannstraße.

> „Er lebte mit seiner Schwester Maria zusammen", erzählte Küng nicht ohne Spitze, „einer höflichen und immer sehr freundlichen Frau, die sich sehr bemühte, ihn zu beschützen. So bedeckte sie zum Beispiel die Bücher, die auf seinem Arbeitstisch lagen, mit einem weißen Tuch, damit die Besu-

cher nicht sehen konnten, woran der Bruder gerade arbeitete."[21]

Aber im konkreten Fakultätsleben, zwischen Vorlesungen, Seminaren, Vorträgen und Prüfungen, unter der scheinbaren nachkonziliaren Einigkeit, tut sich zunehmend zwischen Ratzinger und einigen seiner Kollegen eine Kluft auf, und zwar im besonders neuralgischen Bereichen.

Ratzinger glaubt, daß all die wichtigen Fortschritte, die ihn während des Konzils so begeisterten – die biblische und patristische Erneuerung, die Öffnung der Kirche der Welt gegenüber, die ehrliche Frage der Einheit mit den anderen Christen, die Befreiung der Kirche von all dem Überflüssigen, das sie beschwert und ihre Sendung behindert –, nichts mit dem destruktiven, fast bilderstürmerischen Progressismus gemeinsam haben, von dem manche seiner Kollegen beherrscht zu sein scheinen. Die besondere Rolle, die viele Kollegen als Professoren mit der neuen Freiheit des Konzils spielen, hat bei einigen zu einer Art Standesdünkel geführt, fast einem Allmachtsgefühl, das auch die elementarsten Aspekte der Lehre und des Lebens der Kirche ihrem Urteil, „dem Urteil der Experten“ unterstellen will.

> „In den Vorlesungen“, berichtet Moll „schien es manchmal, als gäbe es unter den Professoren nicht einmal mehr einen Minimalkonsens über die wesentlichen Dinge des Glaubens. Uns Studenten schwirrte der Kopf. Man mußte immer ‚Stellung nehmen‘ zu Dingen, die früher außer Frage zu stehen schienen: Gibt es den Teufel, oder gibt es ihn nicht? Sind es sieben Sakramente, oder sind es nur zwei? Können Nicht-Ordinierte die Eucharistie feiern? Gibt es einen Primat des Bischofs von Rom, oder ist das Papsttum nur ein despotisches Regime, das abgeschafft werden muß?“

Martin Trimpe zufolge treten die Unterschiede zwischen Küng und Ratzinger gerade in den Vorlesungen, vor den Augen des studentischen Publikums, zutage. Ratzinger zitiert präzise die Quellen, die Heilige Schrift, geht direkt den Kern jeder von ihm behandelten Frage an, nachdem er sie mit ausführlichen Hinweisen auf die neuesten wissenschaftlichen Erkenntnisse in die aktuelle kulturelle und theologische Debatte eingeordnet hat. „Das war ein ganz anderer Stil als der jener weltfremden Professoren, die eine ganze Vorlesung lang einen Satz von Theodor von Mopsuestia oder eines anderen Theologen aus dem 4. Jahrhundert zerlegten, was auch immer um sie herum vorging".[22] Bei Küng dagegen sind die Vorlesungen immer stärker von Polemik gegen die amtliche Kirche charakterisiert. Der Redemptorist Réal Tremblay, der auf Empfehlung des Schweizer Theologen Hans Urs von Balthasar 1969 aus Kanada nach Tübingen kam, um bei Ratzinger zu promovieren, meint:

> „Küng hatte in Rom studiert, an der Päpstlichen Universität Gregoriana, und hatte im Collegium Germanicum, dem päpstlichen Kolleg für eine Elite von deutschsprachigen Theologiestudenten, gewohnt. Ich habe immer angenommen, daß seine Aggressivität auch mit den Problemen zusammenhing, die er als Student in Rom gehabt hatte. Er ist einer von jenen, denen es nicht gelang, den Groll gegen Rom zu überwinden, der aus den Erfahrungen herrührte, die sie in jungen Jahren in Rom gemacht hatten. Diese Probleme hatte Ratzinger auch deshalb nicht, weil er nie an einer päpstlichen Akademie oder der Universität studiert hatte."[23]

Ratzinger spricht kein Italienisch, er hat die Ewige Stadt nur während des Konzils besucht, er ist bei Augustinus, Newman und Guardini in die Schule gegangen und hat niemals ein Geheimnis aus seiner Distanz zu den römischen theologischen Hochschulen gemacht. Aber jetzt findet er die Scheuklappen des neuen Konformismus, dem viele seiner Tübinger Kollegen verfallen scheinen, zunehmend unerträglich: Der Exeget Herbert Haag, der Moraltheologe Alfons Auer, der Kanonist Johannes Neumann – sie alle sind in das Fahrwasser geraten, in ihren jeweiligen Disziplinen die immer extremeren Postionen zu bestätigen, die Küng in der Dogmatik und in ökumenischen Fragen vertritt. Ratzinger, der sich beim Konzil mit ehemaligen

Opfern des neuscholastischen Absolutismus wie Congar und de Lubac angefreundet hat, macht keinen Hehl daraus, daß er mit den Parolen des *neuen* Triumphalismus ebenso wenig anfangen kann wie mit jenem. Martin Trimpe erinnert sich:

> „Einmal fand in einer überfüllten Aula zwischen verschiedenen Professoren eine öffentliche Debatte über den Primat des Papstes statt. Küng hatte gesagt, der wahre Typ eines Papstes sei von Johannes XXIII. verkörpert worden; denn sein Primat habe einen pastoralen, keinen jurisdiktionellen Charakter gehabt. Ratzinger schwieg dazu bedeutungsvoll. Da begannen die Studenten, seinen Namen zu skandieren: ‚Rat-zin-ger! Rat-zin-ger!' Sie wollten wissen, was er darüber dachte. Gelassen antwortete er, daß man das von Küng entworfene Bild korrigieren müsse, weil alle Aspekte des Petrusdienstes zu berücksichtigen seien. Tue man dies nicht und fixiere sich stattdessen nur auf den pastoralen Aspekt, laufe man Gefahr, daß man mit dem Papst nicht den Hirten der universalen Kirche meine, sondern eine universale Marionette, die man nach Belieben manipulieren könne."

Ratzinger paßt sich nicht an und wahrt kritische Distanz, aber er sucht auch keine Auseinandersetzungen mit seinen Kollegen. Von seiner Natur her neigt er dazu, sich aus spannungsgeladenen Situationen herauszuhalten: Er ist kein Kämpfer, er kreuzt nicht gerne die Klingen, akademischen Streit meidet er. Es liegt ihm nicht, die Rolle des ewigen Neinsagers zu übernehmen, der den Widerstand gegen die irrigen Lehren der anderen organisiert. Und tatsächlich sind aus den Tübinger Jahren keine Konflikte zwischen Ratzinger und den übrigen Professoren bekannt, die ihn ja sogar zum Dekan wählen. Auch das Verhältnis zu Küng kühlt in einer langsamen und stillen inneren Ablösung ab, die auch das gemeinsame Abendessen am Donnerstag immer mühsamer macht: ein allmähliches Sich-Entfremden, bei dem viele verborgene Vorbehalte mitspielen, aber ohne eklatante Auseinandersetzungen. „Küng hat Ratzinger nur ein einziges Mal angegriffen", berichtet Seckler, „und das hatte überhaupt nichts mit Theologie zu tun." Die beiden hatten für jedes Semester ausgemacht, daß, wenn einer die dogmatische Hauptvorlesung hielt, der andere die begleitende Übung übernahm und somit mehr Zeit und Planungsspielraum für die eigenen Aktivitäten hatte. Als Ratzinger 1969 erklärt, er habe die Absicht, Tübingen zu verlassen, um an der neuen theologischen Fakultät von Regensburg zu lehren, bringt seine überraschende Entscheidung die Pläne des Kollegen durcheinander. Der hat jedoch für sein „leichtes" Semester schon andere Verpflichtungen übernommen." Seckler fährt fort:

> „Küng war außer sich und wurde heftig. Ratzinger mit seiner leisen Stimme blieb ruhig, ohne von seiner Entscheidung abzurücken. Aber er wurde vom anderen mit Beschimpfungen attackiert. Ratzinger ist am stärksten in den ruhigen Diskussionen, bei denen es auf Argumente ankommt. Aber in der heftigen Konfrontation kommt er aus dem Takt, er kann keine Auseinandersetzung führen. Er kann nicht laut werden und ist nicht fähig dazu, anderen arrogant über den Mund zu fahren."

Doch schon vor diesem offenen Zornesausbruch Küngs hat es für Ratzinger einen ungleich gewichtigeren Grund gegeben, Tübingen zu verlassen. Nachdem die Beziehungen zu den Kollegen unter den nachkonziliaren Spannungen bereits brüchig geworden waren, brach „schlagartig " (so der damalige Präfekt des ehemaligen Heiligen Offiziums in seiner Autobiographie) die 68er Bewegung auch über Tübingen herein.

Flucht aus Tübingen

In Deutschland ging die Revolte von den Universitätsstädten Frankfurt und Berlin aus, wo die Studentenbewegung bereits im Juni 1967 ihren ersten Märtyrer hatte: den Studenten Benno Ohnesorg, der während einer Demonstration gegen den Besuch des Schahs von Persien von einem Polizisten erschossen worden war. Das Land wird erstmals von der großen Koalition von

Christdemokraten und Sozialdemokraten regiert. Die Anschuldigungen gegen Kanzler Kurt Kiesinger wegen seiner nationalsozialistischen Vergangenheit sind ein Hinweis auf das Gift, das dem Konflikt zwischen den Generationen in Deutschland eine besonders destruktive Kraft verleiht: Den Vätern wird der Horror des Dritten Reiches vorgeworfen, den sie während der ganzen langen Jahre des nationalen Wiederaufbaus verdrängt haben. Unterdessen bricht in Vietnam der Mythos von den amerikanischen „Befreiern" zusammen. Zur gleichen Zeit erklärt der in den Vereinigten Staaten lebende Philosoph Herbert Marcuse, der vor Hitlers Machtantritt aus Deutschland geflohen war, man müsse die Umstellung und Wiederaufnahme des nationalen Industrieapparats und das Aufkommen der großen amerikanischen Holdinggesellschaften mit den Instrumenten der marxistischen Analyse interpretieren, wenn man wirklich verstehen wolle, was vor sich gehe. Dies findet auch in Deutschland Resonanz.

Bald erreicht das Feuer des studentischen Protests auch die theologischen Fakultäten. In Tübingen ist die protestantische Fakultät (in den oberen Stockwerken des Gebäudes in der Liebermeisterstraße, direkt über der katholischen Fakultät im Erdgeschoß) eine der Zentralen der neomarxistischen Bewegung. An der philosophischen Fakultät lehrt Ernst Bloch, der unorthodoxe Marxist, der von der Studentenbewegung als *maître à penser* gefeiert wird. Rudi Dutschke trifft ihn in Bad Boll, in der Nähe von Tübingen, auf einer Tagung der Evangelischen Akademie. „Ernst Bloch Universität" schreiben die Protestler unter das Universitätssymbol an der Neuen Aula. Schon in den fünfziger Jahren macht sein dreibändiges Werk *Das Prinzip Hoffnung* einen säkularisierten christlich-jüdischen Messianismus als die treibende Kraft einen künftigen Revolutionssturmes aus, der über die westliche Welt hinwegfegt. Aus der Auseinandersetzung mit den Thesen Blochs entsteht das Buch *Theologie der Hoffnung* des evangelischen Theologen Jürgen Moltmann, der seit 1967 ebenfalls in Tübingen, an der Evangelisch-Theologischen Fakultät, lehrt. Es ist verlockend, eine Synthese zwischen der christlichen Hoffnung und der Utopie marxistischen Ursprungs zu schaffen, die sich auf den weltlichen Bereich der Befreiung von Armut und Unterdrückung der Klassen konzentriert. Eine Perspektive, die – wie Ratzinger in seiner Autobiographie schreibt – „ungleich radikaler war, gerade weil sie auf der biblischen Hoffnung basierte und sie nun dadurch verkehrte, daß die religiöse Inbrunst beibehalten, aber Gott ausgeschaltet und durch das politische Handeln des Menschen ersetzt wurde".[24] In dieser „neuen Verschmelzung von Kirche und Welt im Zeichen der Revolution", erklärt Ratzinger im Vorwort zu einer im Jahr 2000 erschienenen Neuauflage von *Einführung in das Christentum,* sind viele Christen berauscht davon, wieder Protagonisten der Geschichte werden zu können. Nachdem die fortschrittliche westliche Kultur versucht hatte, die Religion auf die subjektive Sphäre der Innerlichkeit abzudrängen, war da nun

> „eine neu gelesene Bibel (besonders des Alten Testaments) und eine Liturgie, die als symbolischer Vorvollzug der Revolution und als Bereitung für sie gefeiert wurde (...) Das Christentum war mit dieser merkwürdigen Synthese wieder in die Öffentlichkeit der Welt getreten und eine ‚epochale' Botschaft geworden."[25]

Auch die „demokratisierende" Agenda der besonders radikalen liberalen Theologen – Küng eingeschlossen – ist überholt, die Wucht der neomarxistischen Welle ist stärker. Es geht nicht mehr darum, einzelne Veränderungen an der Struktur der Kirche vorzunehmen und ihre Offenheit der Welt gegenüber voranzutreiben: Die historische gewachsene Form der Kirche soll der Zerschlagung der alten Ordnung zum Opfer fallen. „Unter den Talaren den Muff von tausend Jahren" wollen auch Studenten der theologischen Fakultäten abschaffen. Die Wogen der Revolution erfassen den Alltag des gewöhnlichen Fakultätslebens, bringen jahrhundertealte Muster in der Beziehung zwischen Professoren und Studenten durcheinander.

Der Protest verschont keinen Bereich, was in Tübingen auch auf Kosten Küngs und seiner Freunde geht. Der Schweizer Professor reagiert darauf, indem er in Urlaub geht und droht, die

Vorlesungen nicht wieder aufzunehmen. Die „Rebellen“ besetzen auch die Universitätskirche St. Johannes und fordern die demokratische Wahl des Kaplans. Dann setzen sie sich auf die Stufen des Fakultätsgebäudes, verwehren den Professoren den Zutritt: Man hat keine Zeit mehr, nutzlose Vorlesungen zu hören; man muß sich auf die Revolution vorbereiten, die immer näher rückt. Ratzinger muß mehrmals diese kleinen „Volksprozesse“ von Seiten der Studenten erdulden. Martin Trimpe berichtet: „Sie unterbrachen die Vorlesungen mit ihren Zwischenrufen, oder sie belagerten das Pult des Professors und zwangen ihn, auf ihre ‚revolutionären‘ Fragen zu antworten“. Andere Dozenten versuchen, sich bei den Protestlern anzubiedern. Ratzinger dagegen reagiert, indem er, wie immer, logisch und sachlich argumentiert. Aber seine leise Stimme wird oft vom Geschrei übertönt. Als eine Gruppe der Protestler in eine Senatssitzung eindringt, um sich an den Diskussionen der Professoren zu beteiligen, lächeln einige Professoren, andere ärgern sich, manchen gefällt es. Nur Ratzinger nimmt seine Unterlagen, verabschiedet sich und geht nach Hause.

Und doch hat Ratzinger aufrichtige, anteilnehmende Sympathie für viele dieser Jugendlichen, die ihm das Leben schwermachen. Eine davon ist Karin, ein hübsches blondes, jedoch nicht wenig aggressives Mädchen. Es ist offensichtlich, daß sie auf der Suche nach etwas ist, daß ihr revolutionärer Traum – wenn auch etwas verworren – die Erwartung eines besseren Lebens ausdrückt, den Wunsch, glücklich zu sein. Ratzinger setzt sich ernsthaft mit ihr auseinander. Doch dann stirbt Karin plötzlich. Trimpe berichtet:

> „Ich war es, der es dem Professor gesagt hat, bei einem Mittagessen. Er war sehr betroffen und sprach kein Wort mehr. Dann hat er sein Mitleid mit dem Leben und dem Tod dieses Mädchens in der Messe, am Altar, vor Gott gebracht.“

Auch bei den Vorlesungen nimmt Ratzinger – wie für ihn typisch – zu Beginn die Argumente der marxistischen Kritik ernst und wägt sie ab. Argumente, die auch Ausdruck der Erwartung eines realen geschichtlichen Heils sein können, das nicht im Ghetto der subjektiven Individualität eingeschlossen ist. Schon in der *Einführung in das Christentum* schrieb er unter Berufung auf einen Vers aus dem Matthäusevangelium, das Antlitz Christi offenbare sich „in dieser Zeit in *den* letzten Menschen; wer auf *seiner* Seite stehen will, muß daher auf *ihrer* Seite stehen".[26] Aber es ist für ihn ein großer Schock, als der Protest zu einer manchmal bewußt blasphemischen Parodie wird, zur Totalrebellion gegen die Gesellschaft, zur völligen Vernichtung der Dinge, die ihm am meisten am Herzen liegen. Sein ehemaliger Student Werner Hülsbusch, heute pensionierter Pfarrer in der Nähe von Münster, berichtet: „Er ertrug es nicht mehr, Manifeste zu lesen, die Jesus und Paulus als sexuell frustriert hinstellten, er konnte das Gerede derer nicht mehr hören, die das Kreuz als sadomasochistisches Symbol verhöhnten. Das schmerzte ihn."[27] Dazu ergänzt Peter Kuhn:

> „Ich kam aus einem bürgerlichen Milieu. In gewisser Hinsicht konnte ich das Aufbegehren meiner jüngeren Mitstudenten aus der Mittelklasse gegen die Vätergeneration verstehen. Ratzinger kam aus einem sehr einfachen Milieu, wo es diesen Generationenkonflikt nicht gab und alles von einem tiefen christlichen Glauben getragen war, der die Generationen verband. Er konnte einfach nicht verstehen, warum die Mittelstandskinder, von denen es vielen nicht schlecht ging, rebellierten. Um seine spätere Haltung gebenüber der Befreiungstheologie zu verstehen, muß man diese Erfahrung von ihm berücksichtigen."

Die immer stärkere Vergiftung des Klimas in Tübingen beschleunigt seinen Weggang an eine neue theologische Fakultät, die 1967 in Bayern eröffnet worden ist. Zum letzten Treffen mit dem Tübinger Doktorandenkreis trifft der Professor in der „Ente" von Peter Kuhn (einer milden Abart des Studentenprotests) mit leichter Verspätung ein. Vor der Reihe der schon wartenden Doktoranden tritt der Fahrer ruckartig auf die Bremse, das Tübinger Nummernschild löst sich vom Auto und fällt laut klappernd vor den Studenten zu Boden. Alle brechen in Gelächter aus. Sie haben verstanden.[28]

Der Wechsel von Tübingen nach Regensburg wird oft als radikaler Bruch gesehen, als der Moment, von dem an sich der Reformtheologe des Konzils, traumatisiert von der Erfahrung in Tübingen, in einen konsequenten (oder hartnäckigen, je nach Betrachtungsweise) Konservativen zu verwandeln beginnt. So entsteht das Bild eines Joseph Ratzinger, der die Gegenoffensive des rechten Glaubens gegen die Mißstände der Zeit anführt, und auch das Bild des Professors, der im Geheimen immer erzkonservativ geblieben ist, nun aber die Maske des Reformtheologen fallen läßt und seine schon immer vorhandenen reaktionären Tendenzen enthüllt.

Ratzinger selbst ist jedoch der erste, der die Rolle des jetzt plötzlich „reumütigen" Konzilsanhängers, in die man ihn von rechts und von links zwängen will, wiederholt von sich weist. „Nicht ich habe mich geändert, sondern die anderen", sagt er 1984, als er über die Theologen spricht, die mit ihm früher *Concilium* herausgaben.[29] „Diese Weigerung, anzuerkennen, daß sich seine eigene Einstellung seit Tübingen radikal geändert hatte", berichtet Viktor Hahn, der erste Promovent Ratzingers, „findet sich bereits in dem Interview, das er der Münchner Kirchenzeitung 1977 gab, kurz nach seiner Ernennung zum Erzbischof der bayerischen Hauptstadt."[30]

Nicht die Einstellung des Konzilstheologen ändert sich, sondern die Situation, mit der er konfrontiert ist. Für ihn, wie für viele begeisterte Protagonisten der Konzilszeit, hat sich die Erwartung, die Früchte des Konzils reifen zu sehen, in die Enttäuschung über ein Fest verwandelt, das nicht stattfindet. Er hat den Eindruck, daß die Aufweichung aller überkommenen kirchlichen Praxis und aller wesentlichen Gegebenheiten der Tradition, die nicht zuletzt in den theologischen Fakultäten praktiziert wird, ein wahrer Selbstzerstörungsprozeß der Kirche ist. Aber diese nüchterne Diagnose des Zustands der Kirche führt nie zu einem Abrücken, nie zu einer *damnatio memoriae* des „Frühlings", der durch das Konzil in der Kirche angebrochen ist. Peter Kuhn berichtet:

> „Ich erinnere mich, daß er einmal – zu der Zeit, als wir, seine Studenten, noch voller Euphorie über das Konzil waren – mit einem Bild aus dem Evangelium seinen Eindruck beschrieb: ‚Wir haben die Tür geöffnet, um einen bösen Geist aus dem Haus zu vertreiben, hoffen wir, daß nicht sieben andere zurückgekommen sind.' Aber ich habe ihn nie sagen hören: ‚Was wir getan haben, hätten wir nicht tun sollen.'"

Im Jahr 1968, mit der Enzyklika *Humanae vitae* und ihrem entschiedenem „Nein" zu bestimmten Verhütungsmethoden, erreicht der innerkirchliche Dissens gegen das Lehramt seinen Höhepunkt. In Deutschland scheinen sogar die Bischöfe sich vom Papst zu distanzieren. Im August 1968 erklären sie zum Abschluß ihrer Vollversammlung in Königstein, daß die Paare, die Verhütungsmittel benutzen, selbst entscheiden müssen, ob sie mit gutem Gewissen ihr Handeln verantworten können. Damit wird – auf verklausulierte Weise – zum Ausdruck gebracht, daß das Urteil über die moralische Zulässigkeit der Empfängnisverhütung dem Gewissen des einzelnen überlassen wird. Zu dieser Zeit sieht der Kanadier Tremblay in einer katholischen Zeitschrift eine Karikatur von Paul VI. Er findet sie amüsant und beschließt, sie zum Doktorandenkolloquium mitzubringen, das der Professor samstags hielt. „Als ich sie ihm augenzwinkernd zeigte, warf er mir einen vernichtenden Blick zu." Über den Papst scherzt man nicht.

> „Aber gerade die so freie katholische Auffassung, die er von der Beziehung zum Apostolischen Stuhl hatte", bemerkt Tremblay, „machte ihn auch gegen jenen lehramtlichen Fundamentalismus immun, der heute wieder in Mode zu sein scheint, den Fundamentalismus derer, die ihren Mund nur auftun, um Sätze aus den neuesten vatikanischen Dokumenten zu zitieren."

Als Priester aus Bayern fordert Ratzinger angesichts des Sturms, der besonders über die mittel- und westeuropäischen Kirchen hinwegfegt, als Gegenmittel nicht das Eingreifen des römischen

Gendarmen. Es ist Sache der einzelnen Bischöfe, den Glauben der Apostel, deren Nachfolger sie sind, zu verkünden und die einfachen Gläubigen vor jenen zu schützen, die sie im Glauben verunsichern.

> „Im Jahr 1965", merkt Wolfgang Beinert an, „hatte Ratzinger zusammen mit Karl Rahner das wichtige Buch *Primat und Episkopat* geschrieben, in dem, in gewisser Hinsicht, die Konjunktion, die die beiden Begriffe verband, das wichtigste Wort war. Bei der uralten, hier neu behandelten *Quaestio disputata* der Beziehung zwischen Papst und Bischöfen ist Ratzinger hier wie immer auf der Linie geblieben, die sich beim Konzil herauskristallisiert hatte."

Seine Ekklesiologie jener Jahre, die ausführlich in dem Sammelband *Das neue Volk Gottes* aus dem Jahr 1969 dargelegt ist, erkennt vorbehaltlos an, daß in den ersten christlichen Jahrhunderten der Primat des Sitzes von Petrus und Paulus „für die Einheit des Glaubens in der Kirche von richtunggebender Bedeutung ist, aber keinen im engeren Sinn administrativen Charakter"[31] hat, und daß

> „das zentralstaatliche Bild, das die katholische Kirche bis zum Konzil hin bot, nicht einfachhin schon aus dem Petrusamt erfließt, sondern aus seiner engen Verquickung mit der im Laufe der Geschichte immer weiter gesteigerten patriarchalen Aufgabe, die dem Bischof von Rom für die gesamte lateinische Christenheit zugefallen ist".[32]

Im Jahr 1968 erscheint auch die Unterschrift Ratzingers in der Erklärung von Nijmegen, dem von 1360 Theologen aus 53 Ländern unterzeichneten Appell, der jede Form der Kontrolle gegenüber der freien theologischen Forschung zurückweist und fordert, daß auch die Lehrorgane des Heiligen Stuhls *(in primis* das ehemalige Heilige Offizium) bei der Auswahl ihrer eigenen Mitglieder und Berater „die Pluralität moderner theologischer Schulen und Formen geistiger Anschauung" berücksichtigen.[33]

In den theologischen Konflikten jener Jahre unterscheidet sich der zukünftige Präfekt der Kongregation für die Glaubenslehre in seiner Treue zur Tradition stets von der Panikmache jener, die dem Konzil vorwerfen, es habe die mit allen Übeln der Kirche gefüllte Büchse der Pandora geöffnet. Bei den Studenten entschlüpft ihm freilich manchmal die eine oder andere ironische Bemerkung über den Konformismus der akademischen römischen Kreise.

„Ich war 10 Jahre in Rom", erzählt Beinert. „Ich habe an der Päpstlichen Universität Gregoriana studiert und war lange Zeit Student des Pontificium Collegium Germanicum. Bei einer Unterredung mit dem Kreis der Doktoranden fragte uns Ratzinger, was wir Studenten über eine bestimmte Sache dachten. Und dann fügte er lächelnd hinzu: ‚Es ist müßig, das Herrn Beinert zu fragen. Er hat in Rom studiert und weiß bereits, was er denken und sagen muß …'"

Bischöfe auf Zeit?

Eine scheinbar unbedeutende kleine Episode, die sich am Ende der Tübinger Zeit ereignet, erweist sich als besonders aufschlußreich.

Im Sommer 1969 verfassen einige Tübinger Professoren einen Artikel, in dem sie vorschlagen, die Dauer des Episkopats auf Lebenszeit abzuschaffen und die Amtszeit der residierenden Bischöfe zu befristen. Der Text erscheint an prominenter Stelle in der *Theologischen Quartalsschrift,* dem renommierten Fachblatt, das sich rühmt, die älteste theologische Zeitschrift Deutschlands zu sein. Vor der Veröffentlichung wird der Text von allen Professoren der katholischen Fakultät, Ratzinger eingeschlossen, unterschrieben.[34] Die zwölf Seiten enthalten eine Fülle von soziologischen und juristischen Argumenten, die zeigen sollen, daß „das Gefüge der Kirche und die Rechtsauffassung der Kirche gegenüber dem heutigen Bild der Gesellschaft sich als eine fremde, vergangene Welt darstellen". Nach Meinung der Unterzeichner dieser Erklärung in Form eines Artikels beruft sich auch die aktuelle Form der bischöflichen Jurisdiktion nicht „auf das Evangelium, auch nicht auf die Struktur der ersten christlichen Gemeinden, sondern nur auf eine später entstandene Tradition", die ihrer Meinung nach heute nicht mehr angemessen ist.

> „Nicht also darum geht es", präzisieren die Unterzeichner, „die Utopie einer urkirchlichen Gemeinde zu verwirklichen. Wohl aber ist es unsere Aufgabe, im Blick auf das Evangelium neue Forderungen und Möglichkeiten kritisch zu prüfen (...) Amt und Autorität sind notwendig (...) Man wird sich darum auch die Frage stellen können, ob das Bischofsamt in Zukunft immer ein Amt auf Lebenszeit sein soll."

Dann legen die Tübinger Professoren dar, wie nach ihrem Vorschlag die bischöfliche Gewalt den neuen Zeiten angepaßt werden sollte. Sie meinen:

> „Die Amtszeit residierender Bischöfe soll in Zukunft acht Jahre dauern. Eine Wiederwahl beziehungsweise eine Verlängerung der Amtszeit ist nur ausnahmsweise, und zwar aus objektiven, äußeren, in der kirchenpolitischen Situation liegenden Gründen, möglich."

Die Verfasser spezifizieren, daß „der Vorschlag zunächst von den Verhältnissen in Westeuropa ausgeht" und daß „Folgerungen für die Wahl des Papstes außerhalb dieser Darlegungen liegen und darum in diesem Zusammenhang auch nicht erörtert werden". Eine weitere *excusatio non petita:* Die Provokation wird dadurch noch größer, denn dies impliziert *ipso facto* die Möglichkeit, auch für den Bischof von Rom ein Mandat *ad tempus* anzunehmen.

Die Unterschrift von Professor Ratzinger unter dem Vorschlag seiner Kollegen läßt sich natürlich nicht mit dem Profil des erzkonservativen „Hardliners" vereinbaren, der sich darauf versteift, die theologischen Verirrungen der Zeit zu bekämpfen. Sie kann jedoch auch nicht zur Bestätigung des entgegengesetzten Klischees herangezogen werden: Ratzinger als junger theologischer „Brandstifter“ an der Seite Küngs. Professor Seckler, einer der Verfasser dieses Artikels, den er heute als eine Art „Jugendsünde“ betrachtet, berichtet 40 Jahre später:

> „Am Anfang war Ratzinger der einzige, der den Text nicht unterzeichnen wollte. Seine Vorstellung vom Episkopat ließ sich nicht mit den Thesen vereinbaren, die in unserem Vorschlag aufgestellt wurden. Ich habe ihn dann zu Hause besucht und versucht, ihn zu überzeugen. Wir haben Kaffee getrunken und uns lange unterhalten. Als ich wieder ging, hatte ich seine Zustimmung.“

Auch die Studenten, die ihm am nächsten standen, waren dieses Mal verblüfft. Trimpe erinnert sich:

> „Der Professor vertrat für gewöhnlich mit aller Entschiedenheit seine Überzeugungen. In diesem Fall hatte er vielleicht den Artikel nicht gründlich gelesen oder um des lieben Friedens willen dem Druck nachgegeben. Er wollte weitere Diskussionen mit den Kollegen vermeiden. Und vielleicht erschien ihm das, worum man ihn bat, auf konkreter Ebene nicht so wichtig.“

Mitarbeiter und Studenten sind beunruhigt, aber Ratzinger scheint sich keine großen Sorgen wegen dieser Sache zu machen. Er schlägt mit einer gewissen Verschmitztheit ein Mittel vor, das ihre Sorgen besänftigen soll. Trimpe berichtet: „Als er sah, daß ein paar von uns entsetzt waren, lächelte er und sagte: ‚Wenn ihr euch ärgert, dann schreibt doch etwas gegen diesen Vorschlag.‘“

So kam es, daß Peter Kuhn und Martin Trimpe einen umfangreichen Artikel verfaßten, der in zwei Folgen der Zeitschrift *Hochland* erschien, um auf Anregung ihres Professors die Thesen über den Episkopat auf Zeit zu widerlegen, die dieser selbst unterschrieben hatte.[35] Kuhn bemerkt dazu augenzwinkernd: „Wir haben den Artikel erst dann veröffentlichen lassen, als wir mit unserem Professor bereits in Regensburg waren. In Tübingen hätten sie uns zu Verrätern erklärt und entsprechend behandelt.“

Regensburg

SCHEINBAR AM ZIEL ANGELANGT

In Regensburg lebt es sich gut. Die ruhig dahinströmende Donau, die Gassen der autofreien Altstadt mit ihren Geschlechtertürmen, die liturgischen Gesänge der Regensburger Domspatzen bei den feierlichen Messen in der gotischen Kathedrale St. Peter: Das alles trägt zu einer vitalen und zugleich ruhigen Urbanität bei. Sie ist das Erbe bedeutender kultureller Epochen und zeigt die entspannte, liebenswerte Seite der europäischen katholischen Kultur. Durch ihre Lage war es dieser Stadt bestimmt, mehr als einmal ein Vorposten, eine Art Wachtturm an der Grenze zu anderen Welten zu sein.

Als die Römer das alte *Castra Regina* gründeten, hörte man dort noch die Sprache der Kelten, bis dann andere, aus dem Norden und Osten kommende Völker das Reich überrannten. In der zweiten Hälfte des vergangenen Jahrhunderts verlief nur knapp 50 Kilometer von der bayerischen Stadt entfernt die Grenze zur Tschechoslowakei, die den Westen von der „anderen" Welt, dem Realsozialismus, trennte.

Im Jahr 1968 bereiten in der nahen ČSSR sowjetische Panzer dem Prager Frühling ein gewaltsames Ende. Gleichzeitig steht auch die Revolte der Kinder der Bourgeoisie an den westlichen Universitäten im Zeichen des marxistischen Umsturzes der sozialen Ordnung.

Im Jahr zuvor hat der Freistaat Bayern in Regensburg seine vierte Universität eröffnet, und viele drängen darauf, daß die neue theologische Fakultät sich die Auseinandersetzung mit der kommunistischen Welt zur besonderen Aufgabe machen solle. Man muß etwas tun, mit deutscher Gründlichkeit jene Krisen der Geschichte theologisch analysieren, die einige in der Kirche bereits als Vorzeichen der Apokalypse deuten, als die ersten Vorbeben einer Welt, die kurz vor ihrem Zusammenbruch steht. Andere dagegen sehen diese Entwicklungen nur als Vorläufer einer neuen Zeit, der man sich nicht entgegenstellen darf, wenn man nicht als Gefangener der eigenen Vergangenheit untergehen will.

Es gab vielleicht auch aus diesem Grund den ein oder anderen, der Professor Joseph Ratzinger von Anfang an auf dem Lehrstuhl für Dogmatik der neuen katholischen Fakultät sehen wollte. Denn er ist einer, der die großen historischen Phänomene in den Horizont des theologischen Denkens einzuordnen weiß und sich immer um eine Synthese bemüht. Es ist bekannt, daß der brillante Konzilstheologe 1966 auch deshalb die theologische Fakultät von Münster verlassen und den Ruf der Tübinger Fakultät angenommen hat, um der bayerischen Heimat wieder näher zu sein, nach der er und insbesondere seine Schwester, die ihn zu Hause betreut, sich immer sehnen. Heinrich Schlier, der große, von der evangelischen Theologie kommende katholische Exeget und ein Freund Ratzingers seit der gemeinsamen Lehrtätigkeit in Bonn, hatte ihn gewarnt: „Herr Ratzinger, denken Sie daran, daß Tübingen nicht in Bayern liegt." Und tatsächlich bleibt das Heimweh nach Bayern auch in Tübingen bestehen. Aber der Versuchung, schon 1967, im Jahr der Eröffnung der Universität, nach Regensburg zu ziehen, widersteht Ratzinger zunächst. Er ist gerade erst in der berühmten württembergischen Hochburg der Theologie angekommen. Zudem reizt ihn der Gedanke ganz und gar nicht, sich mit all den technischen und logistischen Problemen auseinandersetzen zu müssen, die in der Aufbauphase neugegründeter akademischer Institutionen nicht ausbleiben. So geht der Regensburger Lehrstuhl für Dogmatik an Johann Auer, seinen Kollegen aus Bonner Zeiten. Aber schon zwei Jahre später, Anfang 1969, hat sich alles geändert. In Tübingen blockieren die Studentenunruhen auch an der Katholisch-Theologischen Fakultät die normalen Abläufe an der Universität: Vorlesungen, Prüfungen, akademische Versammlungen sind zu einem Schlachtfeld geworden. „Ich selber hatte mit den Studenten keine Probleme. Aber ich habe gesehen, wie wirklich Tyrannis ausgeübt worden ist, in brutalen Formen auch", sagt er über diese Zeit.[1]

„Im Frühjahr 1969", erzählt Peter Kuhn, damals Ratzingers Assistent, „bin ich Heinrich Schlier wiederbegegnet. Er fragte mich, wie es unserem ‚Chef' in Tübingen gehe. Als ich ihm sagte, daß die Dinge gar nicht gut liefen, meinte er: ‚In Regensburg haben sie beschlossen, einen zweiten Lehrstuhl für Dogmatik einzurichten. Ich könnte die Professoren dort wissen lassen, daß für Ratzinger nun ein Ruf dorthin interessant sein könnte'. ‚Herr Professor', sagte ich zu ihm, ‚wenn Sie etwas tun können, dann tun Sie das sofort'. Schlier setzte sich mit Mußner in Regensburg in Verbindung."[2]

Nach den Tübinger Jahren erreicht Professor Ratzinger nun, wie er meint, seinen endgültigen beruflichen Bestimmungsort. Auf einer der ersten Umzugsfahrten begleitet ihn sein Schüler Johannes Lehrmann-Dronke.[3] Kurz nachdem sie in Regensburg eingetroffen sind, wird das mit Büchern und Gepäck überladene Auto von der Verkehrspolizei angehalten. Die beiden Priester fahren erst weiter, nachdem sie die Polizisten beruhigt haben, was den Inhalt der viel zu großen Ladung betrifft, und nachdem sie erklärt haben, sie kämen aus Bierbronnen – „Brunnen des Biers" – im Schwarzwald, wo Ratzinger mit Studenten sommerliche Studienwochen abhalte.

„Ich wollte meine Theologie in einem weniger aufregenden Kontext weiterentwickeln und mich nicht in ein ständiges Kontra hineindrängen lassen", erklärt Ratzinger in seiner Autobiographie seine „Flucht" aus Tübingen.[4] Sein ehemaliger Student Martin Bialas, ein Passionist, meint jedoch, daß zu dem Umzug noch andere Faktoren beigetragen haben:

„Sein Bruder Georg war Leiter der Domspatzen geworden. Ein Umzug nach Regensburg hätte bedeutet, daß die drei Geschwister Ratzinger endlich wieder beieinander sein könnten. Ich bin sicher, das – und nicht die theologischen

Streitereien – war der Hauptgrund dafür, daß er nach Regensburg gegangen ist.“[5]

In Pentling, am Stadtrand von Regensburg, wo er sich mit seiner Schwester niederläßt und 1971 ein Häuschen mit kleinem Garten baut, feiert Joseph Ratzinger jeden Tag die Messe. Seine Schwester ist immer an seiner Seite. „Da kommen Maria und Joseph“, scherzen die Mitglieder der Pfarrgemeinde, wenn sie die beiden auf ihrem Weg zur Kirche sehen.

Melanchthon, der Katholik

Was auch immer die ausschlaggebenden Gründe für den Wechsel sind, in Regensburg beginnt für Ratzinger ein neues Abenteuer. Die theologische Fakultät hat die alte Philosophisch-Theologische Hochschule der Diözese abgelöst und übernimmt in der ersten Zeit auch deren Räumlichkeiten, die sich seit 1809 in dem ehrwürdigen Dominikanerkloster befanden, in dem schon Albert Magnus gewirkt hatte. Schon bald wird die gesamte akademische Aktivität in die neuen Gebäude aus Betonteilen verlegt, die an der Peripherie der Stadt entstehen. Zur Universität fährt der Professor gewöhnlich mit öffentlichen Verkehrsmitteln, manchmal aber läßt er sich, selbst nicht Autorfahrer, auch von seinen Studenten und Mitarbeitern in ihren originellen Fahrzeugen mitnehmen: dem „Käfer“ von Bialas und dem Opel Kadett von Wolfgang Beinert.

Die neue theologische Fakultät ist eine *Tabula rasa*. Im Gegensatz zu Tübingen kann sie auf keine große Geschichte zurückblicken. Aber das hat auch seine Vorteile: Man kann in aller Freiheit arbeiten, ohne die Last einer Vergangenheit, der man verpflichtet ist. Verglichen mit dem Chaos der 68er Studentenunruhen in Tübingen gleicht die Regensburger Fakultät einer Oase des Friedens. Allerdings kann man sie sicher auch nicht als Bollwerk des reaktionären Widerstands gegen bestimmte Entwicklungen der nachkonziliaren Theologie bezeichnen. Unter den Studenten kursieren die gleichen Parolen der politischen Mobilisierung wie überall: „Für den Sieg des vietnamesischen Volkes" steht in großen, roten Lettern an den Wänden der Mensa geschrieben. So gut wie alle Dozenten sind neu an die Universität gekommen, Professoren mit sehr unterschiedlichen Profilen und manchmal sogar gegensätzlicher theologischer Ausrichtung. Vertreter der beiden „Extreme" sind der altgediente, scholastisch geprägte Johann Auer und der Professor für Fundamentaltheologie Nobert Schiffers, der die Befreiungstheologie unterstützt. „Um die Wahrheit zu sagen", verrät Martin Bialas, „der Regensburger Bischof Rudolf Graber hielt auch Professor Ratzinger für einen Modernisten, und seine Ankunft an der Fakultät machte ihm Sorgen. Aber er legte kein Veto dagegen ein, was er durchaus hätte tun können." Tatsächlich entsprechen all die Entscheidungen, die Ratzinger in den Jahren darauf treffen wird, all seine Aktivitäten – die Themen seiner Vorlesungen und Seminare, seine Lehrmethoden, die Teilnahme am Fakultätsleben, die öffentlichen Stellungnahmen – tatsächlich recht wenig dem Klischee vom neuerdings Konservativen oder reuigen Konzilstheologen. Schon an den Titeln seiner Vorlesungen und Seminare läßt sich ablesen, daß ihm die aktuellen kirchlichen und theologischen Belange wie auch der ökumenische Dialog mit den anderen christlichen Konfessionen am Herzen liegen. Im Sommersemester 1970 veranstaltet er zusammen mit Auer ein Seminar zu Fragen zur Geschichte der politischen Theologie. Das Seminar im Sommersemester 1972 beschäftigt sich mit der Möglichkeit der *communicatio in sacris* zwischen der katholischen Kirche und den anderen christlichen Kirchen und Gemeinschaften. 1973 befaßt sich das Hauptseminar mit den Texten der letzten Vollversammlung des Ökumenischen Rats der Kirchen, an der Ratzinger gemeinsam mit einem anderen deutschen Theologen, Walter Kasper, teilgenommen hatte. Im Wintersemester 1973/1974 führt er parallel zur Hauptvorlesung über Christologie zusammen mit Auer ein Seminar über theologische Neuerscheinungen durch, die zeitgenössische Theologen auf diesem Gebiet hervorgebracht haben – von Rahner bis Moltmann, Schoonenberg bis Pannenberg. Im Sommersemester 1974 wird die Ekklesiologie-Vorlesung mit einem Seminar über *Lumen gentium* verbunden, der vom Zweiten Vatikanischen Konzil erarbeiteten Konstitution über die Kirche. Im selben Semester hält Ratzinger auch ein Kolloquium über das Dokument über die Einheit des Glaubens und den theologischen Pluralismus, das die internationale Theologenkommission zwei Jahre zuvor erstellt hat. Im Hauptseminar von 1976 befaßt sich Ratzinger erneut mit der Möglichkeit einer Anerkennung der *Confessio Augustana,* der von dem Lutheraner Philipp Melanchthon verfaßten Bekenntnisschrift, durch die katholische Kirche. Das Seminar befaßt sich eingehend mit den Argumenten, die Ratzingers ehemaliger Schüler, Vinzenz Pfnür, für eine derartige Anerkennung vorgebracht hat und die sein Meister zumindest nicht ablehnt.

Auch seine Methode ist immer dieselbe: die direkte Auseinandersetzung mit den problematischen Themen, ohne jedes Tabu. Wie einer der damaligen Regensburger Studenten, der Steyler Missionar Vincent Twomey, erzählt:

> „Zu Beginn jedes Semesters strömten Studenten aller Jahrgänge (und oft aus verschiedenen Fachbereichen) in einen der größeren Vorlesungssäle, um mit gespannter Aufmerksamkeit Joseph Ratzingers Einleitungsvorlesungen zu hören. (...) Welchen Traktat er im Semester auch behandelte (z.B. Schöpfungslehre, Christologie oder Ekklesiologie), immer begann er damit, den Gegenstand des Themas zuerst im gegenwärtigen kulturellen Kontext und dann in den neuesten theologischen Entwicklungen zu verorten, bevor er daran ging, seine eigene originale, gelehrte und systematische Untersuchung des Themas vorzutragen.“ [6]

Von seinen Studenten verlangt er nur, daß sie sich ihren kritischen Geist auch den neuen Konformismen gegenüber bewahren. Ein anderer ehemaliger Student Ratzingers, Joseph Zöhrer, berichtet:

> „Wenn jemand in einer Diskussion nicht hinreichend fundierte Argumente vorbrachte, reagierte er mit subtiler Ironie. Als ein Student einmal eine These lediglich mit ei-

nem Zitat des Theologen Karl Rahner begründete, stellte Ratzinger trocken fest: ‚Es ist eigenartig, daß man zuerst seine verständliche Skepsis der Formel *Roma locuta causa finita* gegenüber zum Ausdruck bringt und dann, ohne mit der Wimper zu zucken, zu der Formel ‚*Rahner locutus causa finita*‘ übergeht.‘“[7]

Was seine Kollegen angeht, hat Ratzinger einige Geistesverwandte. Er fühlt sich besonders den Exegeten Mußner und Groß verbunden. Aber er wahrt immer einen gewissen Abstand, er gehört nicht zu akademischen Seilschaften, gibt keinen Anlaß zu Konflikten um seine Person. Die anderen Professoren erkennen, von welchem Vorteil sein entgegenkommendes Wesen ist, wenn es darum geht, bei akademischen Streitigkeiten zufriedenstellende Kompromisse zu finden. Auch aus diesem Grund wählen sie ihn zunächst zum Dekan der Fakultät und später sogar zum Prorektor der Universität. In dieser Eigenschaft trägt er auch dazu bei, die Forderung nach Grundkursen in Marxismus freundlich, aber bestimmt zurückzuweisen, die vor allem von den Studenten, aber auch von der Universitätsleitung vorgebracht wird.

Eine Schule freien Denkens

An der Fakultät sind die Vorlesungen Ratzingers, zu denen normalerweise 150–200 Studenten kommen (für Regensburg eine große Zahl), am besten besucht. Was jedoch besonders beeindruckt, ist die immer größere Gruppe von Studenten aus Deutschland und der ganzen Welt, die unter seiner Leitung an der neuen Fakultät promovieren oder sich habilitieren wollen. Einen von ihnen, den liebenswürdigen Salvatorianer Stephan Otto Horn[8], bestimmt Ratzinger zu seinem neuen Assistenten, nachdem Peter Kuhn den Posten 1972 aufgegeben hat, um mit einer weiteren judaistischen Arbeit in der Theologie (Altes Testament) zu promovieren.

Der Kreis der Doktoranden Ratzingers, der in Münster entstand und schon in Tübingen zu einer festen Einrichtung wurde, erlebt in den siebziger Jahren in Regensburg seine Glanzzeit. Ratzinger hat eine sehr ungewöhnliche Auffassung von der – in der deutschen Hochschultradition klar umrissenen – Rolle des Doktorvaters. Er betreut seine Doktoranden nicht individuell. Denn es sind zu viele, fast immer um die 30 Studenten, dazu hätte er gar nicht die Zeit. Er trifft sich gewöhnlich jeden zweiten Samstagvormittag mit allen im Regensburger Priesterseminar. Dieser außerhalb der Universität gemeinsam verbrachte halbe Tag beginnt – wie schon in der letzten Zeit in Tübingen – mit einer Messe. Jedesmal referiert ein einzelner Doktorand über die Fortschritte seiner Forschungen und legt diese dem kritischen Urteil der anderen vor. Die Spannbreite der vom Professor vorgeschlagenen Dissertations- und Habilitationsthemen – von Irenäus bis zu Nietzsche, von der Theologie des Mittelalters bis zu Camus, vom Konzil von Trient bis zu den personalistischen Philosophen des 20. Jahrhunderts – ist eine indirekte Bestätigung dafür, daß er nicht die Absicht hat, ein theologisches Konventikel zu schaffen, das in seinen eigenen Konventionen von Methode und Inhalt erstarrt.[9]

> „Die Diskussion hatte oberste Priorität", erinnert sich Twomey. „Zu jedem einzelnen Thema prüfte der Professor eingehend alle Einwände, und zwar sowohl die historischen als auch die der zeitgenössischen Theologen, und er nahm alle Meinungen und Hypothesen ernst, auch die derer, die ganz neu in diesem Kreis waren."[10]

Seine „mäeutisch" orientierte Methode, mit der er die Debatte führt, macht es ihm möglich, seine eigenen Beiträge auf ein Minimum zu reduzieren. Auch in den Kontroversen, die gerade dadurch ausgelöst werden, daß die Sitzungen des Doktorandenkolloquiums sich zu Diskussionen quasi unter Gleichen gestalten, nimmt er eine unparteiische Haltung, *super partes,* ein.

> „Bei dem großen Spektrum an theologischen Meinungen innerhalb der Gruppe", erläutert Twomey, „war eine gewisse Spannung zwischen den besonders ‚Fortschrittlichen'

> und den besonders ‚Konservativen' unvermeidlich. Aber alle Meinungen wurden dargelegt und respektiert, dann allerdings einer genauen und sachlichen Prüfung unterzogen, unter Berücksichtigung der theologischen Quellen."[11]

Der Doktorandenkreis Ratzingers hat nichts mit dem *Thinktank* einer strengen theologischen Schule gemeinsam, oder einer „Fabrik von Schülern", die dem Meister gleichen, und schon gar nichts mit einer Seilschaft karrierebesessener Akademiker. Zukünftige Monsignori der römischen Kurie gehören dazu, aber auch überzeugte Ökumeniker; bescheidene und großzügige Ordensleute, die ihr Leben in den Dienst der Mission stellen werden und freundliche und schüchterne Studentinnen aus Deutschland und Übersee; zukünftige Pfarrer traditioneller Prägung gemeinsam mit Theologen, die während ihrer akademischen Laufbahn mit den Weisungen des kirchlichen Lehramts nicht unbedingt konform gehen werden. In den kommenden Jahren sollte mehr als einer der damaligen angehenden Theologen – wie Hansjürgen Verweyen und Wolfgang Beinert – zu kontroversen theologischen Fragen wie der Zulassung von Frauen zum Priesteramt oder einem einzigen, für die gesamte katholische Kirche geltenden Katechismus eine ganz andere Position einnehmen als sein ehemaliger Lehrer.

> „Wenn ich heute daran zurückdenke", räumt Zöhrer ein, „staune ich über die Freiheit, die wir damals genossen. Vor allem, nachdem ich erfahren habe, wie andere Doktorväter, die den Ruf hatten, sehr liberal zu sein, ihre Schüler in ein starres Korsett preßten, um sie dann sogar zu bestrafen, sobald es zu einem inhaltlichen Dissens kam."

Die Entwicklungsgeschichten einiger Mitglieder des Schülerkreises vermitteln anschaulich einen Eindruck von dem Klima, das in der Gruppe herrscht, wie auch von der offenen und zugleich sehr anteilnehmenden Beziehung, die den Doktorvater mit seinen Schülern verbindet.

Da ist Anfang der siebziger Jahre beispielsweise Barthélemy Adoukonou, ein junger Priester aus Benin, ein glühender Anhänger des afrikanischen Kampfes gegen den kolonialen Imperialismus. Adoukonou fragt nach seinem Abschluß an der Päpstlichen Universität Urbaniana in Rom an, ob er bei Ratzinger mit einer Arbeit promovieren könne, in der er den Versuch einer christlichen Hermeneutik des Voodoo unternehmen möchte, der animistischen Religion, die über Sklaven aus Benin in die Karibik gelangte. Der Professor akzeptiert den Vorschlag sofort. Er ist ganz und gar nicht von der Vorstellung schockiert, daß vor seinen Augen diese esoterische Religion, die in ihrer synkretistischen Entwicklung auch katholische Elemente übernommen hat, eine „Aufwertung" erfährt. Der Student beschließt, zunächst in Paris das Phänomen des Voodoo unter soziologischem und anthropologischem Aspekt zu studieren, aber als er dann nach Deutschland zurückkehrt, ist er so erfüllt von strukturalistischen und marxistisch geprägten Theorien, daß ihm der Ratzinger-Kreis wie eine allzu „gemäßigte" Gesellschaft erscheint. Er erklärt, er wolle nach Tübingen gehen. Ratzinger verzieht keine Miene und schreibt ihm in seiner üblichen Freundlichkeit eine Referenz, die an Hans Küng gerichtet ist. Aber schon nach einigen wenigen Vorlesungen trauert Barthélemy Regensburg nach. Er fragt, ob er zurückkommen könne, und findet immer offene Türen, auch im Hause Ratzinger in Pentling, wo der „Schwarze" der Gruppe in Anbetracht der eingeschränkten Mittel, die ihm zur Bezahlung seines Studiums zur Verfügung stehen, oft zum Mittagessen eingeladen wird. Der Professor wird später auch die Veröffentlichung der Dissertation finanzieren. Adoukonou erinnert sich:

> „Eines Tages sagte er zu mir: ‚Barthélemy, denk daran, wenn einer nicht demütig genug ist, um zu akzeptieren, daß er nimmt, hat er auch nicht das Recht, zu geben. Wir Deutschen waren nach dem Krieg in einer schrecklichen Lage. Es war nicht einfach, etwas zu essen zu finden. Die Amerikaner sind gekommen, und wir haben ihre Hilfe angenommen'. Das", setzt der afrikanische Theologe hinzu, „ist seine Art, mit den Dingen umzugehen."[12]

Zur kosmopolitischen Gruppe des Schülerkreises gehören auch der Armenier Antoine Saroyan, der Inder Alex Thannippara, der italienische Franziskaner Cornelio Del Zotto, der Holländer Hubert Schnackers. Aber das Lieblingskind der Gruppe ist Jong-Hi Victoria Kim, die im Herbst 1969 aus Korea nach Regensburg gekommen ist, nachdem sie ihre Diplomarbeit in Biologie über die Evolutionstheorie abgeschlossen hat. Dank der Fürsorge des Professors und der Hilfe seiner Studenten – insbesondere von Martin Trimpe – gelingt es der jungen Asiatin, Eingewöhnungsschwierigkeiten, mißlungene Prüfungen, Heimweh und familiäre Probleme zu überwinden – bis hin zur Abfassung einer originellen Dissertation, die die *caritas* bei Thomas von Aquin mit einem zentralen Begriff des Konfuzianismus vergleicht.

Schon in der Tübinger Zeit trifft sich der Schülerkreis, organisiert von Peter Kuhn und anderen, am Ende eines jeden Semesters zu Begegnungen mit berühmten Professoren und Theologen außerhalb der Fakultät. Manche Reisen werden zum Anlaß unvergeßlicher Begegnungen, bei denen die Schüler Ratzingers auch einen Eindruck von dem großen internationalen Ansehen bekommen, das ihr Doktorvater genießt. Beim ersten Mal, 1967, macht sich die Gruppe von Tübingen nach Basel auf, um den großen protestantischen Theologen Karl Barth zu treffen. Peter Kuhn erinnert sich:

> „Barth war schon sehr betagt, er sollte wenige Monate später sterben. Er kam Ratzinger entgegen und verbeugte sich tief vor ihm; er begrüßte ihn zu meiner Verwunderung, wie man einen Kirchenfürsten begrüßt. Und dabei war Ratzinger damals erst 40 Jahre alt; er nahm dieses Verhalten gelassen entgegen. Dann lud Barth uns ein, an einem Seminar teilzunehmen, das er noch an der Universität hielt, über *Dei Verbum,* die Konstitution des Zweiten Vatikanischen Konzils über die Heilige Schrift. Er und seine Studenten setzten sich mit diesem Dokument mit weitaus größerem Ernst und Engagement auseinander, als man es damals häufig in ka-

tholischen Kreisen fand. Wir wollten ihn vieles fragen, aber der alte Professor war voller Neugier über das Konzil, und daher war er es, der die Fragen stellte und von Ratzinger wissen wollte, wie es in Rom zugegangen war."

In Basel trifft der Kreis der Studenten auch Hans Urs von Balthasar. Einer der Studenten, an eine offene Diskussion gewöhnt, stellt ihm kritische Fragen über seine von Origenes übernommene Theologie der Allversöhung, der letztlich leeren Hölle. Der bedeutende Schweizer Theologe reagiert ungehalten. Im Februar 1968 trifft sich die Gruppe im Trappistenkloster Notre Dame d'Altbronn im Elsaß zu Vorträgen von Heinrich Schlier; auf der Fahrt dorthin war sie in Straßburg zu einem theologischen Gespräch mit Yves Congar gewesen. Während der Zeit in Regensburg, Ende des Sommersemesters 1975, kommen die Schüler Ratzingers dann bei den Missionsdominikanerinnen im Kloster Strahlfeld zusammen, um mit dem protestantischen Theologen Wolfhart Pannenberg und einer Gruppe seiner Studenten über Christologie zu diskutieren. Ein Jahr später laden sie Walter Kasper zum Gespräch in die Jugendbildungsstätte der Prämonstratenser nach Windberg ein. Er erläutert die wesentlichen Perspektiven des dritten Teils seines Werks *Jesus der Christus*. Im Februar 1977 wird dann – ein Höhepunkt dieser Treffen – Karl Rahner eingeladen, ins Benediktinerkloster Weltenburg bei Kehlheim, um mit dem Ratzinger-Kreis seine Christologie zu diskutieren.[13]

Eine besondere Gemeinde

Unter den Studenten, die nach Regensburg kommen, um sich bei Ratzinger zu habilitieren, ist 1974 auch der junge Theologe Ludwig Weimer, der sich zu der Zeit noch nicht dazu entschieden hat, Priester zu werden. Sein Münchner Professor Heinrich Fries hatte es abgelehnt, ihm ein Thema für die Habilitationsschrift vorzuschlagen: „Sie wollen heiraten", sagte er zu ihm, „und mit der Theologie kann man keine Familie unterhalten." Mit Ratzinger hat Weimer mehr Glück:

> „Er war sofort damit einverstanden, meine Arbeit zu betreuen", erinnert sich Weimer, „und sagte, in München denke man offensichtlich anders als in Rom, wo das Konzil mit aller Macht vertreten habe, daß die Kirche die Laien brauche. Das erste Thema, das er mir vorschlug, war eine Studie über Madame Guyon, die Mystikerin, die Mitte des 17. bis Anfang des 18. Jahrhunderts lebte und die man Ratzingers Meinung nach zu Unrecht der Häresie verdächtigte."[14]

Der junge Theologe möchte jedoch lieber systematisch die Problematik des Verhältnisses zwischen Gnade und Freiheit untersuchen. Währenddessen kommt Ratzinger über Weimer näher in Kontakt mit der Katholischen Integrierten Gemeinde, der Bewegung, der der junge Theologe angehört. Ein Umstand, der sich für die Gemeinde noch als segensreich erweisen sollte.

Spiritus rector der Integrierten Gemeinde ist die 1923 geborene Traudl Weiß, später Wallbrecher aus Bayern. Den Informationsbroschüren der Gemeinde zufolge hat die Bewegung ihre eigentlichen Wurzeln in Auschwitz und Dachau, nämlich in dem Trauma, das die deutsche, auch die katholische Christenheit nach dem Ende des Zweiten Weltkrieges verdrängt hat.[15]

Im Jahr 1948 verließ Traudl Weiß die traditionelle katholische Organisation Heliand, in der sie die leitende Funktion hatte, und gründete mit einer Gruppe von Freundinnen den Jungen Bund. Zu Beginn und bis 1968 ist es vor allem der Priester Aloys Goergen, der mir ihr die Fäden des kleinen Netzes von spirituellen geistlichen Freundschaften zusammenhält. Traudl Weiß und Aloys Goergen spüren, daß man nach dem Holocaust und dem Grauen des Krieges nicht so weitermachen kann, als sei nichts gewesen – mit denselben Wimpeln, denselben Jugendliedern, denselben Versammlungen jenes Katholizismus, der „nicht gegen die Shoah, gegen die Zerstörung der Synagogen rebellierte, sondern wegschaute". Die Vernichtung des jüdischen Volkes durch getaufte Christen, in einem Land, wo auch das kleinste Dorf seine Kirche hat, stellt in ihren Augen eine radikale Zäsur dar. Eine Umkehr ist nötig. Es müsse Schluß sein mit „1600 Jahren Staatskirche, mit der Ehe von Thron und Altar", mit einer Religionszugehörigkeit, die auf die bloße Erfüllung sozialer Pflichten reduziert sei, um zum Christentum des Anfangs zurückzukehren und vor allem die jüdischen Wurzeln wiederzuentdecken.

Im Jahr 1949 heiratet Traudl Weiß den Rechtsanwalt Herbert Wallbrecher, mit dem sie später vier Kinder haben wird. Während der fünfziger und bis Mitte der sechziger Jahre nimmt die Familie mit den noch kleinen Kindern an den Einkehrzeiten und Zusammenkünften teil, die Goergen organisiert. Dann, 1965, unternimmt Traudl Wallbrecher gemeinsam mit dem Priester eine lange Reise nach Israel. In der Gruppe, die sich anschließend um Traudl Wallbrecher zu bilden beginnt, trägt die Begegnung mit Persönlichkeiten aus dem Judentum zur allmählichen Wiederentdeckung offensichtlicher, aber verdrängter Wahrheiten bei: Jesus und die Zwölf waren keine Christen, sie waren Juden; die Erwählung Israels durch Gott gilt unvermindert; Israel bleibt die Wurzel und das tragende Fundament der Kirche. „Kann Gott", so fragen sich Traudl Wallbrecher und ihre Freunde, „zwei Bräute haben? Ist nicht vielleicht diese so unheilvolle Spaltung zwischen *Synagoge* und *Ecclesia* der tiefste Grund für alle Spaltungen, die in der Geschichte der Kirchen folgten?" Und dann noch: „Muß sich nicht vielleicht die Kirche im Judentum verwurzeln, um völlig katholisch, d.h. universal zu sein?"

Die Wiederentdeckung der jüdischen Wurzeln beeinflußt auch das organisatorische Modell der Gemeinschaft. Das Urbild von allem ist die Thora, die „das gewaltige Vorhaben verwirklicht, das ganze Leben unter die Herrschaft Gottes zu stellen". Wenn die anderen Religionen sich nur für die innere-spirituelle Sphäre interessieren, „so nimmt Israel leidenschaftlich die Welt als Geschenk Gottes an. Israel weiß, daß sein Glaube, wenn er nicht auch seine äußere Welt, und daher also die Gesellschaft, der Herrschaft Gottes unterstellt, beschränkt wird und nichts mit der Wirklichkeit zu tun hat". Daher handeln die Vorschriften des jüdischen Gesetzes von Feldern und Weinbergen, von den Nestern der Vögel, vom Geländer der Dachterasse, sogar von der Rasur und dem Schnitt der Haare: Die ganze Existenz muß vom Glauben durchdrungen sein, der ganze Raum und die Zeit der Menschen, ihre Arbeit, ihre sozialen Beziehungen müssen vom Gesetz geprägt werden, um geheiligt zu sein.

Auch für die Christen – dies ist das Ziel von Traudl Wallbrecher und ihrer Gruppe, die in der Zwischenzeit, 1968, in dramatischer Weise die Mitarbeit von Dr. Goergen verlor – geht es darum, die Spaltung zwischen Glauben und Leben zu überwinden, die nach ihrer Meinung die ganze christliche Geschichte kennzeichnet, seitdem das Christentum Staatsreligion wurde. Mehr noch: Es ist nötig, daß Glaube und Leben übereinstimmen, daß jede Einzelheit der Existenz verwandelt und „integriert" wird. Und dies kann nur in Gemeinden *sui generis* geschehen, die dieses Streben so in die Praxis umsetzen, daß alle Aspekte des einzelnen und gemeinschaftlichen Lebens vom Glauben durchdrungen werden: Sie sollen kleine Inseln gemeinsamen Lebens sein, die die Gemeinschaftsformen der ersten Christen neu aufnehmen wollen, aber auf dem Weg des Privateigentums. Die Kibbuzbewegung suchte den Kontakt zu christlichen Lebensgemeinschaften. Man entdeckte Übereinstimmungen mit jenen Phänomenen des sozialistischen Kommunitarismus, die zu der Zeit im Heiligen Land ihre Blütezeit erleben. Die Mitglieder der Gemeinde knüpfen mit dem Netz der Kibbuzim enge Beziehungen, und die Freundschaft wird ab Mitte der achtziger Jahre immer enger. Auf politischer Ebene neigt die Interpretation der nationalen wie internationalen historischen Ereignisse *a priori* zu einer ständigen Rechtfertigung der Politik des jüdischen Staates. Auch die unternehmerische Aktivität der Gemeindemitglieder – Schulen, eine Klinik, von Rechtsanwalt Wallbrecher aufgekaufte bankrotte Unternehmen wie eine Pumpenfabrik, sogar eine Genossenschaftsbank – ist religiös gerechtfertigt: Es geht darum, „alle Bereiche für den Glauben zurückzugewinnen, alle Lebensbereiche, die sich in der säkularen Gesellschaft als Systeme von existentieller Bedeutung mit eigenen Regeln herausgebildet haben".

In der Kirche in Deutschland sorgt die Entstehung der Integrierten Gemeinde bald für Mißtrauen und Feindseligkeit. „Man warf uns vor, eine Sekte zu sein, die im Geld schwimmt", berichtet Weimer. Anlaß zum Argwohn ist auch die Entscheidung, die mächtigen Strukturen der amtlichen Kirche zu verlassen und dabei auch auf jegliche finanzielle Unterstützung zu verzichten. Hinzu kommt die zuweilen deutliche Kritik am deutschen Kirchenmodell und seiner engmaschigen Verknüpfung mit öffentlichen und staatlichen Strukturen. Auch die vom Judentum inspirierten Gottesdienste erregen Anstoß bei jenen Kreisen, die bereits durch die Durchführung der vom Konzil beschlossenen Liturgiereform alarmiert sind. Die ersten „Aussteiger" der Gruppe verbreiten Gerüchte und Beschuldigungen, sie beschreiben eine Art Vergötterung der Gemeinde, zu der auch die Hörigkeit und die psychologische Abhängigkeit von den gemeinschaftlichen Mechanismen und den Anführern zählen. Einige behaupten sogar, die Gemeinde habe das Sakrament der Beichte durch das Ansprechen der Fehler und die Zurechtweisung auf den Versammlungen der Gruppe ersetzt.

Um all den Anschuldigungen entgegenzuwirken, greift die Gemeinde 1976 zu einer aufsehenerregenden Maßnahme: Ihre Mitglieder beginnen in vier Bischofskirchen eine „Demonstration des ununterbrochenen Gebets" und fordern, daß der Münchner Kardinal Julius Döpfner sie empfängt, an den sie bereits viele Briefe gerichtet haben, die das Generalvikariat jedoch unterdrückt zu haben schien. Die Zeitungen berichten von der ungewöhnlichen „Besetzung". Auch im Kreis der Schüler Ratzingers kommt es zu Kritik.

> „Meine Kollegen", erzählt Weimer, „erklärten, sie seien empört, und fragten mich, wie wir solch eine Initiative hätten ergreifen können. Der Professor schaltete sich ein und sagte, daß es sich doch um etwas ganz Normales handle, denn im Dom habe jeder Christ das Recht auf Asyl."

Schließlich empfängt Kardinal Döpfner Vertreter der Gemeinde und spricht in versöhnlichem Ton mit ihnen. Wenige Tage später aber stirbt er an einem Herzinfarkt. „Einige sagten", erinnert sich Weimer, „er sei an gebrochenem Herzen gestorben, wegen der Auseinandersetzungen mit der zu modernen Integrierten

Gemeinde und der liturgisch traditionalistischen Gruppe *Una voce*". Während man auf die Ernennung des neuen Bischofs wartet, lädt die Integrierte Gemeinde einige Theologen zu einer Begegnung ein, um den Dialog aufzunehmen und sich beraten zu lassen. Aber nach den „Dombesetzungen" lehnen alle die peinliche Einladung ab – außer Ratzinger. Zwei Jahre später, als Erzbischof von München, ist es dann er, der, zeitgleich mit dem Paderborner Erzbischof Johannes Degenhardt, auf Diözesanebene die Statuten der integrierten Gemeinde *ad experimentum* genehmigt und sie als Apostolische Gemeinschaft anerkennt.

Die Freundschaft mit der Gemeinde dauert an, auch als Weimers ehemaliger Professor Kardinal und dann Präfekt der Kongregation für die Glaubenslehre wird. Bei festlichen Anlässen ist Ratzinger Ehrengast, und er zelebriert die Messe in der Gemeinde. Während die Feindseligkeit in Teilen der Heimatdiözese anhält, erscheinen in den Publikationen der Gemeinde oft Fotos und Beiträge des Kardinals. Als Ratzinger nach Rom berufen wird, läßt sich eine kleine Gruppe unweit des Vatikans nieder. Im Jahr 1982 findet die jährliche Tagung des Ratzinger-Schülerkreises in einem Gästehaus der Integrierten Gemeinde am Walchensee statt. Im Oktober 1993 weiht Ratzinger in der Basilika Sankt Paul vor den Mauern fünf neue Priester der Gemeinde. 1994 verkaufen die Jesuiten der Integrierten Gemeinde dann das Anwesen der Villa Cavalletti, einer herrschaftlichen Residenz inmitten von Weinbergen und Olivenhainen: Hier errichten die Theologen der Gemeinde die „Akademie für die Theologie des Volkes Gottes", in der bei mehreren Anlässen der Präfekt der Glaubenskongregation zu Gast ist. Die Akademie versteht sich als ein Zentrum, von dem eine Theologie ausgeht, die sich aus der ständigen und beharrlichen Rückbesinnung auf die jüdischen Wurzeln des Christentums speist.[16]

Seit den siebziger Jahren hat die Gemeinde immer wieder nachdrückliche Bezeugungen der Wertschätzung durch Ratzinger erfahren.

„Am 1. Mai 1979", erinnert sich Weimer, „feierten wir die Anerkennung unserer Statuten durch die Erzdiözese München. Dabei sagte Ratzinger in seiner Predigt, die Kirche brauche Bewegungen wie die Integrierte Gemeinde und ‚Comunione e Liberazione'. Zu der Zeit wußte noch niemand in München, was CL überhaupt ist."

Bei den Besuchen Ratzingers vermittelt auch die ästhetische Gestaltung des Rahmens – die Blumen, die Musik, die Festtafeln – den Eindruck einer perfekten Gemeinde. Der Nachdruck, den die Integrierte Gemeinde auf die jüdischen Wurzeln des Christentums legt, wird ein immer deutlicheres Echo in Ratzingers Einstellung zum Judentum finden. Im Februar 1994 legt Ratzinger bei einem interreligiösen Treffen in Jerusalem, das auf Initiative der israelischen Regierung stattfand, seine Theologie des Verhältnisses zwischen Kirche und Israel grundsätzlich dar. Sie steht ganz im Zeichen der Wiederentdeckung der Kontinuität zwischen der Hoffnung Abrahams und der christlichen Hoffnung, zwischen dem alten Gesetz der Thora und dem neuen Gesetz des Evangeliums.

Ludwig Weimer konnte seinem ehemaligen Professor Persönlichkeiten aus der jüdischen Welt vorstellen, die seit Jahren mit der Gemeinde in Kontakt stehen. Im Jahr 1998 sind es die Freunde aus der Integrierten Gemeinde, die die Initiative ergreifen und ein Buch mit einigen neueren Beiträgen Ratzingers zum Verhältnis zwischen Christentum und Judentum veröffentlichen.[17]

Nur ein Zwischenfall ist in der Geschichte der Beziehung zwischen Ratzinger und der Integrierten Gemeinde zu verzeichnen. 2004 erhielt der Kardinal (wieder einmal) eine Anzeige, welche die Übereinstimmung von Theologen der Gemeinde mit dem Glauben der Kirche in Frage stellte. Kritischen Stimmen zufolge gebraucht man in der Gemeinde Formeln, die zwei wesentliche Mysterien des katholischen Glaubens symbolisch zu deuten und ihnen die reale Beschaffenheit zu nehmen scheinen: die Jungfrauengeburt und die leibliche Auferstehung Jesu. Probleme verursacht insbesondere das 2002 erschienene Buch *Über das Wunder der Jungfrauengeburt,* das Rudolf Pesch, einer der maßgeblichen Theologen der Gemeinde, verfaßt hat.[18]

Der Kardinal will mit einem Gespräch einen Schlußstrich unter die Verdächtigungen ziehen und lädt am 18. September 2004 eine Delegation der Integrierten Gemeinde zu einem klärenden Gespräch ein. Zu der 16köpfigen Gruppe zählen auch die Theologen der „Akademie des Volkes Gottes", die besonders im Blickfeld stehen: Gerhard Lohfink, Ludwig Weimer, Peter Zitta und Rudolf Pesch selbst. Im Protokoll der Begegnung, mit Datum vom 11. November, erklärt Ratzinger selbst, es gehe darum, die Frage zu beantworten, ob die Theologen der Integrierten Gemeinde wirklich das Bekenntnis der Kirche zur Jungfrauengeburt (*natus ex Maria virgine*) und leiblichen Auferstehung Jesu teilten. Eine Frage, die zu klären Ratzinger auch persönlich bedeutsam findet und nicht übergehen kann, da „meine freundschaftliche Verbundenheit mit diesem Kreis von Theologen bekannt ist." In der modernen Ablehnung der beiden Mysterien des Glaubens erkennt Ratzinger den „subtilen Gnostizismus", der Gott jede Möglichkeit des Eingreifens in der konkreten, materiellen Welt abspricht: eine Auffassung, die den Namen Gottes auf ein „Element der Psychologie und Vertröstung" reduziert und die *Tatsache* leugnet, daß der Leib Christi der Verwesung im Grab entzogen wurde. Im Hinblick auf diese Begegnung haben die Theologen der Integrierten Gemeinde eine Erklärung verfaßt, in der sie den eigenen Glauben an die Jungfräulichkeit Marias und die leibliche Auferstehung Jesu bekennen, wie sie die Kirche „auch in der Überlieferung vom leeren Grab" festgehalten hat. Anhand der vorbereiteten Texte entwickelt sich ein „lebhaftes Gespräch", in dem alle einhellig anerkennen, daß mit dem leiblichen Charakter der Auferstehung Jesu und der Jungfräulichkeit Marias der Realismus der Macht Gottes bejaht wird und nicht theologisch relativiert werden soll. Der Theologe Zitta, der das Gespräch im Namen der Gruppe zusammenfaßt, bekräftigt noch einmal, daß der Glaube der Gemeinde mit dem der Kirche übereinstimmt. Auch Ratzinger bestätigt, daß die im Verlauf dieses Gesprächs formulierten Antworten zu seiner vollen Zufriedenheit waren.

So erreicht der damalige Präfekt der Glaubenskongregation, ohne ein echtes Lehrverfahren anzustrengen, auf schnellem Weg eine Klarstellung, die in seinen Augen den Verdacht gegen die Freunde aus der Integrierten Gemeinde ausräumt. In deren Verlag Urfeld erscheint bis heute – ein beanstandeter Satz ist korrigiert – das problematische Buch von Pesch.

Theologen der Mitte

In den Auseinandersetzungen, die in den siebziger Jahren in der Kirche für Unruhe sorgen, bleibt Ratzinger seinem Stil treu. Verurteilungen liegen ihm nicht, aber er trifft klare Entscheidungen angesichts des Konflikts, der die „Internationale" der Theologen spaltet, die gemeinsam am Konzil teilgenommen haben. Der Bruch macht sich auch in der Internationalen Theologenkommission bemerkbar, die Paul VI. 1969 auf Vorschlag der ersten Bischofssynode eingerichtet hat und zu der Ratzinger von Anfang an gehört. Hier entwickelt sich seine zunehmende Übereinstimmung mit jenen – von Balthasar und de Lubac, Marie-Jean Le Guillou und Louis Bouyer sowie dem Chilenen Jorge Medina Estévez –, bei denen sich Unbehagen angesichts mancher Entwicklungen der nachkonziliaren Theologie breit macht. Auch innerhalb der vom Papst ernannten Kommission wird sehr kontrovers diskutiert. Wie Ratzinger in seiner Autobiographie festhält, verließen „Rahner und Feiner, der Schweizer Ökumeniker, schließlich die Kommission, die ihrer Meinung nach nichts taugte, weil sie nicht bereit war, sich mehrheitlich radikalen Thesen anzuschließen."[20] Das Ende der „Einheitsfront" der Nachkonzilstheologen wird 1972 durch die Gründung der Zeitschrift *Communio* auch auf publizistischer Ebene bestätigt. Gefördert wird die Zeitschrift von Hans Urs von Balthasar, der hofft, daß sie all jene theologischen Kreise anziehen wird, die den zum Teil ultraprogressistischen Kurs von *Concilium* ablehnen. Diese internationale Zeitschrift – zu deren Gründungsmitgliedern auch Ratzinger zählte – war 1965 als ein Instrument entstanden, mit dem die „Theologenlobby" das konziliare Reformprogramm bekanntmachen und unterstützen wollte.

Die Idee zur Zeitschrift *Communio* nimmt bei einem Essen Gestalt an, nämlich in einem Restaurant in Rom, Anfang der siebziger Jahre. Aber der Schweizer Theologe Hans Urs von Balthasar, ihr Hauptförderer, erkennt hier nachträglich auch die Erfüllung einer früheren Prophezeiung der Mystikerin Adrienne von Speyr, mit der er freundschaftlich verbunden war und der er viele Anregungen verdankte.

> „Im Jahr 1945", erzählt von Balthasar viel später, „war mehrfach verlangt worden, ich sollte eine Zeitschrift gründen. (...). Als wir, ein paar Leute aus der Internationalen Theologenkommission, eines Abends in einer Schenke bei der Via Aurelia in Rom beschlossen, die Internationale Zeitschrift Communio zu gründen, (...), wäre es mir nicht eingefallen, diese heute in elf Sprachen erscheinende Zeitschrift mit dem fast 40 Jahre früher Verlangten in Verbindung zu bringen."[21]

Welches Programm hinter dem neuen Publikationsorgan steht, legt von Balthasar in einem Artikel dar, der beim ersten Erscheinen der Zeitschrift in den verschiedenen nationalen Ausgaben veröffentlicht wird:

> „Von keiner Seite ist heute das Christliche aus dem Spannungsfeld herauszulösen: Ist es nicht universal (katholisch) erheblich, so fällt es, mit all seinen Ansprüchen – ob sie nun vom Bibelwort oder von einem kirchlichen Amt her erhoben werden – auf den Düngerhaufen der religiösen rifiuti."

Ratzinger wird von Anfang an in das Projekt einbezogen, das schon bald ein „Netz" – so die Bezeichnung Balthasars – an interessierten internationalen Partnern findet. Die erste Gruppe, die sich zusammenfindet, um diesen Vorschlag zu verwirklichen, besteht aus deutschen und italienischen Theologen. Die beiden nationalen Ausgaben werden im Januar 1972 erstmals herausgegeben. In Deutschland arbeitet am theologischen Teil von Anbeginn an auch Karl Lehmann mit, der nach langen Jahren als Assistent von Karl Rahner nun Professor für Dogmatik in Freiburg ist. Den Teil „Kultur und Aktuelles" übernimmt

Franz Greiner, ein Journalist, der von *Hochland* kommt, der renommierten Zeitschrift des kulturellen Katholizismus, die kurz zuvor ihr Erscheinen eingestellt hat. Die Verbindungen zum bayerischen Katholizismus sind auch dadurch gewährleistet, daß der Politologe Hans Maier, der langjährige bayerische Kultusminister, dem Redaktionsausschuß angehört: Er und Ratzinger kennen sich seit langem.

Die italienische Ausgabe hat eine besondere Entstehungsgeschichte. Nachdem die Verhandlungen mit dem Verlag Edizione Paoline gescheitert sind, bietet sich der Verlag Jaca Book als Partner an, der zu der Zeit noch eng mit der Bewegung Comunione e Liberazione verbunden ist. So besteht das erste Redaktionsteam aus jungen Intellektuellen und Priestern dieser Bewegung wie auch aus „Montini-Theologen" wie Pino Colombo und Professoren der Università Cattolica von Mailand. Aber schon zu Anfang ist klar, daß der Regensburger Professor der eigentliche Bezugspunkt für das ganze Netz an Kontakten ist, das sich um *Communio* entwickelt. Das erklärt von Balthasar persönlich dem jungen Theologen Angelo Scola, als dieser und seine drei Freunde aus der Bewegung nach Basel kommen, um ihre Mitarbeit bei der italienischen Ausgabe anzubieten. Der alte Schweizer Theologe schaut sie mit einem bedeutungsvollen Gesichtsausdruck an und sagt dann: „Ratzinger, Sie müssen mit Ratzinger sprechen. Heute ist er der Mann, der die Theologie von *Communio* bestimmt. Er ist die Stütze der deutschen Redaktion. Ich und de Lubac sind alt. Gehen Sie zu Ratzinger. Wenn er einverstanden ist …"[22] Insbesondere zu Anfang haben die jungen Redakteure von *Communio* ganz und gar nicht den Eindruck, eine konservativere theologische Linie zu vertreten als *Concilium*. Die damals übliche marxistisch geprägte Terminologie scheint sogar das Layout der ersten Nummern der italienischen Ausgabe zu bestimmen: Auf den Teil mit dem Titel „Produktionen", in dem gewöhnlich von Balthasars und Ratzingers Artikels erscheinen, folgen der Teil „Ideologien" und der Abschnitt „Praxis", in dem man eine „theologische Interpretation" kirchlicher Erfahrungen der Basis versucht.

Pino Ruggieri, der erste Chefredakteur der italienischen *Communio,* der später zu den „Rivalen“ von *Concilium* wechselte, berichtet:

> „Wir wollten eine antiakademische Theologie machen, die ihre Wurzeln in der kirchlichen Praxis hatte. Daher gingen wir auf die Suche nach Basisgruppen, ihnen stellten wir unsere ‚kritische Theologie‘ vor. Aber der ‚Boom‘ der spontanen Gruppen, der nach dem Konzil eingesetzt hatte, war bereits am Abklingen. Der dritte Teil stellte sich immer als schwach und dürftig heraus.“[23]

Mitte der siebziger Jahre hat sich die Zeitschrift international etabliert. Im Jahr 1974 erscheinen die ersten Ausgaben in den Vereinigten Staaten und in Kroatien, 1975 folgt die französische und 1976 die flämische Ausgabe. Später erscheinen die polnische (auch vom Krakauer Kardinal Wojtyła gefördert), chilenische, brasilianische, portugiesische und spanische Ausgabe. Das Band, das das „Netz“ zusammenhält, ist absichtlich locker. Man vermeidet die streng zentralisierte Ausrichtung des Modells *Concilium.* Jede Ausgabe kann frei über die von den anderen Redaktionen verfaßten Artikel verfügen, ist jedoch, was den Großteil des Programms angeht, weitgehend autonom. Das Netz trägt dazu bei, die Werke Ratzingers, von Balthasars und de Lubacs auf internationaler Ebene bekanntzumachen: Ihre Artikel machen den einzigen gemeinsamen Teil der verschiedenen Ausgaben aus, die sonst in eigener Regie erscheinen, je nach Interessen und Zielen der verschiedenen Gruppen, die die Leitung der Zeitschrift haben – eine theologische Großgruppe, in der es manchmal zu Widersprüchen kommt. So geschieht es, daß die kroatische Ausgabe, die im kommunistischen Jugoslawien vom „progressistischen“ Verlag Kršćanska sadašnjost herausgegeben wird, Artikel von Priestern und Theologen der katholischen Vereinigungen enthält, die als regimefreundlich gelten, während in Südamerika die chilenische und die brasilianische Ausgabe fast ausschließlich von der Auseinandersetzung mit der Befreiungstheologie geprägt werden.

Für Ratzinger ergeben sich aus der Erweiterung der Ausgaben von *Communio* vielfältige neue Kontakte. Zudem bildet er den Mittelpunkt eines internationalen und heterogenen Netzwerks von theologischen Kreisen, die sich jedoch in der Regel im Respekt und der Unvoreingenommenheit gegenüber dem kirchlichen Lehramt einig sind. „Es war eine Linie der extremen Mitte", sagte 1991 der emeritierte Weihbischof von Chur, Peter Henrici, Neffe von Hans Urs von Baltasar und zu der Zeit Professor an der Päpstlichen Universität Gregoriana.[24]

Im Laufe des Pontifikats von Karol Wojtyła nimmt der Einfluß, den die hinter *Concilium* stehenden Kollegen an den Universitäten und theologischen Akademien haben, immer mehr ab, während fast alle aus der großen Schar von Theologen, die Papst Wojtyła zu Bischöfen ernennt und von denen später viele ins Kardinalskollegium aufgenommen werden, aus dem Kreis um *Communio* kommen. Zu ihnen zählen der 1995 verstorbene Schweizer Bischof Eugenio Corecco (er gehörte zu Comunione e Liberazione), der brasilianische Bischof Karl Romer, der Belgier André Mutien Léonard und eine ganze Reihe von Mitgliedern des derzeitigen Kardinalskollegiums: die Deutschen Karl Lehmann und Walter Kasper, der heutige Patriarch von Venedig, Angelo Scola, der Chilene Jorge Arturo Medina Estévez, der Kanadier Marc Ouellet, der Österreicher und Dominikaner Christoph Schönborn (der sich Ratzingers Schülerkreis angeschlossen hat, da er zwei Semester lang die Vorlesungen des Professors in Regensburg besucht hat). Ein mehr als erfreuliches Ergebnis für diese theologische Richtung, die in den Jahren der polemischen Radikalisierung ein „Vorpreschen" und damit den offensichtlichen Bruch mit der Vergangenheit vermieden hat. Dennoch unterzieht Ratzinger mit seinem kritischen Blick auch die Entwicklung von *Communio* einer sachlichen Prüfung. Am 28. Mai 1992 zog der damalige Präfekt der Glaubenskongregation anläßlich des 20jährigen Bestehens der Zeitschrift eine persönliche Bilanz jener gemeinsamen Erfahrung, wobei er deutliche Selbstkritik übte:

„Die Zeitschrift darf nicht im Zirkel der Fachleute, der Theologen oder der Kirchenmacher bleiben, die von einer Sitzung zur anderen eilen und dabei ihren Mißmut an der Kirche bei sich und anderen verstärken. (...) Glaube ist nicht die Selbstbestätigung einiger, die dafür Zeit haben, sondern die Gabe des Lebens, und als solche muß er wieder erkennbar werden. (...) Mir brennt der Satz von Hans Urs von Balthasars auf der Seele: ‚Es geht nicht um Bravour, aber immerhin um den Mut, sich zu exponieren.' Haben wir diesen Mut genügend gehabt? Oder haben wir uns nicht doch lieber hinter theologischer Gelehrsamkeit versteckt und allzu sehr zu zeigen versucht, daß auch wir auf der Höhe der Zeit sind? Haben wir wirklich das Wort des Glaubens verständlich und zu Herzen gehend in eine hungernde Welt gesprochen, oder sind wir meist im inneren Kreis derer geblieben, die sich in ihrer Fachsprache gegenseitig die Bälle zuwerfen?"[25]

Der Fall Küng

Während Ratzinger durch den „Braintrust" von *Communio* sein Netz an Kontakten erweitert und immer mehr auf internationaler Ebene agiert, wächst seine Distanz zu manchen aktuellen Entwicklungen in den theologischen und kirchlichen Kreisen Deutschlands. Von 1971 bis 1975 kommen die Vertreter der Kirche in Deutschland – Bischöfe, Priester, Theologen, Vertreter der Ordensgemeinschaften und der Laien – regelmäßig in Würzburg zu einer nationalen Synode zusammen, deren erklärte Aufgabe es ist, die Beschlüsse des Zweiten Vatikanischen Konzils in Deutschland umzusetzen. Ratzinger entfernt sich in seiner Position immer mehr von den Hauptvertretern des deutschen Katholizismus. In Würzburg setzt sich ein Kurs durch, der von anderen Theologen diktiert wird, vor allem von Karl Rahner und Johann Baptist Metz, der auch der Hauptautor des Schlußdokuments wird. Am Ende lehnt der Heilige Stuhl einen Großteil der Anträge und der in Würzburg ausgearbeiteten programmatischen Vorgaben ab, angefangen von der Idee, alle 10 Jahre eine nationale Synode abzuhalten.

Im Laufe der siebziger Jahre, während Ratzingers Lehrtätigkeit in Regensburg, schlagen sich die Konflikte, von denen die nachkonziliare Theologie erschüttert wird, in bezeichnender Weise darin nieder, wie sich der Fall Küng entwickelt. Auch Ratzinger wird immer wieder in die Turbulenzen um seinen ehemaligen Tübinger Kollegen verwickelt.

Das erste Werk, für das Küng vom ehemaligen Heiligen Offizium explizit getadelt wurde, war das Buch *Die Kirche,* das 1967 in der von ihm und Ratzinger herausgegebenen Reihe „Ökumenische Forschungen" erschien.[26] Aber es ist das 1970 veröffentlichte Werk *Unfehlbar? Eine Anfrage,* das bei den kirchlichen Autoritäten das Verfahren in Gang bringt, das ihn 1979 die *Missio canonica,* die Erlaubnis, katholische Theologie zu lehren, kosten sollte.[27] Zielscheibe seiner Polemik ist in diesem Werk das Dogma von der päpstlichen Unfehlbarkeit, das 100 Jahre zuvor vom Ersten Vatikanischen Konzil beschlossen worden war: Küng kritisiert sowohl die theologischen Grundlagen als auch die nach seinem Urteil katastrophalen Auswirkungen auf die Beziehungen zu den nichtkatholischen christlichen Kirchen und Gemeinschaften. Im Januar 1971 wird der Tübinger Professor nach München bestellt, zu einer Anhörung vor der Glaubenskommission der Deutschen Bischofskonferenz. Auf der anderen Seite des Tischs findet er neben den Bischöfen Volk und Wetter auch die theologischen Berater Joseph Ratzinger und Heinrich Schlier vor.[28] Am 8. Februar veröffentlicht die Kommission eine Erklärung, in der sie den in dem Buch aufgestellten Thesen widerspricht. Ratzingers Beteiligung beschränkt sich nicht auf das von der Kirchenbehörde veranlaßte Verfahren, sondern er beteiligt sich auch an jener Initiative, mit der eine Gruppe von Konzilstheologen auf Abstand zu Küngs Buch geht: ein gemeinsames Buch mit einer Sammlung kritischer Aufsätze gegen die Thesen von *Unfehlbar?*; hier erscheinen unter anderen auch die Namen von Yves Congar, Luigi Sartori und Rudolf Schnackenburg. In Ratzingers Beitrag schimmert allerdings auch durch, daß er sich nur widerwillig theologischen Gruppen anschließt, die auf Konfliktkurs gehen. Schon in den ersten Zeilen weist der Regensburger Professor darauf hin, daß es ihm nicht leichtfällt, „sich an einem Gespräch zu beteiligen, bei dem schnell der Verdacht aufkommen kann, hier werde auf Verurteilungen abgezielt und damit der reine Weg der Wissenschaft verlassen." Er fügt hinzu, daß es ihm in diesem Fall noch schwerer fällt, eine scharfe Kritik zu verfassen, „weil ich mich mit Hans Küng durch Jahre ungetrübter Zusammenarbeit, die wir in der Tübinger Fakultät gemeinsam verbracht haben, Hans Küng persönlich auf besondere Art verbunden weiß." Das Ergebnis des ganzen Artikels macht nicht den Eindruck einer vorgefaßten vernichtenden Kritik. Ratzinger schreibt, er stimme mit Küng überein, „wenn er zwischen römischer (Schul-)Theologie und katholischem Glauben unterscheidet." Auch er ist der Meinung: „Aus dem Gefängnis des römischen Schultypus herauszukommen, ist eine Aufgabe, von der auch nach meiner Überzeugung die Überlebenschance des Katholischen abhängt." Dann aber setzt Ratzinger hinzu, er müsse seinem ehemaligen Kollegen widersprechen,

> „wenn er als Alternative im Gefolge von Luthers Leipziger Disputation eine Konzeption anbietet, die auch an den dogmatischen Grundentscheidungen der katholischen Kirche und ihrer zentralen konziliaren Überlieferung rüttelt: Ein solcher Weg", so die drastische Warnung Ratzingers, „hätte schlechthin kein Recht, sich unter die Bezeichnung ‚katholisch' zu stellen."[29]

Drei Jahre später wiederholt sich das Muster: Die Antwort auf das 1974 erschienene Buch *Christ sein*[30] von Küng ist 1976 eine neue Sammlung kritischer Aufsätze, die u. a. Beiträge von Ratzinger, Rahner, von Balthasar, Lehmann und Kasper enthält.[31] Dieses Mal zeigt sich in Ratzingers Beitrag ein radikales Mißtrauen gegenüber dem Kurs, den der Tübinger Professor eingeschlagen hat: In Küngs neuem Buch, behauptet Ratzinger, wird „der Glaube von seinem Fundament her der Fäulnis ausgesetzt"; in ihm wird das Christliche „aus seinem auf Leben und Tod gehenden Ernst" zurückgenommen „in die fragwürdige Interessantheit des Literarischen"; diese Theologie ist Ausdruck einer

„Schulgewißheit", einer „Parteigewißheit"; „das ist aber keine Gewißheit, für die man leben und sterben kann; es ist eigentlich nur eine Gewißheit für bequeme Zeiten, in denen das Letzte nicht angefordert wird".[32] Nach 1977 verfolgt Ratzinger erst als Bischof und später dann als Kardinal die „Affäre" Küng weiter. Im Jahr 1978 glauben die deutschen Bischöfe, auch durch einen Briefwechsel zwischen Küng, Ratzinger und dem Erzbischof von Köln, Josef Höffner, mit dem Tübinger Professor eine Art informeller Vereinbarung erzielt zu haben, die Küng verpflichtet, die Auseinandersetzung über die Unfehlbarkeit nicht fortzuführen. Aber die Situation spitzt sich zu, als renommierte Zeitungen im September 1979 eine von Küng verfaßte überkritische Bilanz des ersten Amtsjahres des Wojtyła-Pontifikates veröffentlichen. Erzbischof Ratzinger, inzwischen Kardinal, mißbilligt in einem Radiointerview Küngs Artikel scharf. Am 18. Dezember 1979 wird die Erklärung der Kongregation für die Glaubenslehre bekanntgegeben, die Küng die *Missio canonica* entzieht, die Erlaubnis, an einer katholischen Einrichtung mit Billigung und im Auftrag der Kirche Theologie zu lehren. Der Professor verliert seinen Status als katholischer Theologe und muß aus der theologischen Fakultät in Tübingen ausscheiden.

Endstation Regensburg?

„Das Gefühl, immer deutlicher eine eigene theologische Sicht zu gewinnen, war wohl die schönste Erfahrung der Regensburger Jahre", schreibt Ratzinger in seiner Autobiographie. Trotz der Bitterkeit über die zermürbenden kirchlichen Konflikte genießt der fast 50jährige Theologe Mitte der siebziger Jahre die positiven Seiten des, wie ihm scheint, endgültigen Bestimmungsorts seines akademischen Wegs: Er lebt in seiner Heimat Bayern, hat seine geliebten Geschwister um sich und kann Blumen auf das Grab seiner Eltern legen, die auf dem Friedhof in Regensburg-Ziegetsdorf, der Nähe seines Hauses, begraben sind. Und er kann bei seiner Arbeit das tun, was ihm am meisten gefällt. Sein Leben lang wollte er nichts anderes als dies: Theologie studieren und lehren, im Kreis von selbständigen und engagierten Mitarbeitern, in der Hoffnung, den Studenten, die aus der ganzen Welt kommen, um ihn zu hören, die Liebe zu den Kirchenvätern, zur Liturgie und zu all dem zu vermitteln, was zum unvergänglichen Schatz der Tradition gehört. Daher nimmt Ratzinger, als der Münchner Erzbischof und Kardinal Julius Döpfner plötzlich stirbt, die aufkommenden Gerüchte, er sei unter den Kandidaten für die Nachfolge, nicht ernst: „Die Grenzen meiner Gesundheit waren ebenso bekannt wie meine Fremdheit gegenüber Aufgaben der Leitung und der Verwaltung", schreibt er in seiner Autobiographie.[33] Doch die Wahl von Paul VI. fällt gerade auf ihn.

Reinhard Richardi, der in jenen Jahren Dekan der Juristischen Fakultät war und seit dieser Zeit eng mit Ratzinger befreundet ist, erzählt:

> „Die Überraschung war groß. Es war offensichtlich, daß Paul VI. ihn sehr schätzte, in ihm einen großen Theologen auf der Linie der Konzilsreform sah und ihn an der Leitung der Kirche beteiligen wollte. Das war auch daraus ersichtlich, daß er ihn sehr schnell, nur wenige Monate nach der Ernennung zum Erzbischof, zum Kardinal machte. Wenn er ihn heute als seinen Nachfolger auf dem Stuhl Petri sehen könnte, würde er vielleicht sagen: Ich war sicher, daß Gott noch etwas Besonderes mit ihm vorhatte."[34]

Aber an diese Dinge dachte der zukünftige Benedikt XVI. damals wirklich nicht. Richardi fährt fort:

> „Ich kann mich noch gut daran erinnern, als die Nachricht bekanntgegeben wurde, er sei zum Nachfolger Döpfners ernannt worden. Genau an dem Tag waren meine Frau, meine Kinder und ich bei ihm eingeladen. Er rief uns an und sagte: ‚Ihr sollt wissen, daß die Einladung gilt, auch wenn sie mich zum Bischof gemacht haben. Wir sehen uns später.'"

München,
Rom, Castel Gandolfo

FÜR IMMER PROFESSOR

Am Anfang des Jahres 1978 kommen die Schüler Ratzingers noch einmal im Regensburger Priesterseminar zusammen, um ihren ehemaligen Professor zu ehren, der am 28. Mai des Vorjahres, am Vorabend vor Pfingsten, zum Bischof von München und Freising geweiht und bereits einen Monat später von Paul VI. zum Kardinal ernannt wurde. Zum ersten Mal versammeln sich die ehemaligen Doktoranden aller Universitäten, angefangen mit Bonn, an denen der bayerische Professor gelehrt und ihre Dissertationen betreut hat. Der Kardinal zelebriert die Messe, die Predigt hält der Redemptorist Viktor Hahn, der als erster bei Ratzinger promoviert hat. Nach dem Mittagessen, an dem auch Ratzingers Schwester Maria teilnimmt, zieht Seine Eminenz vor seinen Freunden eine kurze Bilanz seines theologischen Werdegangs.[1]

In den folgenden Semestern werden die Studientage für die Doktoranden des ehemaligen Professors unter der Leitung der beiden Assistenten Stephan Horn und Siegfried Wiedenhofer fortgeführt. Im Juli 1978 ist, wenige Monate vor seinem Tod, noch einmal der große Exeget Heinrich Schlier zu Gast im „Ratzinger-Kreis". Gerade die gemeinsame Feier vom Februar 1978 hat den Kardinal auf die Idee gebracht, die Studientage in einer neuen Form wiedereinzuführen, nämlich als jährliche Zusammenkünfte der gesamten Gruppe seiner ehemaligen Schüler. Das erste Kolloquium dieser Art findet 1980 statt. Das zweite im September 1981, an dem auch der Theologe Rudolf Pesch teilnimmt, ist dem Thema Inkulturation gewidmet. Nur zwei Monate später wird Joseph Ratzinger als neuer Präfekt der Kongregation für die Glaubenslehre nach Rom berufen.

Auch in den Jahren, in denen Ratzinger Erzbischof von München ist, hat er noch mit akademischen Auseinandersetzungen zu tun. Im Jahr 1979 kommt es zum „Fall Johann Baptist Metz". Der alte Kollege aus den Jahren der Lehrtätigkeit in Münster, der Begründer der politischen Theologie, hat einen Ruf zum Ordinarius für Fundamentaltheologie an der Katholisch-theologischen Fakultät in München erhalten. Aber der bayerische Kultusminister Hans Maier, seit langem mit Ratzinger bekannt, lehnt diesen Vorschlag ab und beruft Heinrich Döring, der auch auf der Liste der Kandidaten steht. Man geht davon aus, daß hinter der fehlgeschlagenen Berufung das Veto des Münchener Erzbischofs steht, dessen Name daraufhin in heftige Auseinandersetzungen hineingezogen wird. Der *maître à penser* der deutschen Theologie, Karl Rahner, veröffentlicht in den Zeitungen einen offenen Brief voller Entrüstung über den alten Gefährten aus der Konzilszeit, in dem er behauptet, Metz sei nicht deshalb ausgeschlossen worden, weil er in der Lehre irre oder moralisch unwürdig sei, sondern weil er die südamerikanische Befreiungstheologie beeinflußt habe.[2] An der theologischen Fakultät von München organisieren Gruppen von Studenten Demonstrationen und protestieren gegen „Seppl und Hansi", die Verkleinerungsformen der Vornamen von Joseph Ratzinger und Hans Maier. Der Erzbischof antwortet Karl Rahner nach langem Zögern in einem öffentlichen Schreiben, das an Schärfe nichts vermissen läßt.[3]

Römische Ferien

Ratzingers neues Amt im Vatikan unterbricht nicht die bereits etablierte Praxis der theologischen Treffen mit seinen ehemaligen Schülern. Im Gegenteil, der Wechsel des früheren Professors nach Rom sorgt für neue Anregungen und eine noch größere Spannweite der Themen bei den periodischen Zusammenkünften des Schülerkreises. Bei einigen Gelegenheiten werden die theologischen Probleme, mit denen Ratzinger in der Glaubenskongregation konfrontiert wird, auch in diesem Kreis diskutiert.

Im Jahr 1987, zur Feier des 60. Geburtstags des „Meisters", trifft sich der Schülerkreis in Rom. Die Theologen, zu Gast im

Päpstlichen Portugiesischen Kolleg und inspiriert vom *Genius loci*, sprechen über das Petrusamt des Bischofs von Rom. Unter den externen Referenten ist auch Pierre Duprey, langjähriger Leiter des Päpstlichen Rates zur Förderung der Einheit der Christen; er referiert über die Unfehlbarkeit der Lehrgewalt des Papstes aus ökumenischer Sicht. Bei dieser Gelegenheit nimmt Ratzinger in einem seiner Beiträge ein Argument auf, das er bereits in einigen vorkonziliaren Vorträgen zur Ekklesiologie entfaltet hat: die Erhebung des *Sensus fidei* des Volkes Gottes zum Garanten der Unfehlbarkeit des Glaubens der Kirche, angefangen mit historischen Präzedenzfällen, in denen dieser Glaube in schwierigen Zeiten des kirchlichen Lebens zum entscheidenden Faktor bei der Bewahrung des *Depositum fidei* wurde. Das war z. B. in der arianischen Krise der Fall, als fast alle Bischöfe den arianischen Tendenzen verfallen waren.[4]

Auch 1988 findet das jährliche Treffen des Schülerkreises außerhalb Deutschlands statt: In jenem Jahr reist die Gruppe in die Schweiz nach Chambésy und ist zu Gast im orthodoxen Zentrum des Ökumenischen Patriarchats. Bei dieser Gelegenheit ist es der dortigen Metropolit des Ökumenischen Patriarchats, Damaskinos Papandreou, ein Schüler Ratzingers aus seinen Bonner Jahren, der einlädt. Dieses Mal spricht Ratzinger selbst aus dem Stegreif lange und eingehend über die Schwierigkeiten, die das orthodoxe Lager mit dem petrinischen Primat hat. Zwei Jahre später werden die Sorgen, die einige neuere theologische Richtungen Ratzinger bereiten, Anlaß zu einem Treffen, das sich eingehend mit der Christologie befaßt, sowohl mit den Thesen Rahners als auch denen Karl Barths sowie auch mit Theorien, die im Bereich der Theologie der Religionen die Tendenz haben, alle Religionen als unterschiedliche Wege zu sehen, die alle gleichermaßen auf den einen göttlichen Logos zurückgehen.

Im Jahr 1993 trifft sich, diesmal ausnahmsweise im Frühjahr, der Schülerkreis Ratzingers zu Studientagen im Schwarzwald, um das Thema der Beziehungen zwischen Ethik und bürgerlicher Gesetzgebung zu vertiefen. Auch dieses Mal sind außergewöhnliche Referenten dabei: Professor Ernst-Wolfgang Böckenförde, der schon genannte ehemalige Bundesverfassungsrichter und Bruder von Ratzingers erstem Assistenten, hält einen Vortrag über die Aufgaben und Grenzen der staatlichen Gesetzgebung in Bezug auf die ethische Ordnung; und der Philosoph Robert Spaemann betrachtet das Verhältnis zwischen Rechtsordnungen und absoluten ethischen Normen aus philosophischer Sicht.

In der zweiten Hälfte der neunziger Jahre finden verschiedene der jährlichen Treffen des Kreises ohne den früheren Doktorvater statt, dem eine immer größere Arbeitslast aufgebürdet wird. Es sind Jahre, in denen der Präfekt der Glaubenskongregation hofft, von seinem Posten befreit zu werden und wieder studieren und Bücher schreiben zu können.[5] Die gemeinsamen Studientage werden im Jahr 2000 wiederaufgenommen und finden von da an immer im September bei Regensburg statt, wo Ratzinger ganz in der Nähe, in seinem Pentlinger Haus, einen Teil seiner Ferien verbringt. So ist es dem ehemaligen Professor eher möglich, an den Treffen seiner ehemaligen Schüler teilzunehmen.

Der Termin für das Treffen im Jahr 2005 wird bereits im Herbst 2004 festgelegt, und auch das Thema steht schon fest: ein Vergleich zwischen christlicher Offenbarung und Islam. Als der Professor am 19. April Papst wird, ist die Freude bei den ehemaligen Studenten groß, aber man fragt sich auch: Was wird aus den jährlichen Treffen? Wird Benedikt XVI. die Zeit dafür finden? Vor allem aber, wird er sie seinem neuen Amt noch für angemessen halten? Die Antwort kommt umgehend: Alles ist bestätigt, der Termin ist Anfang September, nun in Castel Gandolfo, in der Sommerresidenz der Päpste.

„Wie Jesus unter seinen Jüngern“

Die beiden Studientage im September 2005 sind für alle Teilnehmer ein unvergeßliches Erlebnis: Das Mittagessen im Freien mit dem Papst, die Fröhlichkeit, das Wiedersehen unter so anderen Umständen, die humorvollen Bemerkungen des Heiligen Vaters, die Erinnerungen an die gemeinsame Vergangenheit einer ungewöhnlichen Gruppe, die sich um einen Professor gesammelt hat, der vermutet-unvermutet der Nachfolger Petri geworden ist. Man muß die Erinnerungsfotos jenes Tages anschauen, um zu erkennen, daß es sich hier keineswegs um eine Gruppe kirchlicher „Emporkömmlinge" handelt. Unter den etwa 50 Namen der Mitgliederliste des Kreises ist neben Kardinal Schönborn nur noch ein weiterer Bischof, der Hamburger Weihbischof, Hans Jochen Jaschke, jedoch eine ansehnliche Zahl von Universitätsprofessoren – die meisten von ihnen bereits emeritiert –, die auf respektable Karrieren zurückblicken können, in der akademischen Welt jedoch niemals Machtpositionen innehatten. Bei den anderen handelt es sich um Pfarrer und männliche und weibliche Ordensangehörige.

Mit akademischer Strenge hält man sich auch im September 2005 an die gewohnte Form der Treffen des Schülerkreises: Zwei Islamwissenschaftler aus dem Jesuitenorden, der Ägypter Samir Khalil Samir und der Deutsche Christian Troll, halten jeweils einen Vortrag über das Verständnis der göttlichen Offenbarung bzw. über die Liebe Gottes im Koran – im Vergleich zur christlichen Offenbarung. Benedikt XVI. greift mit gewohnter Nüchternheit in die Diskussion ein, macht sich Notizen, zeigt sich interessiert. Dies alles geschieht in einer Atmosphäre großer Vertraulichkeit: Das Treffen findet hinter verschlossenen Türen statt, der päpstliche Professor ist von Freunden umgeben und weiß, daß er ungeschützt sprechen kann, nicht jedes Wort abwägen muß. Vier Monate später jedoch bahnt sich eine Krise an. In einem Interview mit einem amerikanischen Radiosender erklärt ein Mitglied des Schülerkreises, der amerikanische Jesuit Joseph Fessio, der Papst habe in einem seiner Diskussionsbeiträge behauptet, der Islam sei nicht in der Lage, sich an die Moderne anzupassen, und sei mit der Demokratie unvereinbar. Diese radikale Unvereinbarkeit sei dadurch bedingt, daß der Koran im Gegensatz zur Bibel – die von Gott inspiriert, aber von Menschen verfaßt ist – für die islamische Theologie Allahs wörtliche Offenbarung an Mohammed sei, die sich nicht den sozialen Veränderungen und neuen Formen des bürgerlichen Zusammenlebens anpassen lasse.

Die Sache wird kompliziert, als Fessios brisante Unterstellungen (man denke an das, was im September 2006 passieren sollte, die Mißverständnisse, die um Ratzingers berühmte Vorlesung in der Regensburger Universität entstehen) umgehend von anderen Teilnehmern des Seminars in Castel Gandolfo bestritten werden. Die Referenten Samir und Troll schalten sich ein, um die Vorstellung von einem Papst zu korrigieren, der hinsichtlich der Beziehungen des Islams zur Moderne und zur Demokratie allzu pessimistisch ist. Inzwischen aber verfestigt sich in der amerikanischen Debatte das Bild eines Papstes, der den Islam für „nicht reformierbar" hält. Das bekräftigt sogar der neokonservative Politologe Daniel Pipes, einer der Begründer der geopolitischen Linie der Bush-Regierung, mit unverhohlener Genugtuung in einem Artikel in der *New York Sun* vom 17. Januar. Die Angelegenheit droht, Mißverständnissen Vorschub zu leisten, insbesondere in einer geopolitischen Lage, in der die Intervention im Irak unter amerikanischer Führung unter anderem mit dem Export der Demokratie gerechtfertigt wird. Daher revidiert Pater Fessio, der Verleger der Bücher Ratzingers in den Vereinigten Staaten, am 20. Januar 2006 öffentlich seine Äußerungen. In einem in der *Washington Post* veröffentlichten Brief gibt er zu, „falsch wiedergegeben zu haben, was der Heilige Vater tatsächlich gesagt hat"; daran hätten auch seine unzureichenden Deutschkenntnisse Anteil. Der Jesuit erklärt, der Papst habe niemals gesagt, daß der Islam zur Reform nicht fähig sei.

> „Ich möchte, daß die Dinge zurechtgerückt werden", schließt der offene Brief von Fessio, „und dem Heiligen Vater unnötige Schwierigkeiten ersparen. Die Wahrheit ist immer entscheidend, aber ganz besonders hier, wo soviel auf dem Spiel steht."

Der von Father Fessio verursachte Zwischenfall wirft wieder die Fragen über das Wesen der Treffen in Castelgandolfo, auf. Kann bei ihnen noch jenes Klima informeller Freiheit garantiert werden, die sie immer ausgezeichnet haben? Ist es für einen Papst noch opportun, in einer freien Diskussion über heikle Themen und Streitpunkte seine persönlichen Ansichten zu äußern, und sei es auch nur in einem Gespräch hinter verschlossenen Türen, mit dem Risiko, daß Indiskretionen der Presse den Sinn und die Bedeutung von mündlichen Äußerungen verfälschen? Für Benedikt XVI. ist das kein Problem: Die Tagungen des Schülerkreises mit dem Papst gehen weiter.

Das Treffen von 2006 beschäftigt sich mit dem Thema „Schöpfung und Evolution“, das in den Vereinigten Staaten im Mittelpunkt hitziger Auseinandersetzungen zwischen „Kreationisten“ und „Darwinisten“ steht. Die Hauptreferenten sind Professor Peter Schuster, Präsident der Österreichischen Akademie der Wissenschaften, und Christoph Kardinal Schönborn, Erzbischof von Wien, Theologe und Verfasser eines umstrittenen Artikels über die Evolution, der am 7. Juli 2005 in der *New York Times* veröffentlicht wurde und für großes Aufsehen sorgte. Weitere Referenten sind der inzwischen verstrobene Jesuit Paul Erbrich, Professor für Naturphilosophie in München, und der Philosoph Robert Spaemann, einer angesehensten Professoren auf seinem Gebiet in Deutschland. Um Verfälschungen und Manipulationen zu vermeiden, wählt man den Weg größtmöglicher Transparenz: Diesmal werden alle Referate und Diskussionsbeiträge, die des Papstes eingeschlossen, veröffentlicht.[6]

Im Jahr 2007 findet die Tagung Mitte September statt, aber der Papst hat für diesen Zeitraum bereits einen vollen Terminkalender, denn nach der Sommerpause stehen viele Verpflichtungen an. Daher kann er diesem Studientag, in dessen Mittelpunkt noch einmal das Thema Schöpfung steht, allerdings nicht viel Zeit widmen.

Für 2008 ist als Thema des Treffens die Bedeutung der Ämter, besonders die des Bischofsamts, in der lutherischen Tradition vorgesehen, was den alten ökumenischen Neigungen des deutschen Papstes entgegenkommt. Aus dem Kreis der Teilnehmer kommt zusätzlich der Vorschlag, dem ganzen ein biblisches, neutestamentliches Fundament zu geben und als Referenten dafür den berühmten evangelischen Historiker und Neutestamentler Martin Hengel zu gewinnen. Als dies Benedikt XVI. vorgetragen wird, trifft er die Entscheidung, die Tagung nur dem Neuen Testament und „einem vielleicht letzten Disput mit Martin Hengel“ – dieser ist nur ein halbes Jahr vor dem Papst 1926 geboren –

zu widmen; er war Jahrzehnte zuvor schon einmal im Regensburger Doktorandenkreis eingeladen und hatte dort referiert. Man einigt sich auf Themen, die für das Jesusbuch des Papstes wichtig sind. Hengel schlägt seinen Kollegen und Freund Peter Stuhlmacher, ebenfalls in Tübingen und ebenfalls seit geraumer Zeit emeritiert, als Korreferenten vor, der nun zusätzlich eingeladen wird. Während Martin Hengel seinem Vortrag den Titel „Zur historischen Rückfrage nach Jesus von Nazareth. Überlegungen zum Abschluß eines Jesusbuches" gibt, spricht Peter Stuhlmacher über „Jesu Opfergang": über den Sinn, den der Kreuzestod nach dem biblischen Zeugnis für Jesus selbst hatte. Die anschließenden Gespräche, die der Papst als Diskussionsleiter mit umfangreichen Beiträgen eröffnet und schließt, sind lebhaft, natürlich auch vom Gegensatz zwischen dem so verschiedenen kirchlichen Hintergrund der Teilnehmer geprägt. Sie bewegen sich jedoch immer auf dem Boden eines gemeinsamen Glaubens als letztem Fundament. So werden sie einersetis nicht in vorschneller Weise versöhnlich und bleiben andererseits immer um das gemeinsame Anliegen bemüht: die Gestalt Jesu besser zu verstehen. Sie sind also in echter Weise ökumenisch.[7]

Diese Tagung wird zu einem Höhepunkt der Treffen des Papstes mit seinen langjährigen Weggefährten. Und es wird tatsächlich das letzte Treffen mit Martin Hengel, für den, bereits von schwerer Krankheit gezeichnet, die Fahrt nach Rom bzw. Castelgandolfo die letzte größere Reise wird. Am 2. Juli 2009 stirbt er in Tübingen; in den Monaten zuvor hat er immer wieder voll Freude von der Begegnung mit dem Papst als gewissermaßen einer Krönung seines langen Gelehrtenlebens gesprochen.

Manche fragen sich, warum Benedikt XVI. auch als Papst am Septembertreffen seines Schülerkreises festhält. Einige halten dies nur für die Gewohnheit eines Professors, etwas für gewissenhafte deutsche Akademiker. Aber seine ehemaligen Studenten erzählen von einem Papst, der sich wirklich ganz zu Hause zu fühlen scheint, wenn er in ihrer Mitte sitzt, „wie Jesus unter seinen Jügern in der unbeschwerten Zeit der Verkündigung in Galiläa": locker und ungezwungen. Und ihn scheint immer noch dieselbe leidenschaftliche Wißbegierde zu beseelen, die schon den jungen Mann im Freisinger Priesterseminar erfüllte.

Vielleicht kommt ihm auch, wenn er im Kreise seiner ehemaligen Schüler auf den langen gemeinsamen Weg zurückblickt, der Psalmvers in den Sinn, mit dem die alte Tridentinische Messe beginnt, wo es von Gott heißt: *qui laetificat juventutem meam* – der mich erfreut von Jugend auf ...

Anmerkungen

Vorwort

1 Gespräch mit dem Autor, Gilching (bei München), 23. Januar 2006.

Freising

1 Alfred Läpple (geb. 1915 in Tutzing) war nach dem Doktorat in Theologie an der Universität München und nach einigen Jahren als Religionslehrer seit 1972 ordentlicher Professor für Katechese und Religionspädagogik an der Katholisch-Theologischen Fakultät der Universität Salzburg. Zu seinen zahlreichen Publikationen gehören Lehrbücher und wissenschaftliche Abhandlungen zur Kirchengeschichte, Exegese und Bibelkatechese. Er hat ein wichtiges Buch zu Joseph Ratzinger publiziert: *Benedikt XVI. und seine Wurzeln,* Augsburg 2006. Heute lebt der emeritierte Professor in einem kleinen Haus in Gilching bei München.

2 Gespräche des Autors mit Alfred Läpple am 23., 24. und 26. Januar 2005 in Gilching (bei München).

3 Zu den Vorgängen im deutschen Katholizismus während des nationalsozialistischen Regimes und des Zweiten Weltkriegs vgl. M. F. Feldkamp: *Mitläufer, Feiglinge, Antisemiten? Katholische Kirche und Nationalsozialismus,* Augsburg 2009.

4 J. Ratzinger, *Aus meinem Leben. Erinnerungen,* München 2000, S. 46–47: „Trotz des gewaltigen Unterschieds der Erfahrungen und der Horizonte band uns alle eine große Dankbarkeit dafür zusammen, daß wir aus dem Abgrund der schweren Jahre hatten heimkehren dürfen. Diese Dankbarkeit schuf einen alle beherrschenden Willen, (…) Christus in seiner Kirche zu dienen (…). Niemand zweifelte, daß die Kirche der Ort unserer Hoffnungen war. Sie war trotz mancher menschlicher Schwachheiten der Gegenpol zu der zerstörerischen Ideologie der braunen Machthaber gewesen; sie war in dem langen Inferno, das die Mächtigen verschlungen hatte, stehengeblieben mit ihrer aus der Ewigkeit kommenden Kraft."

5 Kardinal Ratzingers Rede anläßlich des 100. Todestags von John Henry Newman ist auf der Webseite des Vatikans zugänglich, im Bereich „Kongregation für die Glaubenslehre": www.vatican.va und unter www.newmanfriendsinternational.org/benedictonnewman.html.

6 Veröffentlicht in *Pro Fide et Justitia. Festschrift für Agostino Kardinal Casaroli zum 70. Geburtstag,* Hrsg. H. Schambeck, Berlin 1984, S. 747–761.

7 Vgl. G. Ratzinger, „La testimonianza del fratello" in: *Alla scuola della verità. I settanta anni di Joseph Ratzinger,* hrsg. von J. Clemens und A. Tarzia, Cinicsello B. (MI) 1997, S. 223.

8 J. Ratzinger, *Aus meinem Leben,* S. 37.

9 Vgl. R. Ostling, „Keeper of the Straight and Narrow", in *Time Magazine,* 6. Dezember 1993.

10 J. Ratzinger, *Aus meinem Leben,* S. 40.

11 *Ebd.,* S. 43.

12 *Ebd.,* S. 45.

13 In einem Interview mit Pater Johannes Nebel im November 2006, mit dem an den ein Jahr zuvor verstorbenen Theologen und Kardinal Leo Scheffczyk erinnert werden sollte, unterstrich Benedikt XVI. auch, wie beeindruckt er und seine Freisinger Seminarkollegen von Alfred Läpples Rednergabe waren: „Im Dezember wurden er [Scheffczyk, *Anm. d. Verf.*] und seine Kurskollegen zu Diakonen geweiht, und als Diakone mußten sie auch im Dom predigen. (…) Unter ihnen gab es zwei herausragende Prediger, die sozusagen miteinander „wetteiferten": Leo Scheffczyk und Alfred Läpple. Beide waren wirklich große und wortmächtige Prediger. (…) Wir sahen daher ihn [Scheffczyk, *Anm. d. Verf.*] und auch seinen Kurskollegen Alfred Läpple als Leute an, von denen man noch hören wird." („Papst Benedikt XVI. – Erinnerungen an Leo Scheffczyk" in: L. Scheffczyk, *Katholische Glaubenswelt, Wahrheit und Gestalt,* 3. Aufl., Paderborn u. a., 2008 [Interview vom 11.11.2006], S. IX).

14 *Ebd.,* S. 47.

15 *Ebd.*

16 *Ebd.,* S. 50.

München

1 J. Ratzinger, *Aus meinem Leben,* zit., S. 53.

2 *Ebd.,* S. 53.

3 Zur Person des Großonkels Georg Ratzinger jetzt: *Georg Ratzinger (1844–1899). Ein Leben zwischen Politik, Geschichte und Seelsorge,* hrsg. v. J. Kirchinger / E. Schütz, Regensburg 2008.

4 O. Bardenhewer, *Geschichte der altkirchlichen Literatur,* Freiburg i. Br. 1902–1932.

5 In einem Brief an Läpple vom Juni 1997 erinnert sich Kardinal Ratzinger an jenes Gespräch vor 50 Jahren: „Ich habe in diesen festlichen Tagen mehr als je zuvor erlebt, was es heißt, Priester Jesu Christi in seiner Kirche sein zu dürfen. Du selber hast mir damals gesagt, wie es Dich ergriffen hat, Jesu eigene verwandelnde Worte über Brot und Wein sprechen zu dürfen, ihm die Stimme, das Wort, das eigene Sein zu geben" (Dokument, das im Gespräch mit Prof. Läpple am 23. Januar 2006 in Gilching von ihm herangezogen wurde).

6 J. Ratzinger, *Aus meinem Leben,* S. 64. „Wir alle lebten", fügte der damalige Präfekt der Glaubenskongregation hinzu, „in einem wohl schon in den zwanziger Jahren aufgekommenen Gefühl des Aufbruchs, einer mit neuem Mut fragenden Theologie und einer Spiritualität, die Veraltetes und Verstaubtes abtat, um zu neuer Freude der Erlösung zu führen. Das Dogma wurde nicht als äußere Fessel, sondern als die lebendige Quelle verstanden, die überhaupt Erkenntnis ermöglichte."

7 *Ebd.,* S. 57.

8 *Ebd.,* S. 61.

9 Joseph Ratzinger selbst hat in seiner Predigt beim Requiem für seinen alten Professor am 19. November 1971 diesen Aspekt unterstrichen: „Er hat es zeitlebens als besonderen Vorzug empfunden, in dieser Stadt mit ihrer uralten römischen und christlichen Kultur zu Hause zu sein. Seine Liebe zu Köln und seine Beziehung zur Kirche gingen eng ineinander." Auszüge bei A. Läpple, *Benedikt XVI. und seine Wurzeln,* Augsburg 2006, S. 81 f.

10 Predigtzitat: „Deswegen schreckte ihn auch nicht, daß das Denken eines einzelnen oder einer ganzen Periode ratlos und hilflos, im Widerspruch bleiben kann. Er wußte, daß es nicht notwendig ist, gewaltsame Lösungen zu erpressen, wo sie ehrlich nicht zu finden sind (...) So war es für ihn auch klar, daß der Theologe nicht im eigenen Namen spricht, so sehr er sich selbst geben muß, sondern daß er für den Glauben der Kirche steht, den er nicht erfindet, sondern empfängt. Zutiefst kam die Furchtlosigkeit seines Fragens aus der Erkenntnis, daß wir nicht fragen können nach der Wahrheit, wenn sie nicht zuerst gefragt hätte nach uns; daß wir Wahrheit nicht suchen könnten, wenn wir nicht schon zuvor gefunden wären von ihr."

11 J. Ratzinger, *Aus meinem Leben,* S. 68.

12 *Ebd.*

13 J. Ratzinger, *Volk und Haus Gottes in Augustins Lehre von der Kirche,* München 1954, S. XI.

14 *Ebd.*

15 *Ebd.*, S. 1f.

16 *Ebd.*, S. 56.

17 A. Nichols, *The Theology of Joseph Ratzinger. An Introductory Study,* Edinburgh 1988, S. 32.

18 *Ebd.*, S. 43.

19 *Ebd.*

20 Zur augustinischen Beschreibung der Stadt Gottes vgl. G. Tantardini, *Invito alla lettura di sant'Agostino. Appunti dalle lezioni alla Libera Universitá San Pio V di Roma su „La città di Dio e gli ordinamenti degli Stati"*, Rom 2003.

21 J. Ratzinger, *Volk und Haus Gottes in Augustins Lehre von der Kirche,* zit., S. 146.

22 *Ebd.*, S. XIX.

23 *Ebd.*

24 J. Ratzinger, *Aus meinem Leben,* S. 62; Henri de Lubac, *Katholizismus als Gemeinschaft,* Einsiedeln 1943.

25 J. Ratzinger, *Aus meinem Leben,* S. 69: „Ich bekam dadurch nicht nur ein neues und tieferes Verhältnis zum Denken der Väter, sondern auch einen neuen Blick auf den Glauben und die Theologie insgesamt."

26 *Ebd.*, S. 63.

27 „Die neuen Heiden und die Kirche" zuerst erschienen in: *Hochland* 51 (1958/59) S. 1–11; wieder abgedruckt in: J. Ratzinger, *Das neue Volk Gottes. Entwürfe zur Ekklesiologie,* Düsseldorf 1969, S. 325–338.

28 A. Nichols, *Joseph Ratzinger,* S. 51.

29 J. Ratzinger, Aus meinem Leben, S. 85

30 J. Ratzinger, *Die Geschichtstheologie des heiligen Bonaventura,* München-Zürich 1959, S. 16.

31 *Ebd.*, S. 71

32 J. Ratzinger, *Aus meinem Leben,* S. 88.

33 Vgl. A. Tornielli, *Benedetto XVI. Il custode della fede,* Casale Monferrato (AL) 2005.

34 Daß katholische Theologie fortgesetzt an staatlichen Universitäten gelehrt wird, ist eine charakteristische Folge des Geschichtsverlaufs, der in Deutschland eine enge und einzigartige Verquickung von kirchlichen Institutionen einerseits sowie zivilen und akademisch-kulturellen Institutionen andererseits hervorgebracht hat. Gegenwärtig gibt es an 13 staatlichen Universitäten in Deutschland Katholisch-Theologische Fakultäten als integrierenden Teil des eigenen akademischen Angebots. Diese Fakultäten sind sowohl vom Staat als auch von der Kirche anerkannt: echte *Res mixtae,* vom Staat finanziert und geregelt, gleichzeitig aber in bestimmten Aspekten dem kanonischen Recht der Kirche unterstellt. Ihr juristischer Doppelstatus wird gemäß verschiedenen Konkordaten zwischen den deutschen Bundesländern und dem Heiligen Stuhl geregelt. Die theologischen Fakultäten unterliegen dem allgemeinen Universitätsrecht, wie alle anderen staatlichen akademischen Einrichtungen auch. Die Professoren werden von den Fakultäten nach den Kriterien des akademischen „freien Marktes" eingestellt. Der Kirche ist eine Art doppelter Kontrolle über die Ernennung der Professoren garantiert, gemäß den in den beiden apostolischen Konstitutionen *Deus scientiarum Dominus* (verkündet am 24. Mai 1932 von Pius XI.) und *Sapienta christiana* (verkündet am 15. April 1079 von Johannes Paul II.) festgelegten Vorschriften. Über die vatikanische Kongregation für das Katholische Bildungswesen – in Übereinstimmung mit der Kongregation für die Glaubenslehre – erteilt der Heilige Stuhl sein *nihil obstat,* das dem Dozenten erlaubt, Lehraufträge in den Katholisch-Theologischen Fakultäten anzunehmen. Dann muß der Diözesanbischof seinerseits dem Dozenten die *Missio canonica* erteilen, d.h. den Auftrag, Theologie zu lehren, ohne der katholischen Glaubenslehre zu widersprechen. Dieser Auftrag kann widerrufen werden, wenn sich unter dem Aspekt der Lehre „gerechtfertigte Einwände" gegen die Inhalte der vom Dozenten vermittelten Lehre ergeben oder unter sittlichem Aspekt gegen seine Lebensführung. In diesem Fall ist die Landesregierung durch die gültigen Konkordate verpflichtet, einen Ersatz für den Professor, dem von der Kirche die *Missio canonica* entzogen wurde, zu gewährleisten.

Bonn

1 Manuskript im Besitz von Werner Hülsbusch, pensionierter Pfarrer in Münster und ehemaliger Doktorand Joseph Ratzingers.

2 Siehe Anm. 27 auf S. 176.

3 Vgl., *ebd.*, S. 336: „So gilt im Blick auf die modernen Heiden, daß der Christ ihr Heil in Gottes Gnade geborgen wissen darf, von der ja auch sein Heil abhängt, daß er sich aber im Blick auf die mögliche Ret-

tung nicht von dem Ernst seines eigenen gläubigen Daseins dispensieren kann, sondern daß gerade ihr Unglaube ihm verstärkter Ansporn zu gefüllterem Glauben sein muß, indem er sich mit in die Stellvertretungsfunktion Jesu Christi einbezogen weiß, an der das Heil der Welt und nicht bloß der Christen hängt."

4 Vgl., J. Ratzinger, *Aus meinem Leben,* S. 93: „So kamen Anregungen von überall, zumal ja auch Belgien und die Niederlande nahe waren und traditionell im Rheinland die Türen nach Frankreich hin offenstehen."

5 J. Ratzinger, *Der Gott des Glaubens und der Gott der Philosophen,* München-Zürich 1960.

6 *Ebd.,* S. 25.

7 *Ebd.,* S. 16.

8 *Ebd.,* S. 30.

9 *Ebd.,* S. 29.

10 *Ebd.,* S. 32.

11 Daran erinnert sich der Redemptorist Viktor Hahn, der erste Student, der bei Professor Ratzinger promovierte (Gespräch mit dem Autor, Köln, 9. März 2006). Pater Hahn ist emeritierter Professor der Fundamentaltheologie an der Philosophisch-Theologischen Hochschule der Redemptoristen in Hennef.

12 Gespräch mit dem Autor, München, 24. Januar 2006. Peter Kuhn ist Professor für Judaistik an der Philosophisch-Theologischen Hochschule der Salesianer in Benediktbeuern.

13 Äußerung gebenüber dem Autor, 22. März 2006. Roman Angulanza war bis 2000 Leiter des Katholischen Bildungswerkes der Diözese Salzburg.

14 Gespräch mit dem Autor, Gilching (bei München), 23. Januar 2006.

15 J. Ratzinger, *Salz der Erde. Christentum und katholische Kirche an der Jahrtausendwende.* Ein Gespräch mit Peter Seewald, Stuttgart u. a. 1996, S. 70.

16 Gespräch mit dem Autor, Münster, 8. März 2006. Vinzenz Pfnür ist emeritierter Professor für Kirchengeschichte an der Katholisch-Theologischen Fakultät der Universität Münster.

17 Vgl. das Vorwort von Joseph Ratzinger zu Heinrich Schlier, *Über die Auferstehung Jesu Christi,* Rom 2008, S. 5–8, Originalausgabe: Heinrich Schlier, *Über die Auferstehung Jesu Christi,* Einsiedeln 1968.

18 J. Ratzinger, Aus meinem Leben, S. 95–96.

19 Vgl. H. Verweyens Kommentar: *Der Weltkatechismus: Therapie oder Symptom einer kranken Kirche?*, Düsseldorf 1993.

20 Vgl. Kardinal Ratzingers Vortrag „Zur Lage von Glaube und Theologie heute", veröffentlicht in M. Müller (Hrsg.), *Stets war es der Hund, der starb …*, Aachen 1998. Dort schreibt Ratzinger in Anm. 20: „… eine vermeintlich völlig glaubensunabhängige rationale Grundlegung des Glaubens zu versuchen (die dann doch in der puren abstrakten Rationalität nicht überzeugen kann), ist m. E. der wesentliche philosophische Irrtum in dem (…) Versuch von H.J. Verweyen, *Gottes letztes Wort* (Düsseldorf 1991).

21 J. L. Allen führt in *Kardinal Ratzinger*, Düsseldorf 2005, S. 83, das Glückwunschschreiben an, das Verweyen von Kardinal Ratzinger zu seinem 60. Geburtstag erhielt. Eine kritische Analyse des theologischen Wegs Ratzingers findet sich in dem kürzlich erschienenen Werk von Verweyen, *Joseph Ratzinger – Benedikt XVI. Die Entwicklung seines Denkens*, Darmstadt 2007.

22 Siehe im einzelnen J. Dörmann, *Der theologische Weg Johannes Pauls II. zum Weltgebetstag der Religionen in Assisi*, 5 Bde., Senden/Westfalen 1990–1998.

23 Veröffentlichung des kritischen Beitrags in: *Theologisches* 30 (November/Dezember 2002) Sp. 445–460. Dörmann bringt einige Kritikpunkte dogmatischer Art vor und wirft dem Dokument der Kongregation für die Glaubenslehre vor, daß es die historische Realität der Erbsünde nicht berücksichtige und „eine Variante der heterodoxen Theorie" vertrete, „nach der die Gnade *a priori* allen Menschen zuteil werde".

24 Auch Kardinal Edward Idris Cassidy, zu der Zeit Präsident des Päpstlichen Rates zur Förderung der Einheit der Christen, äußerte sich öffentlich kritisch zur Erklärung *Dominus Iesus*, während der von der Gemeinschaft San Egidio organisierten Begegnung „Menschen und Religionen", die vom 24.–26. September 2000 in Lissabon stattfand.

25 Auch die kirchenkritische Vereinigung „Wir sind Kirche" bedient sich der Analysen Werner Böckenfördes.

26 Über die Themen der Korrespondenz mit dem damaligen Kardinal Ratzinger hat Ernst-Wolfgang Böckenförde in einem Vortrag berichtet, den er am 8. Oktober 2007 im Zentrum für Amerikastudien in Rom hielt. Zusammenfassend läßt sich sagen: Der katholische Jurist schlägt eine mögliche Zusammenarbeit zwischen dem religiösen und dem politischen Bereich vor, bei der allerdings die notwendige Distanz ge-

wahrt bleiben sollte. Ein Satz von ihm, der als „Böckenförde-Paradox" berühmt geworden ist („Der freiheitliche, säkularisierte Staat lebt von Voraussetzungen, die er selbst nicht garantieren kann"), stand im Mittelpunkt der bekannten Debatte zwischen Kardinal Ratzinger und dem Philosophen Jürgen Habermas im Januar 2004 in der Katholischen Akademie in München.

27 Vgl. die Autobiographie von J. Frings, *Für die Menschen bestellt. Erinnerungen des Alterzbischofs von Köln,* Köln 1973, S. 247.

28 J. Ratzinger, „Zur Theologie des Konzils" in: *Das neue Volk Gottes,* S. 147–170. Der Text enthält auch interessante Überlegungen zu den Beziehungen zwischen Konzil und Primat und zwischen Konzil und Episkopat sowie eine einleuchtende Erklärung der Kategorie der Unfehlbarkeit: „So eignet Unfehlbarkeit zunächst einmal der ganzen Kirche. Es gibt so etwas wie eine Unfehlbarkeit des Glaubens in der Gesamtkirche, kraft deren sich diese Gesamtkirche niemals ganz in die Irre führen lassen kann. Das ist der Anteil der Laien an der Unfehlbarkeit. Daß diesem Anteil mitunter eine höchst aktive Bedeutung zukommen kann, zeigte sich in der arianischen Krise, in der zeitweise die ganze Hierarchie den arianisierenden Vermittlungstendenzen verfallen schien und nur die unbeirrbare Haltung der Gläubigen den Sieg des nizänischen Glaubens sicherte" (ebd. S. 150).

29 (Anm. d. Übers.: Die verfügbare deutsche Version des Vortrags Joseph Frings, „Das Konzil und die moderne Gedankenwelt",Köln 1962, weicht zu stark von der italienischen ab, deshalb folgt die Übersetzung aus dem Italienischen). Auszugsweise zitiert wird der Vortrag von Genua in G. Caprile (Hrsg.), *Il concilio Vaticano II. Cronache del concilio Vaticano II,* Rom 1996, Bd. I, S. 300. In dem Vortrag befaßte sich Frings auch mit den Ideologien und ihrer Funktion als Ansporn für die Sendung der Kirche: „Der Siegeszug der Ideologien macht deutlich, daß der Mensch von heute nach etwas strebt, das Wert hat. Die Aufgabe der Kirche wird es sein, unter den Ideologien die ewigen Werte (le verità impazzite – wörtlich: die verrückten Wahrheiten, nicht auffindbare Chesterton-Formulierung) zu entdecken und ihnen den rechten Platz zu geben, damit der Mensch sein Vertrauen in sie [die Kirche, Anm. d. Übers.] wiederfindet. Der Marxismus ist eine Ideologie der Hoffnung und einer größeren irdischen Gerechtigkeit, und daher ist es Aufgabe der Kirche, in neuem Licht das Heil zu zeigen, das in Christus allen Menschen angeboten wird, nicht nur für das ewige Leben, sondern auch für dieses hier auf Erden." Ratzinger selbst hat erwähnt, daß „dieser Vortrag, der zwar vielleicht nicht revolutionär, aber gewiß ein wenig kühn wirken mochte, großen Gefallen bei Papst Johannes XXIII. fand, der Frings umarmte und sagte: ‚Genau das war bei der Einberufung des

Konzils meine Absicht'". Vgl. J. Ratzinger, „Vi racconto il mio concilio", in: *Reset* 89 (Mai-Juni 2005), S. 18. Der Text ist eine schriftliche Fassung des Interviews, das von Pasquale Chessa und Francesco Villari für das „Archivio delle Memorie" von *RaiSat Extra* geführt wurde.

30 J. Ratzinger, *Aus meinem Leben,* S.101.

31 „Ich saß auf der Tribüne, auf der die Experten ihren Platz hatten, so konnte ich die Arbeit des Konzils verfolgen. In den ersten beiden Monaten war ich jedoch noch nicht offizieller, sondern nur persönlicher Peritus des Kardinals. Aber im November ernannte mich der Papst auch zum offiziellen Peritus, und von da an nahm ich offiziell an allen Sitzungen teil (J. Ratzinger, „Vi racconto il mio concilio", S. 18–19)

32 J. Ratzinger, *Aus meinem Leben,* zit., S. 65.

33 „Für einen jungen Professor, der bis dahin in seiner akademischen Welt gelebt hatte, war auch die Teilnahme am römischen Leben eine ganz neue Wirklichkeit. Im Kollegium Anima sah man die Welt, hörte man vor allem die Gerüchte, die damals in Rom im Umlauf waren. Mit den anderen ins Café zu gehen und das römische Leben kennenzulernen, das sich so sehr von meinem Leben an der Universität unterschied, hat auf mich einen sehr großen Eindruck gemacht, der mein Leben geprägt hat" (J. Ratzinger, „Vi racconto il mio concilio", S. 18).

34 Der kritische Text, der in seiner endgültigen Fassung spätere handschriftliche Überarbeitungen des Papstes aufgenommen hat, wurde von G. Alberigo und A. Melloni herausgegeben: „L'allocuzione Gaudet mater Ecclesia di Giovanni XXIII (11 ottobre 1962)", in: dies., *Fede Tradizione Profezia. Studi su Giovanni XXIII e sul Vaticano II,* Brescia 1984, S. 185–283.

35 *Geschichte des Zweiten Vatikanischen Konzils,* hrsg. von G. Alberigo, dt. Ausgabe hrsg. von K. Wittstadt, Bd. II, Mainz 2000, S. 33.

36 N. Edelby, *Il Vaticano II nel diario di un vescovo arabo,* Cinisello B. (MI) 1996, S. 53.

37 „Ich wohnte mit dem Kardinal im Priesterkolleg Anima, in der Via della Pace: Es war ein österreichisches Institut, in dem eine heimelige Atmosphäre herrschte. Der Kardinal hatte im Saal des Kollegs alle deutschsprachigen Bischöfe zusammengerufen und ich hatte die Aufgabe, ihnen einen Vortrag zu halten und den ganzen deutschsprachige Episkopat in die Arbeit des Konzils einzuführen" (J. Ratzinger, „Vi racconto il mio concilio", S. 18).

38 Y. Congar, *Mon Journal du Concil,* Paris 2002, Bd. I, S. 202.

39 B. Lai, Il *Papa non eletto,* Rom und Bari 1993, S. 193, Anm. 38.

40 Auch Congar nimmt in dieser Hartnäckigkeit „einen gewissen

Geist der Vergeltung" wahr, von Seiten „jener Theologen, die nicht zur theologischen Vorbereitungskommission gehörten" (vgl. *Mon Journal du Concil,* Bd. I, S. 181).

41 In seinem Beitrag bezeichnete Frings das Liturgieschema als „Testament" von Pius XII. und empfahl die Pflege und Praxis des gregorianischen Gesangs, damit man Gott mit *einer Stimme* loben könne, wenn Christen aus unterschiedlichen Ländern zusammenkämen. Vgl. G. Caprile (Hrsg.), *Il concilio Vaticano II,* Bd. I, S. 52.

42 *Ebd.* S. 157

43 Entnommen sind die Zitate des Erlebnisberichts über die erste Konzilsperiode aus: J. Ratzinger, *Die erste Sitzungsperiode des Zweiten Vatikanischen Konzils,* Köln 1963.

44 Damaskinos in der Schweiz, Stylianos in Australien.

45 Die Auseinandersetzungen zwischen den Kollegen und Ratzinger, die in den Protokollen der Bonner Fakultätsratssitzungen festgehalten waren, wurden von Professor Heinz-Joseph Fabry in einem Vortrag am 21. September 2007 rekonstruiert. Diesen Vortrag kann man auch auf der Webseite des *Domradio* hören, dem Radiosender der Diözese Köln.

Münster

1 Gespräch mit dem Autor, Freising, 26. Januar 2006.

2 Gespräch mit dem Autor, Münster, 8. März 2006.

3 G. Caprile (Hrsg.), *Il concilio Vaticano II,* Bd. III, S. 29.

4 *Ebd.,* S. 212–213.

5 *Ebd.,* S. 214–215. *Ebd.,* S. 214–215. In einem Artikel aus dem Jahr 1998, der Frings' Interventionen auf dem Konzil gewidmet war, spielte der damalige Kardinal Ratzinger die Episode herunter und zitierte unter anderem ein am 13. April 1966 in der italienischen Wochenzeitschrift *Gente* veröffentlichtes Interview mit Kardinal Ottaviani, in dem der Sekretär des Heiligen Offiziums zugab, daß die Intervention von Frings nur noch einmal auf die bereits von Benedikt XV. formulierten Rechtsprinzipien aufmerksam gemacht hatte und daß die vom Kölner Kardinal gestellten Fragen nur in dieser besonders emotionsgeladenen Atmosphäre, in der die Worte vorgebracht wurden, einen revolutionären Ton annehmen konnten. Der ganze Artikel Ratzingers zielt darauf ab, den Mythos von Frings als einem „ultraprogressiven" Führer in der konziliaren Debatte zu entzaubern, und analysiert zu diesem Zweck seine Erklärungen auf dem Konzil. Vgl. J. Ratzinger, *Buchstabe und Geist*

des Zweiten Vatikanums in den Konzilsreden von Kardinal Frings, hrsg. v. Presseamt des Erzbistums Köln, Neuss 1987; dass. in: *Internationale katholische Zeitschrift Communio* 16 (1987) S. 251–265.

6 Vgl. G. Caprile (Hrsg.), *Il concilio Vaticano II,* Bd. IV., S. 280.

7 *Ebd.,* Bd. V, S. 83.

8 *Ebd.,* S. 192.

9 Y. Congar, *Mon Journal du Concile,* Paris 2002, Bd. I, S. 448 u. 490.

10 Vgl. G. Alberigo, *Breve storia del concilio Vaticano II,* Bologna 2005, S. 108

11 Y. Congar, *Mon Journal du Concile,* Bd. II, S. 355 u. 356.

12 Die folgenden Zitate sind dem Bericht über die zweite Sitzungsperiode des Konzils (1963) entnommen: J. Ratzinger, *Das Konzil auf dem Weg. Rückblick auf die zweite Sitzungsperiode,* Köln 1964.

13 Die folgenden Zitate aus den Berichten Ratzingers über die dritte und vierte Konzilsperiode sind den Veröffentlichungen *Ergebnisse und Probleme der dritten Konzilsperiode,* Köln 1965, und *Die letzte Sitzungsperiode des Konzils,* Köln 1966, entnommen.

14 In einer anderen Bemerkung im Bericht über die vierte Konzilsperiode zeigt sich bei Ratzinger eine Haltung, die den päpstlichen Interventionen positiver gegenübersteht und sie würdigt: In seinen Augen wird aus dem „inhaltlichen Mitwirken des Papstes am Werden der Texte eine Methode des kollegialen Zusammenspiels zwischen Papst und Bischöfen". Die Vorschläge des Papstes werden diskutiert und modifiziert. Ein Papst, der „nicht nur von oben her Texte bestätigt, sondern von innen her an ihnen mitgestaltet" hat „die Physiognomie des Primats eher aufgelockert; das Ganze scheint einen neuen Stil des ‚Miteinander' von Papst und Bischöfen (...) zu eröffnen" (J. Ratzinger, *Die letzte Sitzungsperiode des Konzils,* zit., S. 69–70).

15 Zu Ratzingers Vorbehalten gegen die Ausarbeitung und Abfassung der „Pastoralkonstitution über die Kirche in der Welt von heute" vgl. den ihm gewidmeten Abschnitt im Aufsatz von J. A. Komonchak, „Le valutazioni sulla Gaudium et spes: Chenu, Dossetti, Ratzinger", in: *Volti di fine concilio. Studi di storia e teologia sulla conclusione del Vaticano II,* hrsg. von J. Doré und A. Melloni, Bologna 2000, S. 125–136. Komonchak referiert und kommentiert auch die Kritik, die Ratzinger in seinem Kommentar zum ersten Kapitel von *Gaudium et spes* äußert, der in einem Ergänzungsband zum *Lexikon für Theologie und Kirche (Das Zweite Vatikanische Konzil: Dokumente und Kommentare,* hrsg. von H. Vorgrimler, Bd. 3. Freiburg-Basel-Wien 1968, S. 313–354) erschienen ist. Ratzingers

Kritik an einigen Passagen von *Gaudium et spes* beinhalte auch den Gebrauch einer „eindeutig pelagianischen Terminologie“ und die Zurschaustellung eines „Optimismus bezüglich der Möglichkeit der Gotteserkenntnis“, der außer acht läßt, daß „das Problem Gottes, sowohl im Positiven wie im Negativen, außerhalb des beweisenden Denkens liegt“ (J. A. Komonchak, *op. cit.*, S. 133–153).

16 Die Mahnung, die christliche Hoffnung von der Begeisterung für den technischen Fortschritt zu unterscheiden, heißt nicht, daß der Wert wissenschaftlicher Erkenntnisse nicht anerkannt wird. Im Gegenteil, Ratzinger würdigt und unterstreicht die positiven Ergebnisse der möglichen Verbindung zwischen Wissenschaft und christlichem Glauben. Im Bericht über die vierte Konzilsperiode begrüßt er die durch viele lateinamerikanische Bischöfe angeregte Aufwertung der Wissenschaft, einer wertvollen Bundesgenossin des Christentums gegen die magische Verfälschung des Glaubens: „Sie hatten erkannt, daß für sie die Nüchternheit der Wissenschaft, die den magischen Glanz von den Dingen nimmt, der beste Bundesgenosse ist (…). Die wissenschaftliche Durchdringung der Welt, die einerseits deren Nicht-Göttlichkeit, andererseits deren logische, geistig zu erhellende Struktur voraussetzt, entspricht zutiefst jenem Weltverständnis, das die Welt als geschaffen (und so selbst nicht-göttlich) und als herkommend aus dem Logos – Gottes geisterfülltem Wort – versteht, von dem her sie selbst logoshaft, geistig strukturiert ist. Ja, man wird sagen dürfen, daß Naturwissenschaft in ihrem vollen Umfang überhaupt erst auf der Basis einer solchen Grundeinstelllung möglich wurde“. Ratzinger stellt positiv heraus, daß das Schema XIII auch auf die wissenschaftsfeindlichen Vorurteile hinweist, die in der Vergangenheit der Kirche typisch waren. „Christlich handeln“, erklärt Ratzinger unter Verweis auf den Fall Galileo, „heißt sachgerecht handeln, ohne falsche Direktheit kirchlicher Reglementierung, die dem Eigenanspruch der Dinge und der Differenz zwischen Kirche und Reich Gottes widerspräche, aus der die Vorläufigkeit des Kirchlichen und die Begrenzung seiner innerweltlichen Kompetenz resultiert“ (J. Ratzinger, *Die letzte Sitzungsperiode des Konzils,* S. 47–48).

17 J. Ratzinger, *Aus meinem Leben,* S. 134.

18 J. Ratzinger, „Was heißt Erneuerung der Kirche“, in: *Das neue Volk Gottes,* S. 267 f.

19 Gespräch mit dem Autor, Köln, 9. März 2006.

20 Im Interview mit Jürgen Erbacher, gesendet vom *ZDF* am 11. April 2007.

Tübingen

1 Der Text des Vortrags (dem die folgenden Zitate entnommen sind) ist enthalten in J. Ratzinger, *Das neue Volk Gottes,* S. 302–321.

2 Ratzinger zitiert den 1. Korintherbrief, in dem „ ... Paulus gegenüber den ekstatischen Glossolalen, die verzückt in der Sprache des Geheimnisses sprachen, mit unerbittlicher Nüchternheit" festgestellt hat: „Bei der liturgischen Feier will ich lieber fünf verständliche Worte sagen, mit denen ich auch anderen Weisung gebe, als zehntausend unverständliche Geheimnisworte' (1 Kor 14,19)" *(ebd.,* S. 121).

3 J. Ratzinger, Vorstellungsrede bei der Päpstlichen Akademie der Wissenschaften, 13. November 2000.

4 Über die Zusammenkunft berichtet Küng in seinen Memoiren *Erkämpfte Freiheit: Erinnerungen,* Bd. I, München-Zürich, 2002, S. 394–395.

5 Y. Congar, *Mon Journal du Concil,* Bd. II, S. 498. Auch bei dieser Gelegenheit, wie in anderen Einträgen seines Konzilstagebuchs, bringt Congar seine Wertschätzung für Ratzinger und seine kritischen Vorbehalte gegen Küng zum Ausdruck. Über Ratzinger schreibt er, seine Bemerkungen während der Zusammenkunft seien „sachlich und scharfsinnig" gewesen, während Küng ihm „immer sehr radikal" erschienen sei. „Er sagt richtige Dinge, aber dabei ist die kritische Suche nach der Wahrheit nicht genügend von der Beachtung konkreter Situationen gemildert." In seinem Eintrag vom 23. Februar 1965 gibt Congar auch ein Urteil über Küng wieder, das Paul VI. zugeschrieben wird: „Der Papst ist betrübt und ein wenig enttäuscht. Er sagte: Küng ist jung. Ich habe gehofft, er könnte ein theologischer Führer für die Zukunft sein. Aber er ist ohne Liebe. Er wird es nicht sein können" *(ebd.,* S. 336).

6 J. Ratzinger, *Aus meinem Leben,* S. 137.

7 Yves Congar berichtet in seinem Tagebuch von den Vorbehalten gegen die verlegerische Initiative, die Carlo Colombo, zu der Zeit Dekan der theologischen Fakultät in Venegono, bereits zu Anfang im Namen des Papstes geäußert hat. Congar zufolge, der seinerseits Notizen des Sekretärs von *Concilium,* Marcel Vanhengel, wiedergibt, hatte Monsignore Colombo den Gründern von *Concilium* eine Liste von Bedingungen übermittelt, die erfüllt werden müßten, um eine gewisse Zustimmung von Seiten Roms zu erhalten. Unter anderem forderte man, daß Hans Küng vom Redaktionsausschuß ausgeschlossen werde und die Inhalte der Zeitschrift einer Gruppe von Bischöfen aus verschiedenen Ländern zur Kontrolle unter dem Gesichtspunkt der rechten Lehre vorgelegt sollten. Sollten diese Bedingungen nicht erfüllt werden, „würde Rom diesem Unterfangen nicht nur die Billigung verweigern, sondern

auch ein Konkurrenzorgan ins Leben rufen, eine internationale Zeitschrift für katholische Theologie, die der römischen Theologie folgt" (Y. Congar, *Mon Journal du Concil,* Bd. II, S. 80).

8 Vgl. „Die pastoralen der Implikationen der Lehre von der Kollegialität der Bischöfe" in: *Concilium* 1 (1965). Wiederveröffentlichung des Artikels in: J. Ratzinger, *Das neue Volk Gottes,* S. 201–224.

9 H. Küng, *Erkämpfte Freiheit: Erinnerungen,* Bd. 1, S. 444.

10 Gespräch mit dem Autor, Rom, 27. Januar 2006. Professor Seckler hatte bis 1993 den Lehrstuhl für Fundamentaltheologie an der Katholisch-Theologischen Fakultät der Universität Tübingen inne.

11 „Als Leo Scheffczyk Tübingen verläßt, um nach München zurückzukehren, stellt sich das Problem, daß der Lehrstuhl wieder besetzt werden muß. Wer aber wird sein Nachfolger? Für mich niemand anderer als Joseph Ratzinger, zur Zeit Dogmatikprofessor in Münster. Obwohl erst 37 Jahre alt, genießt er hohes Ansehen, wie seine bisherige Laufbahn zeigt. Er hat seine eigene Forschungsrichtung und besitzt zugleich eine große Offenheit für Fragen der Gegenwart – Voraussetzung für eine gute Zusammenarbeit. Zugleich hatte ich ihn zur Konzilszeit als menschlich sympathisch erlebt. So erscheint er mir geradezu als ideale Besetzung. (…) Einstimmig akzeptiert man meinen Vorschlag: Joseph Ratzinger – und dies ist sehr ungewöhnlich – ‚unico loco' (also ohne einen Zweit- und Drittkandidaten zu benennen) auf die Berufungsliste zu setzen." Für Küng hat die „Gleichgestimmtheit im Sinn des Zweiten Vatikanischen Konzils" größere Bedeutung als die Unterschiede im Ansatz. „Unsere Gleichgestimmtheit wird offenkundig im Geleitwort zu der von ihm und mir herausgegebenen Reihe ‚Ökumenische Forschungen', die mit meinem Buch ‚Die Kirche' eröffnet wird. Da heißt es unter ‚im Januar 1967: ‚Die Zeit ist reif geworden für eine systematische Bereinigung der theologischen Differenzen zwischen den christlichen Kirchen. (…) Die kirchenspaltenden Fragen aber müssen gelöst werden'" (H. Küng, Erkämpfte Freiheit. Erinnerungen, Bd. 1, S. 591–593)

12 Gespräch mit dem Autor, Pentling bei Regensburg, 25. Januar 2006. Wolfgang Beinert ist emeritierter Professor für Dogmatik an der Katholisch-Theologischen Fakultät der Universität Regensburg.

13 Gespräch mit dem Autor, Köln, 9. März 2006. Helmut Moll, Professor für Exegese und Hagiographie an der Gustav-Siewerth-Adademie (Hochschule-Fachhochschule in Weilheim-Bierbronnen) wurde von der Deutschen Bischofskonferenz mit dem Deutschen Martyrologium des 20. Jahrhunderts beauftragt, das in zwei Bänden 2000 erschien.

14 Gespräch mit dem Autor, Rom, 26. Mai 2006.

15 J. Ratzinger, *Einführung in das Christentum. Vorlesungen über das Apostolische Glaubensbekenntnis,* Neuausgabe Augsburg 2000, Vorwort zur ersten Auflage, S. 27.

16 Gespräch mit dem Autor, Freising, 26. Januar 2006.

17 Ratzingers erster großer Erfolg als Autor rief auch Kritik und Angriffe hervor. Bei seinem Erscheinen erfuhr das Buch eine sehr kritische Rezension von Walter Kasper, der damals Professor für Dogmatik in Münster war („Das Wesen des Christentums", in: *Theologische Revue* 65 [1969] S. 182–188). Ratzinger antwortete auf die Besprechungen seines Buches in: *Hochland* 61 (1969) S. 533–543, wobei er sich gegen Kaspers Kritik wandte, (S. 536–539, S. 542f.). In *Hochland* 62 (1970) S. 152–157 antwortete wiederum Kasper. S. 157–159, ebd., beendete Ratzinger die Debaatte versöhnlich. Später war dieses Buch Gegenstand einer Kritik aus einem ganz anderen Blickwinkel und stand im Mittelpunkt eines sehr scharfen Angriffs, wie ihn die traditionalistische Lefebvre-Bewegung gegen den damaligen Präfekt der Glaubenskongregation wiederholt führte. (Vgl. „Jene, die glauben, gewonnen zu haben. Ratzinger: Ein Präfekt ohne Glaube in der Kongregation für den Glauben", in *Sì sì no no* [Antimodernistische katholische Halbmonatsschrift] XIX, 6, 31. März 1993).

18 J. Ratzinger, *Einführung in das Christentum,* (Neuausgabe 2000), S. 34–35.

19 Am 9. November hält Ratzinger im Zusammenhang mit den Feierlichkeiten eine Vorlesung über die Neuscholastik, unter dem Titel: „Aufstieg und Krise einer theologischen Bewegung".

20 Siegfried Wiedenhofer ist emeritierter Professor für Systematische Theologie an der Katholisch-Theologischen Fakultät der Universität Frankfurt.

21 In einem Interview mit Paolo Valentino, das am 23. April 2005 im *Corriere della Sera* veröffentlicht wurde.

22 Gespräch mit dem Autor, Castel Gandolfo, 4. September 2006. Martin Trimpe ist Pfarrer in der Diözese Osnabrück.

23 Gespräch mit dem Autor, Rom, 11. April 2006. Pater Tremblay ist Dozent für systematische Moraltheologie an der Päpstlichen Akademie Alfonsiana.

24 J. Ratzinger, *Aus meinem Leben,* S. 139–140.

25 J. Ratzinger, *Einführung in das Christentum,* (Neuausgabe 2000), S. 11–13.

26 *Ebd.*, S. 228.

27 Gespräch mit dem Autor, Münster, 8. März 2006.

28 Die Episode wird erzählt in dem Aufsatz von Stephan Otto Horn „Il cardinal Ratzinger e i suoi studenti" in: Josef Clemens, Antonio Tarzia (Hrsg.), *Alla scuola della verità,* zit., S. 11.

29 *Zur Lage des Glaubens.* Ein Gespräch mit Vittorio Messori, München-Zürich-Wien 2007, S. 16

30 Gespräch mit dem Autor, Köln, 9. März 2006

31 J. Ratzinger, *Das neue Volk Gottes,* zit., S. 131

32 *Ebd.*, S. 142

33 Vgl. J. L. Allen, *Joseph Ratzinger,* zit., S.40

34 „Befristete Amtszeit residierender Bischöfe? Ein Vorschlag", in *Theologische Quartalschrift* 149 (1969) S. 105–166. Die Liste der Unterzeichner, die den Vorschlag unterstützen, umfaßt alle Professoren: Alfons Auer, Günther Biemer, Karl August Fink, Herbert Haag, Hans Küng, Joseph Möller, Johannes Neumann, Joseph Ratzinger, Josef Rief, Karl Hermann Schelkle, Max Seckler, Peter Stockmeier.

35 „Zur Amtszeitbegrenzung für Bischöfe", in: *Hochland* 61 (1969) S. 544–557; 62 (1970) S. 159–172.

Regensburg

1 J. Ratzinger, *Salz der Erde,* S. 82.

2 Gespräch mit dem Autor, München, 24. Januar 2006.

3 Pater Lehmann-Dronke, ursprünglich promovierter Chemiker, begründete in Maria Bronnen die geistliche Gemeinschaft der Brüder vom Gemeinsamen Leben neu, als Kongregation des Augustiner-Chorherren-Ordens. Die zur Zeit der *Devotio moderna* entstandenen Gemeinschaften wurden nach der napoleonischen Säkularisation (Anfang des 19. Jahrhunderts) aufgelöst.

4 J. Ratzinger, *Aus meinem Leben,* S. 153

5 Gespräch mit dem Autor, Regensburg, 25. Januar 2006. Pater Martin Bialas ist Verfasser mehrerer Werke über Paul vom Kreuz (1694–1775), den Gründer der Gemeinschaft der Passionisten.

6 D. Vincent Twomey, *Benedikt XVI. Das Gewissen unserer Zeit,* Augsburg 2006, S. 24. Vincent Twomey ist emeritierter Professor für Moraltheo-

logie an der Päpstlichen Hochschule St. Patrick's College in Maynooth, Irland.

7 Bericht an den Autor, 17. April 2006. Josef Zöhrer ist Professor für systematische Theologie an der Pädagogischen Hochschule Freiburg.

8 Pater Stephan Otto Horn ist emeritierter Professor für Fundamentaltheologie an der Katholisch-Theologischen Fakultät der Universität Passau. 1966 wurde in München seine Dissertation über Glaube und Rechtvertigung nach Andrés de Vega von keinem Geringeren als Michael Schmaus begutachtet, der in zehn Jahren zuvor Ratzingers Habilitationsschrift über die Theologie Bonaventuras abgelehnt hatte.

9 Stephan O. Horn schreibt: „Hier kann man sich fragen, ob sich bei einer solchen Fülle an Forschungsprojekten bei den Studenten eine spezifische Orientierung oder Richtung ausbilden konnte, wo doch ein begrenzteres Programm gewiß leichter zur Bildung einer ‚Schule' geführt hätte und in den Kolloquien zu einer unter methodologischem Aspekt besonders qualifizierten Diskussion. Dies zu beantworten ist nicht leicht. Joseph Ratzinger hat seine Theologie nicht, wie Karl Rahner und Wolfhart Pannenberg, auf einer Philosophie aufgebaut, um mit ihrer Hilfe die Welt des Glaubens zu durchdringen und mit systematischer Folgerichtigkeit spekulativ zu deuten. Er schöpft vielmehr reichlich und in außerordentlicher Weise aus der Schrift und der Tradition des Glaubens und der Theologie, um von dort aus in einen kritischen und konstruktiven Dialog mit den typischen Fragen der Zeit einzutreten. Seine Absicht ist es, in die Fülle und den Reichtum der lebendigen Tradition einzuführen, die er nicht als eine organische Entwicklung, sondern vielmehr in ihren Polaritäten und Brüchen, in ihren Höhen und Tiefen sieht, kurz gesagt, er versucht, die ganze Historizität zu erfassen. (…) Wenn Joseph Ratzinger seinen Doktoranden eine besondere Prägung vermitteln wollte und konnte, so lag sie meinem Dafürhalten nach vor allem in dem Bemühen, ihnen die Augen für das ganze weite Spektrum des Glaubens und die Fülle der theologischen Perspektiven zu öffnen" („Il cardinale Ratzinger e i suoi studenti", in: J. Clemens, A. Tarzia (Hrsg.), *Alla scuola della verità,* zit., S. 11–12).

10 Gespräch mit dem Autor, Rom, 18. April 2007.

11 Vincent Twomey, „La coscienza e l'uomo", in: J. Clemens, A. Tarzia (Hrsg.), *Alla scuola della verità,* zit., S. 114–115. Twomey fährt fort: „Ratzingers Haltung war unvoreingenommen. Weil man hier auf Erden die Wahrheit niemals in ihrer reinen Form findet, gehörte zur Objektivität das Bemühen, zwischen der Wahrheit und ihren vielen Verfälschungen zu unterscheiden. Später hat er einmal festgestellt, daß ‚sich in allen Irrtümern Wahrheiten verbergen' (J. Ratzinger, *Svolta per l'Europa?*, Ci-

nisello B. [MI] 1992, S. 87)".

12 Gespräch mit dem Autor, Rom, 20. September 2006. Pater Barthélemy Adoukonou ist Generalsekretär der Regionalen Bischofskonferenz des französischsprachigen Westafrika (CERAO) und Gründer der Bewegung „Le sillon noir".

13 Vgl. Stephan O. Horn, in J. Clemens (u. a. Hrsg.), *Alla scuola della verità,* S. 10–15

14 Gespräch mit dem Autor, Frascati, 28. August 2006. Ludwig Weimer, Theologe der Katholischen Integrierten Gemeinde wurde 1983 zum Priester geweiht. Weimer ist einer der Initiatoren der „Akademie für die Theologie des Volkes Gottes", mit Sitz in Villa Cavaletti (Frascati) „Lehrstuhls für die Theologie des Volkes Gottes" an der Päpstlichen Leteran-Universität in Rom.

15 Die Zitate und ein Teil der folgenden Informationen sind einem Vortrag von Professor Gerhard Lohfink entnommen, den er am 14. Mai 2002 in der Kirche Santa Maria dell' Anima in Rom hielt. Der Text wurde in der Zeitschrift *Comunità oggi* (dem Organ der Integrierten Gemeinde) in Nummer 1 vom Dezember 2002 veröffentlicht. Über die Geschichte der Beziehung von Joseph Ratzinger zur Integrierten Gemeinde vgl. jetzt: 30 Jahre Wegbegleitung. Joseph Ratzinger / Papst Benedikt XVI. und die Katholische Integrierte Gemeinde, Bad Tölz 2006.

16 Ein Beispiel für diesen theologischen Ansatz ist das kürzlich erschienene Werk von Gerhard Lohfink und Ludwig Weimer, *Maria nicht ohne Israel,* Freiburg-Basel-Wien, 2008, das beweisen will, daß „die Basis der kirchlichen Aussagen über Maria die erregende, in der Welt einmalige Geschichte Israels" ist (aus dem Vorwort zit.).

17 Das Buch mit dem Titel *Die Vielfalt der Religionen und der Eine Bund* ist 1998 im Verlag Urfeld, Bad Tölz, erschienen, dem Verlag der Integrierten Gemeinde. Der wichtigste Beitrag in diesem Buch ist der Vortrag „Israel, die Kirche und die Welt", den Ratzinger 1994 auf dem interreligiösen Treffen in Jerusalem gehalten hat.

18 R. Pesch, *Über das Wunder der Jungfrauengeburt. Ein Schlüssel zum Verstehen,* Bad Tölz 2002.

19 Das Dokument wurde in der Zeitung *Die Tagespost* vom 11. November 2004 veröffentlicht.

20 J. Ratzinger, *Aus meinem Leben,* S. 157

21 H. U. von Balthasar, *Unser Auftrag. Bericht und Weisung,* Einsiedeln 1984, S. 79

22 Angelo Scola schildert diese Episode in einem Artikel, der Joseph Ratzinger gewidmet ist und in dem sich der heutige Patriarch von Venedig auch an seine erste Begegnung mit dem damaligen Professor, 1971 in Regensburg, erinnert. Scolas Text wurde aufgenommen in J. Clemens (u. a. Hrsg.), *Alla scuola della verità,* S. 169–179.

23 Vgl. den Artikel „Tutta colpa del mammuth", der anläßlich des 20jährigen Bestehens von *Communio* in der Zeitschrift *30Giorni* erschienen ist (Nr. 12, Dezember 1991, S. 64–69). Schriftleiter der italienischen Ausgabe von *Communio* war von 1986 bis 2006 Elio Guerriero.

24 Ebd., S. 68–69. Henrici erläutert die „zentralistische Linie" von *Communio* wie folgt: „Weder übertriebene Hochachtung vor dem Lehramt noch Auflehnung. Weder rechts noch links. Treue zur Tradition auf der Linie der *théologie nouvelle* von Lyon, die nicht den Gegensatz von Natürlichem und Göttlichem, von Glaube und Kultur hervorhob und die die offizielle Theologie des Zweiten Vatikanischen Konzils wurde".

25 „Communio – ein Programm" in: *Internationale Katholische Zeitschrift Communio* 21 (1992) S. 454–463.

26 H. Küng, Die Kirche, Freiburg-Basel-Wien 1967.

27 H. Küng, *Unfehlbar? Eine Anfrage,* Zürich-Einsiedeln 1970.

28 In dem Interview, das Pater Johannes Nebel im November 2006 mit Benedikt XVI. führte und mit dem an den ein Jahr zuvor verstorbenen Theologen und Kardinal Leo Scheffczyk erinnert werden sollte, machte Benedikt XVI. eine interessante Bemerkung über seine Erfahrungen als theologischer Berater der Glaubenskommission der Deutschen Bischofskonferenz, der er in den Jahren nach dem Konzil gemeinsam mit dem verstorbenen Kardinal angehört hatte: „Die Zeit war damals verworren und unruhig, und der Lehrstand der Kirche war nicht mehr ganz klar. Es wurden Thesen in die Luft gesetzt, von denen man sich einbildete, sie seien jetzt möglich, obwohl sie in Wirklichkeit mit dem Dogma nicht übereinstimmten. In diesen Umständen waren die Diskussionen in der Glaubenskommission anspruchsvoll und schwierig. Dabei ist mir aber aufgefallen, daß Leo Scheffczyk, der ganz stille und eher schüchterne Mensch, eigentlich immer der Erste war, der ganz klar Position ergriffen hat. Ich selbst war da fast zu ängstlich, als dass ich mich getraut hätte, gleich so direkt „drauf los" zu gehen. Er hat aber mit großer Klarheit und zugleich mit wirklicher theologischer Fundierung sofort gesagt, was geht und was nicht geht …" (Papst Benedikt XVI., „Erinnerungen an Leo Scheffczyk", in: L. Scheffczyk, *Katholische Glaubenswelt. Wahrheit und Gestalt,* S. X)

29 J. Ratzinger, „Widersprüche im Buch von Hans Küng", in: *Zum Pro-*

blem Unfehlbarkeit. Antworten auf die Anfrage von Hans Küng, Freiburg-Basel-Wien 1971, S. 97–116.

30 H. Küng, *Christ sein,* München-Zürich 1974.

31 H. U. von Balthasar u. a., *Diskussion über Hans Küngs „Christ sein"*, Mainz 1976, S. 7–18.

32 *Ebd.*, zit., S. 7–18

33 J. Ratzinger, *Aus meinem Leben.*

34 Aus einem Bericht an den Autor, 18. April 2006.

München, Rom, Castel Gandolfo

1 Stephan O. Horn, „Il cardinale Ratzinger e i suoi studenti", in: J. Clemens, A. Tarzia (Hrsg.), *Alla scuola della verità,* S. 9.

2 Rahners Brief wird auf Englisch wiedergegeben in dem Buch von J. L. Allen Jr., *Cardinal Ratzinger. The Vatican's Enforcer of the Faith,* S. 125.

3 Die Antwort von Erzbischof Ratzinger an Karl Rahner in: *Ordinariats-Korrespondenz* der Erzbischöfl. Pressestelle München, Nr. 37 vom 13.12.1979; jetzt abgedruckt in: *Joseph Ratzinger und das Erzbistum München und Freising. Dokumente und Bilder aus kirchlichen Archiven, Beiträge und Erinnerungen,* Regensburg 2006, S. 364–367.

Eine Art Versöhnung zwischen Ratzinger und Metz erfolgte am 27. Oktober 1998, mit einem theologischen Gespräch zwischen dem Präfekten der Glaubenskongregation und dem Begründer der politischen Theologie im Schloß Ahaus, in der Nähe von Münster. „Ende der Zeit? Die Provokation der Rede von Gott" war der Titel des Symposiums, an dem auch die jüdische Theologin Eveline Goodman-Thau und der protestantische Theologe Jürgen Moltmann teilnahmen.

4 Vgl. J. Ratzinger, „Zur Theologie des Konzils", in: *Das neue Volk Gottes,* zit., S. 150.

5 Während der Rede anläßlich seines Besuchs der Vatikanischen Apostolischen Bibliothek am 25. Juni 2007 sprach Benedikt XVI. selbst von dem Wunsch, den er in jenen Jahren gehegt hatte: „Ich gestehe, daß ich mir bei der Vollendung des 70. Lebensjahres sehr gewünscht habe, der geliebte Papst Johannes Paul II. würde mir erlauben, daß ich mich dem Studium und der Erforschung interessanter Dokumente und Fundstücke widmen kann, die von euch sorgfältig gehütet werden; wahre Meisterwerke, die uns helfen, die Geschichte der Menschheit und des Christentums zu überschauen." Im Jahr 1997 gab es Gerüchte über eine

mögliche Versetzung des Präfekten der Glaubenskongregation an die Vatikanische Apostolische Bibliothek. Am 21. September 2001, kurz vor Vollendung seines 75. Lebensjahres, bekräftigte Ratzinger völlig unmißverständlich seinen Wunsch, bald seiner Aufgaben enthoben zu werden, als er sich in Cernobbio zu den Worten Kardinal Martinis äußerte, der sich ebenfalls wünschte, sich zurückziehen zu können: „Dieses Leben ist sehr hart und ich erwarte ungeduldig den Moment, in dem ich zum Bücherschreiben zurückkehren kann. Den Wunsch von Kardinal Martini verstehe ich sehr gut, wir sind beide Professoren."

6 Die Beiträge der Tagung des Schülerkreises im September 2006 sind im Sankt Ulrich Verlag erschienen: Stephan O. Horn, Siegfried Wiedenhofer (Hrsg.), *Schöpfung und Evolution,* Augsburg 2007.

7 Die Texte der Tagung – die Vorträge der beiden Professoren und die Diskussionensbeiträge der Teilnehmer, vor allem die des Papstes – werden in Kürze im Sankt Ulrich Verlag erscheinen.

Vorlesungen, Seminare, Kolloquien und akademische Vorträge von Professor Joseph Ratzinger an deutschen Hochschulen

Philosophisch-Theologische Hochschule Freising
Dogmatik und Fundamentaltheologie

Wintersemester 1954/55
Vorlesung: Die Lehre vom dreieinigen Gott
Colloquium zur Vorlesung

Sommersemester 1955
Vorlesung: Die Lehre von der Schöpfung
Seminar: Grundprobleme der *Confessiones* Augustins

Wintersemester 1955/56
Vorlesung: Dogmatik: Die Lehre von unserem Heil in Jesus Christus
Vorlesung: Fundamentaltheologie I: Grundlinien der Religionsphänomenologie und Religionsphilosophie
Seminar: Moderne christologische und mariologische Literatur

Sommersemester 1956
Vorlesung: Dogmatik: Gnadenlehre
Vorlesung: Fundamentaltheologie II: Religion und Offenbarung
Seminar: Ausgewählte Texte zur Gnadenlehre des Thomas von Aquin

Wintersemester 1956/57
Vorlesung: Dogmatik: Sakramentenlehre, 1. Teil
Vorlesung: Fundamentaltheologie III: Ekklesiologie
Seminar: Fundamentaltheologie: Übungen zum Kirchenbegriff unter besonderer Berücksichtigung des Petrusproblems

Sommersemester 1957
Vorlesung: Dogmatik: Sakramentenlehre, 2. Teil / Eschatologie
Vorlesung: Mariologie
Seminar: Die theologischen Probleme der heutigen Mariologie

Wintersemester 1957/58
Vorlesung: Dogmatik: Die Lehre von dem dreieinigen Gott
Vorlesung: Die Lehre von den Letzten Dingen
Seminar: Fundamentaltheologisches Kolloquium zur Frage des Traditionsbegriffs

Sommersemester 1958
Vorlesung: Dogmatik: Der Schöpfergott und sein Werk
Vorlesung: Fundamentaltheologie IV: Grundprobleme der theologischen Erkenntnislehre
Seminar: Die moderne Diskussion über das Verhältnis von Natur und Übernatürlichem

Wintersemester 1958/59
Vorlesung: Dogmatik: Die Lehre vom Heil des Menschen in Christus Jesus
Vorlesung: Fundamentaltheologie I: Wesen und Wahrheit der Religionen
Seminar: Kritische Lektüre der Augsburger Konfession

Rheinische Friedrich-Wilhelms-Universität Bonn
Katholisch-Theologische Fakultät
Fundamentaltheologie

Sommersemester 1959
Vorlesung: Einführung in die Religionsphilosophie
Vorlesung: Theologische Erkenntnislehre: Glaube und Theologie
Hauptseminar: Der Theologiebegriff in Bonaventuras *De reductione artium ad theologiam*

Wintersemester 1959/60
Vorlesung: Wesen und Wirklichkeit der göttlichen Offenbarung
Seminar: Gottesbeweise in Geschichte und Gegenwart

Sommersemester 1960
Vorlesung: Die Lehre von der Kirche
Seminar: Kirche, Sakrament und Glaube nach der Augsburgischen Konfession

Wintersemester 1960/61
Vorlesung: Religionsphilosophie I. Religionsgeschichtliche Grundlegung
Seminar: Probleme des frühchristlichen Kirchenverständnisses (zusammen mit Alfred Stuiber)

Sommersemester 1961
Vorlesung: Fundamentaltheologie I: Gottes Offenbarung in Jesus Christus
Seminar: Grundfragen der Religionsphilosophie

Seminar: Religionsphilosophische Probleme in den *Confessiones* Augustins

Wintersemester 1961/62
Vorlesung: Religionsphilosophie II: Religion und Offenbarung
Seminar: Gesetz und Gnade nach Thomas v. Aquin
Colloquium für Laientheologen über Probleme einer zeitgemäßen Apologetik
Dies Academicus: Schrift und Überlieferung. Erwägungen zum Problem des theologischen Erkennens.

Sommersemester 1962
Vorlesung: Fundamentaltheologie II: Die Lehre von der Kirche
Seminar: Grenzfragen zwischen Naturwissenschaft und Glaube

Wintersemester 1962/63
Vorlesung: Religionsphilosophie I: Religionsgeschichtliche Grundlegung
Seminar: Melanchthons *Tractatus de potestate papae*

Westfälische Wilhems-Universität Münster
Katholisch-Theologische Fakultät
Dogmatik und Dogmengeschichte

Sommersemester 1963
Vorlesung: Die Lehre von der Eucharistie
Vorlesung: Einleitung in die Dogmatik
Seminar: Schrift und Überlieferung

Wintersemester 1963/64
Vorlesung (für alle Hörer): Das christliche Gottesbild
Vorlesung: Grundbegriffe theologischen Erkennens (Einleitung in die Dogmatik 2)
Hauptseminar: Das Ringen um die Trinitätslehre in der alten Kirche
Doktorandenkolloquium

Sommersemester 1964
Vorlesung: Schöpfungslehre und theologische Anthropologie
Unterseminar: Praktische Einführung in das Studium der Theologie (zusammen mit Assistent)
Kolloquium: Einführung in das theologische Denken (für Anfangssemester)
Hauptseminar: Bonaventura, *Hexaëmeron*
Doktorandenkolloquium

Wintersemester 1964/65
Vorlesung: Ekklesiologie
Seminar: Die *Constitutio „De Ecclesia"* des II. Vatikanischen Konzils
Doktorandenkolloquium

Sommersemester 1965
Vorlesung: Die Lehre von der Kirche
Oberseminar (ab 9. Semester): Die Konzilskonstitution über die Kirche
Doktorandenkolloquium

Wintersemester 1965/66
Vorlesung: Die Lehre von der Eucharistie
Vorlesung (für Hörer aller Fakultäten): Rückblick auf das Konzil
Oberseminar (ab 9. Semester): Die Konzilskonstitution über die Offenbarung
Doktorandenkolloquium

Sommersemester 1966
Vortrag im Rahmen der Ringvorlesung: Die Theologie im Konzil. Überlegungen zur Struktur des II. Vaticanum
Vorlesung: Eschatologie
Unterseminar: Praktische Einführung in das Studium der Theologie (zusammen mit Assistenten)
Mittelseminar: Probleme der Eucharistielehre
Kolloquium über Probleme einer Theologie der Religionsgeschichte (zusammen mit Paul Hacker)
Doktorandenkolloquium

Eberhard-Karls-Universität Tübingen
Katholisch-Theologische Fakultät
Dogmatische Theologie und Dogmengeschichte

Wintersemester 1966/67
Vorlesung: Christologie
Seminar: Die Genesisauslegungen des heiligen Augustinus

Sommersemester 1967
Vorlesung: Das Apostolische Glaubensbekenntnis. Eine Einführung in Grundgehalte christlichen Glaubens (Vorlesung für Hörer aller Fakultäten)
Hauptseminar: Die Konzilskonstitution über die Kirche in der Welt von heute
Doktorandenkolloquium

Wintersemester 1967/68
9. November: Neuscholastik. Aufstieg und Krise einer theologischen Bewegung (Ringvorlesung) (Im Rahmen der Vorlesungsreihe: Theologie und Theologien. 150 Jahre Katholische-Theologische Fakultät in Tübingen)
Hauptvorlesung: Die Lehre vom dreieinigen Gott
Hauptseminar: Probleme der Mariologie
Doktorandenkolloquium

Sommersemester 1968
Spezialvorlesung: Eschatologie
Oberseminar (ab 9. September): Leipziger Disputation 1519 (Martin Luther und Johannes Eck)
(zusammen mit Heiko A. Oberman, Leiter des Instituts für Spätmittelalter und Reformation)
Doktorandenkolloquium

Wintersemester 1968/69
Hauptvorlesung: Grundfragen der Ekklesiologie
Hauptseminar: Texte aus der Geschichte der christlichen Spiritualität
Doktorandenkolloquium

Sommersemester 1969
Spezialvorlesung: Probleme einer Theologie der Religionen
Hauptseminar: Neuere Literatur zur Dogmengeschichte
Doktorandenkolloquium

Universität Regensburg
Katholisch-Theologische Fakultät
Dogmatik

Wintersemester 1969/70
Beteiligung an zwei Veranstaltungen des Theologischen Forum
1. Was meinen wir mit Gott?" (12.11.1969)
(zusammen mit Mußner, Groß, Schiffers, Schmucker)
2. Das Leben nach dem Tode" (3.12.1969)
(zusammen mit Auer, Mußner, Ulrich, Kleinheyer)
Vorlesung: Die Lehre von Gott dem Einen und Dreieinen
Hauptseminar: Neuere Literatur zur Dogmengeschichte
Doktorandenkolloquium

Sommersemester 1970
Vorlesung: Allgemeine Schöpfungslehre

Seminar I: Fragen zur Geschichte der politischen Theologie
(zusammen mit Johann Auer)
Vorlesung: Bonaventura, *Itinerarium mentis in Deum*
Vorlesung (Praktische Theologie): Probleme der modernen Hermeneutik
(zusammen mit Mußner, Nastainczyk, Schiffers)

Wintersemester 1970/71
Vorlesung: Christologie mit Soteriologie und Mariologie;
Hauptseminar: Die Autorität der Bibel
(zusammen mit Groß, Mußner, Schiffers)
Vorlesung: Das *Apostolicum* in Geschichte und Gegenwart
Doktorandenkolloquium

Sommersemester 1971
Vorlesung: Christus – Gnade – Kirche
Hauptseminar: Das *Apostolicum* in Geschichte und Gegenwart (Fortsetzung)
Doktorandenkolloquium

Wintersemester 1971/72
Vorlesung: Eucharistie
Seminar: Geschichte und Theologie des Bußsakramentes
Doktorandenkolloquium

Sommersemester 1972
Vorlesung: Eschatologie
Hauptseminar: Interkommunion
Kolloquium zu theologischen Neuerscheinungen
Doktorandenkolloquium

Wintersemester 1972/73
Vorlesung: Der Gottesglaube der Kirche
Hauptseminar: Zur Theologie der Mission
Kolloquium: Theologische Neuerscheinungen
(zusammen mit Wolfgang Beinert)
Doktorandenkolloquium

Sommersemester 1973
Vorlesung: Christus – Kirche – Sakramente
Hauptseminar: Die Texte der letzten Vollversammlung von *Faith and Order* (Weltkirchenrat) (Einheit der Kirche – Einheit der Menschheit, Konziliarität der Kirche, Interkommunion)
Doktorandenkolloquium

Wintersemester 1973/74
Vorlesung: Christologie
Hauptseminar: Probleme der neueren Christologie und Soteriologie (Moltmann, Rahner, Thüsing, Schoonenberg, Pannenberg u. a.)
(zusammen mit Johann Auer)
Doktorandenkolloquium

Sommersemester 1974
Vorlesung: Die Lehre von der Kirche
Hauptseminar: Die Kirchenkonstitution des Vatikanum II
Kolloquium: Internationale Theologenkommission: Die Einheit des Glaubens und der Pluralismus in der Theologie

Wintersemester 1974/75
Vorlesung: Allgemeine Sakramentenlehre, Taufe – Firmung
Hauptseminar: Sakramentstexte aus Augustinus, Thomas von Aquin und Luther
Doktorandenkolloquium

Sommersemester 1975
Vorlesung: Eschatologie
Hauptseminar: Krankheit und Tod als theologisches Problem
Doktorandenkolloquium

Wintersemester 1975/76
Forschungsfreisemester
Doktorandenkolloquium

Sommersemester 1976
Vorlesung: Allgemeine Schöpfungslehre
Hauptseminar: Katholische Anerkennung der *Confessio Augustana?* Lektüre der CA auf dem Hintergrund der neueren Diskussion
Hauptseminar: Theologische Fragen im Blick auf das *Missale Romanum* (1970)
(zusammen mit Bruno Kleinheyer)
Doktorandenkolloquium

Wintersemester 1976/77
Vorlesung: Die Lehre von der Erlösung
Hauptseminar: Die Frage nach der Unveränderlichkeit Gottes und das Leiden Christi
(zusammen mit Johann Auer)
Doktorandenkolloquium

Literaturverzeichnis

Auer Alfons u.a., „Befristete Amtszeit residierender Bischöfe? Ein Vorschlag", in: Theologische Quartalschrift, 149 (1969). Alberigo Giuseppe, Wittstadt Klaus (Hrsg.), *Geschichte des Zweiten Vatikanischen Konzils,* Mainz 1997.

Alberigo Giuseppe, *Breve storia del concilio Vaticano II,* Bologna 2005.

Allen John R. Jr., *Cardinal Ratzinger. The Vatican's Enforcer of the Faith,* New York 2000.

Allen John L., *Kardinal Ratzinger,* Düsseldorf 2002.

Balthasar Hans Urs von, *Unser Auftrag. Bericht und Entwurf,* Einsiedeln 1984.

Balthasar Hans Urs von u.a., *Diskussion über Hans Küngs „Christ sein",* Mainz 1976.

Bardenhewer Otto, *Geschichte der altkirchlichen Literatur,* Freiburg i. Br. 1902–1932.

Caprile Ciovanni (Hrsg.), *Il concilio Vaticano II. Cronache del concilio Vaticano II,* Roma 1996.

Clemens Josef, Tarzia Antonio (Hrsg.), *Alla scuola della verità. I settanta anni di Joseph Ratzinger,* Cinisello B. (MI) 1977.

Congar Yves, *Mon journal du Concil,* Paris 2002.

Lubac Henri de, *Katholizismus als Gemeinschaft,* Einsiedeln 1943.

Dörmann Johannes, *Der theologische Weg Johannes Pauls II. zum Weltgebetstag der Religionen in Assisi,* Senden-Westfalen 1990–1998.

Edelby Neophytos, *Il Vaticano Il nel diario di un vescovo arabo,* Cinisello B. (MI) 1996.

Frings Joseph, *Für die Menschen bestellt. Erinnerungen des Alterzbischofs von Köln,* Köln 1973.

Horn Stephan O., Wiedenhofer Siegfried (Hrsg.), *Schöpfung und Evolution,* Augsburg 2007.

Kasper Walter, „Das Wesen des Christentums" in: *Theologische Revue* 65 (1969).

Komonchak Joseph A., „Le valutazioni sulla *Gaudium et spes:* Chenu, Dossetti, Ratzinger", in *Volti di fine concilio. Studi di storia e teologia sula conclusione del Vaticano II,* (Hrsg.) J. Doré e A. Melloni, Bologna 2000.

Küng Hans, *Die Kirche*, Freiburg-Basel-Wien 1967.

Küng Hans, *Unfehlbar? Eine Anfrage*, Zürich-Einsiedeln 1970.

Küng Hans, *Christ sein*, München-Zürich 1974.

Küng Hans, *Erkämpfte Freiheit. Erinnerungen*, München-Zürich 2002.

Lai Benny, *Il Papa non eletto*, Roma-Bari 1993.

Lohfink Gerhard, Weimer Ludwig, *Maria nicht ohne Israel*, Freiburg-Basel-Wien 2008.

Moll Helmut (Hrsg.), *Zeugen für Christus. Das Deutsche Martyrologium des 20. Jahrhunderts*, Paderborn u. a. 2006.

Nichols Aidan, *The Theology of Joseph Ratzinger. An Introductory Study*, Edinburgh 1988.

Ostlin Richard, „Keeper of the Straight and Narrow", in *Time Magazine*, 6. Dezember 1993.

Pesch Rudolf, *Über das Wunder der Jungfrauengeburt. Ein Schlüssel zum Verstehen*, Bad Tölz 2002.

Rahner, Karl (Hrsg.), *Zum Problem Unfehlbarkeit – Antworten auf die Anfrage von Hans Küng*, Freiburg-Basel-Wien 1971.

Ratzinger Joseph, *Volk und Haus Gottes in Augustins Lehre von der Kirche*, München 1954.

Ratzinger Joseph, *Die Geschichtstheologie des heiligen Bonaventura*, München-Zürich, 1959 (Reprint St. Ottilien 1992).

Ratzinger Joseph, *Der Gott des Glaubens und der Gott der Philosophen*, München-Zürich 1960.

Ratzinger Joseph, *Die erste Sitzungsperiode des Zweiten Vatikanischen Konzils*, Köln 1963.

Ratzinger Joseph, *Das Konzil auf dem Weg. Rückblick auf die zweite Sitzungsperiode*, Köln 1964.

Ratzinger Joseph, *Ergebnisse und Probleme der dritten Konzilsperiode*, Köln 1965.

Ratzinger Joseph, *Die letzte Sitzungsperiode des Konzils*, Köln 1966.

Ratzinger Joseph, *Einführung in das Christentum. Vorlesungen über das Apostolische Glaubensbekenntnis*, (1968) Neuausgabe Augsburg 2000.

Ratzinger Joseph, „Kommentar ..." (zu GS 11–22), in: *Das Zweite Vatikanische Konzil: Dokumente und Kommentare, Lexikon für Theologie und*

Ratzinger Joseph, *Das neue Volk Gottes. Entwürfe zur Ekklesiologie*, Düsseldorf 1969.

Ratzinger Joseph, *Buchstabe und Geist des Zweiten Vatikanums in den Konzilsreden von Kardinal Frings*, hrsg. v. Presseamt des Erzbistums Köln, Neuss 1987; dass. in: *Internationale katholische Zeitschrift Communio* 16 (1987) S. 251–265.

Ratzinger Joseph, *Svolta per l'Europa?*, Cinisello B. (MI) 1992.

Ratzinger Joseph, *Salz der Erde. Christentum und katholische Kirche an der Jahrtausendwende. Ein Gespräch mit Peter Seewald*, Stuttgart 1996.

Ratzinger Joseph, „Zur Lage von Glaube und Theologie heute", in: Michael Müller (Hrsg.), *Stets war es der Hund, der starb …*, Aachen 1999.

Ratzinger Joseph, *Aus meinem Leben. Erinnerungen (1927–1977)*, Stuttgart 1998.

Ratzinger Joseph, *Die Vielfalt der Religionen und der Eine Bund*, Bad Tölz 1998.

Ratzinger Joseph, *Zur Lage des Glaubens. Ein Gespräch mit Vittorio Messori*, München-Zürich-Wien 2007.

Ratzinger Joseph, „Vi racconto il mio concilio", in: *Reset* 89 (Mai-Juni 2005).

Schambeck Herbert (Hrsg.), *Pro Fide et Justitia. Festschrift für Agostino Kardinal Casaroli zum 70. Geburtstag*, Berlin, 1984.

Scheffczyk Leo, *Katholische Glaubenswelt. Wahrheit und Gestalt*, Aschaffenburg 1977 (Neuausgabe 2008 mit Vorwort Papst Benedikts XVI.).

Schlier Heinrich, *Über die Auferstehung Jesu Christi*, Einsiedeln 1968.

Tantardini Giacomo, *Invito alla lettura di sant'Agostino. Appunti dalle lezioni alla Libera Università San Pio V di Roma su „La città di Dio e gli ordinamenti degli Stati"*, Roma 2003.

Tornielli Andrea, *Benedetto XVI. Il custode della fede*, Casale Monferrato (AL) 2005.

Twomey Vincent, *Benedikt XVI. Das Gewissen unserer Zeit*, Augsburg 2006.

Verweyen Hansjürgen, *Gottes letztes Wort*, Düsseldorf 1991.

Verweyen Hansjürgen, *Der Weltkatechismus: Therapie oder Symptom einer kranken Kirche?*, Düsseldorf 1993.

Verweyen Hansjürgen, *Joseph Ratzinger – Benedikt XVI. Die Entwicklung seines Denkens*, Darmstadt 2007.

Personenregister

Adoukonou Barthélemy, 144, 190
Alberigo Ciuseppe, 92 f., 180, 182
Albertus Magnus, 41, 138
Alexander VII., 84
Alfrink Bernard, 69, 73
Altaner Berthold, 44
Angulanza Roman, 59, 66 f., 79, 83, 85, 178
Aristoteles, 25, 56, 97
Auer Alfons, 122, 188
Auer Johann, 58, 136, 139, 198, 200, 199
Augustinus von Hippo, 25 f., 35–41, 44 f., 60, 65, 90, 122, 194, 197, 200

Bachofen Johann Jacob, 80
Bafile Corrado, 67
Balthasar Hans Urs von, 107, 122, 146, 154–159, 161, 189, 191
Bardenhewer Otto, 30, 174
Barion Hans, 17
Barth Karl, 58, 112, 145, 166
Beinert Wolfgang, 114, 131 f., 138, 143, 186, 199
Bellarmin Robert, 95, 97
Benedikt XV., 181
Bernanos Georges, 25
Beyerhaus Wolfgang, 115
Bialas Martin, 137–139, 188
Biemer Günter, 188
Bloch Ernst, 125
Böckenförde Ernst-Wolfgang, 68, 166 f., 179 f.
Böckenförde Werner, 66–68, 108, 179 f.
Bolley Alfons, 80
Bommes Karin, 119
Bonaventura von Bagnoregio, 47–50, 75, 189, 195 f., 199
Botterweck Johannes, 79, 81 f.
Bouillard Henri, 42
Bouyer Louis, 154
Brand Paul, 112
Brunner Emil, 56
Buber Martin, 36
Bultmann Rudolf, 62

Camus Albert, 142
Casel Odo, 35
Cassidy Edward I., 179
Chenu Marie-Dominique, 92, 182
Chigi Fabio siehe Alexander VII.
Claudel Paul, 25
Colombo Carlo, 184
Colombo Pino, 156
Congar Yves, 74, 92 f., 112 f., 123, 146, 160, 180, 181 f., 185 f.
Corecco Eugenio, 158
Cyprian von Karthago, 89

Daniélou Jean, 92, 112
Degenhardt Johannes, 151
Del Zotto, Cornelio, 145
Delaye Émile, 42
Delp Alfred, 45
Descartes René, 56
Dionysius von Korinth, 89
Dolch Heimo, 83
Döllinger Ignaz von, 29 f.
Döpfner Julius, 69, 150, 163
Döring Heinrich, 165
Dörmann Johannes, 65 f., 80–82, 179
Dossetti Giuseppe, 182
Dostojewski Fjodor, 25
Duprey Pierre, 166
Durand Alexandre, 42

Eck Johannes, 198
Edelby Neophytos, 73, 180
Einstein Albert, 25
Elchinger Léon-Arthur, 113
Erbrich Paul, 170

Fabry Heinz-Joseph, 182
Faulhaber Michael von, 17, 28, 45 f.
Feiner Johannes, 154
Felici Periche, 100
Ferdinand Horst, 53, 59
Fessio Joseph, 168 f.
Fink Karl August, 188
Franziskus von Assisi, 49
Fries Heinrich, 146
Frings Joseph, 68–70, 72 f., 75, 77, 80, 82, 88–90, 93, 180, 182

Galilei Galileo, 183
Ganne Pierre, 42
Goergen Aloys, 147 f.
Goodman-Tinau Eveline, 192
Graber Rudolf, 139
Grabmann Martin, 30
Greiner Franz, 156
Grillmeier Alois, 92
Groß Heinrich, 141, 198 f.
Guardini Romano, 25, 43, 59, 122
Guerriero Elio,191
Guyon Madame, 147

Haag Herbert, 122, 188
Habermas Jürgen, 180
Hacker Paul, 64, 197
Hahn Viktor, 59 f., 67, 82, 107 f., 129, 164, 178
Häring Bernhard, 73, 92
Harkianakis Stylianos, 79
Hartmann Heinz, 34
Hefele Karl Joseph, 111
Heidegger Martin, 34
Heisenberg Werner, 25
Henrici Peter, 158, 191
Hermes Georg, 85
Höck Michael, 16
Höffner Josef, 162
Horn Stephan Otto, 141, 164, 189, 193
Horowitz Charles, 64
Hülsbusch Werner, 128, 177
Husserl Edmund, 34

Ignatius von Antiochien, 89
Irenäus von Lyon, 142
Iserloh Erwin, 86

Jäger Lorenz, 45
Jaschke Hans Jochen, 168
Jedin Hubert, 58, 73, 81 f.
Joachim von Fiore, 48–50
Johannes Paul II., 66, 68, 157 f., 162, 177, 192
Johannes Paul XXIII., 68 f., 72, 77, 87, 94, 179

Kant Immanuel, 56
Kasper Walter, 86, 108, 113, 139, 146, 158, 161, 187
Kempf Wilhelm, 67
Kierkegard Søren, 118
Kiesinger Kurt, 125
Kim Jong-Hi Victoria, 145
Klauser Theodor, 58, 82
Kleinheyer Bruno, 198, 200
König Franz, 69, 71, 74
Koster Mannes Dominikus, 37
Kuhn Johannes von, 111
Kuhn Peter, 58, 61, 64, 85, 107, 117, 119 f., 128 f., 134, 137 f., 141, 145, 178
Küng Hans, 108, 112–114, 119 f., 122–124, 126, 144, 160–162, 185 f., 188

Langgässer Elisabeth, 25
Läpple Alfred, 17–20, 23–27, 30 f., 33–37, 41–44, 46–48, 50 f., 59, 173, 175
Laurentin René, 113
Lefebvre Marcel, 186
Le Fort Gertrud von, 25
Le Guillou Marie-Jean, 92, 154
Léger Paul Émile, 69

Lehmann Karl, 155, 158, 161
Lehmann-Dronke Johannes, 137, 188
Leiden Jan van, 86
Léonard André Mutien, 158
Leo XIII., 27
Lercaro Giacomo, 92
Liénart Achille, 73 f.
Lohfink Gerhard, 153, 190
Lubac Henri de, 35, 42, 123, 154, 156 f.
Luther Martin, 29, 64, 104, 117, 161, 198, 200
Luthe Hubert, 68, 70

Maier Friedrich Wilhelm, 32
Maier Hans, 156, 165
Marcuse Herbert, 125
Martelet Gustave, 92
Martini Carlo M., 193
Matthys Jan, 86
Mauriac François, 25
Maximos IV., 69, 77 f.
Medina Estévez Jorge Arturo, 154, 158
Mejia Jorge, 113
Melanchthon Philipp, 29, 61, 140, 196
Metz Johann Baptist, 83, 86, 107, 159, 165, 192
Möhler Johann Adam, 111, 119
Moll Helmut 115, 121, 186
Möller Joseph, 188
Moltmann Jürgen, 125, 139, 192, 200
Monika (Mutter von Augustinus), 38
Montini Giovanni Battista siehe Paul VI.
Mußner Franz, 137, 141, 198 f.

Nastainczyk Wolfgang, 199
Nebel Johannes, 174, 191
Neumann Johannes, 122, 188
Newman John Henry, 17, 20, 25, 122
Nichols Aidan, 39, 47, 175
Nietzsche Friedrich, 25, 142

Oberman Heiko A., 198
Origenes, 146
Optatus von Mileve, 38
Ottaviani Alfredo, 71, 74, 89, 92, 182
Ouellet Marc, 158

Pannenberg Wolfhart, 139, 146, 189, 200
Paul vom Kreuz, 187
Paul VI., 69, 74, 87, 92, 94, 99, 154, 163
Paulus von Tarsus, 104, 110, 117, 128, 131, 185
Papandreou Damaskinos, 79, 166
Pascal Blaise, 56
Pascher Josef, 42, 43
Pesch Rudolf, 153 f., 164, 189
Petrus, 89, 96 f., 99, 123, 131, 166
Pfnür Vinzenz, 58, 61, 63, 65 f., 83, 85, 104, 106, 108, 140, 178
Philips Gérard, 88, 92, 95
Pieper Joseph, 25, 85
Pius II., 29
Pius IX., 105
Pius XI., 177
Pius XII., 42, 95
Pipes Daniel, 169
Platon, 26
Polykarp von Smyrna, 89

Rahner Karl, 71, 73 f., 92, 112, 131, 139, 141, 146, 154–156, 159, 161, 165 f., 189, 192, 200
Ratzinger Georg (Bruder), 22–24, 45, 137
Ratzinger Georg (Großonkel), 30, 174
Ratzinger Maria, 59, 66, 85, 108,

120, 136, 138, 164
Richardi Reinhard, 163
Rief Josef, 188
Romer Karl, 158
Roncalli Angelo Giuseppe siehe Johannes XXIII.
Ruggieri Pino, 156

Sailer Johann Michael, 29
Samir Khalil Samir, 168 f.
Saroyan Antoine, 145
Sartori Luigi, 160
Sayer Josef, 116
Schäfer Theodor, 79 f.
Scheffczyk Leo, 113, 174, 186, 191
Scheler Max, 34
Schelkle Karl Hermann, 188
Schiffers Norbert, 83, 139, 198 f.
Schillebeeckx Edward, 92, 112 f.
Schlier Heinrich, 62 f., 136 f., 160, 164, 178
Schmaus Michael, 33–35, 44, 48 f., 51 f., 75, 81, 188
Schmucker Josef, 198
Schnackenburg Rudolf, 160
Schnackers Hubert, 145
Schönborn Christoph, 158, 168, 170
Schoonenberg Piet, 139, 197, 200
Schuster Peter, 170
Scola Angelo, 156, 158, 191
Seckler Max, 83, 113 f., 123 f., 134, 186, 188
Siri Giuseppe, 74
Söhngen Gottlieb, 33–37, 41 f., 44, 46–49, 55, 81, 174
Spaemann Robert, 167, 170
Speyr Adrienne von, 154
Stählin Wilhelm, 45
Steinbüchel Theodor, 17, 175
Stockmeier Peter, 188
Stuiber Alfred, 195
Suenens Leo Joseph, 74, 95

Tertullian, 38
Thannippara Alex, 145
Theodor von Mopsuestia, 122
Thüsing Wilhelm, 200
Thomas von Aquin, 41, 56, 194, 196, 200
Tremblay Réal, 122, 130, 187
Trimpe Martin, 119, 121, 123, 127, 134, 145, 187
Troll Christian, 168 f.
Twomey D. Vincent, 140, 142, 188 f.

Ulrich Ferdinand, 198
Urban VIII., 84

Vanhengel Marcel, 184
Vega Andras de, 188
Verweyen Hansjürgen, 65, 83, 143, 179
Volk Hermann, 71, 82, 84, 92, 160

Wallbrecher Herbert, 148 f.
Wallbrecher Traudl, 147 f.
Wehrle Hermann Joseph, 45
Weimer Ludwig, 146, 150–153, 190
Weiß Traudl siehe Wallbrecher Traudl
Wendel Joseph, 52
Wenzel Aloys, 25
Wetter Friedrich, 160
Wickert Ulrich, 115
Wiechert Ernst, 17, 25
Wiedenhofer Siegfried, 119, 164, 187, 193
Wild Heinrich, 118
Wilmsen Arnold, 26
Wojtyła Karol siehe Johannes Paul II.,
Wust Peter 25

Zitta Peter, 153
Zöhrer Josef, 140, 143, 189